Germania auf dem Meere

im Auftrag der Deutschen Marine und in Zusammenarbeit
mit dem Militärgeschichtlichen Forschungsamt, Potsdam

herausgegeben von Jörg Duppler.

Begleitband zur Ausstellung

»Bilder und Dokumente
zur Deutschen Marinegeschichte 1848–1998«

Germania auf dem Meere

von Jörg Duppler

Bilder und Dokumente zur Deutschen Marinegeschichte

1848 – 1998

Seit 1789
Verlag E.S. Mittler & Sohn GmbH
Hamburg · Berlin · Bonn

Bildnachweis Titel:
Weibliche Allegorie des Deutschen Bundes auf dem Bug des Schiffes »Vaterland«.
Ölgemälde von Lorenz Clasen, um 1850.
Focke-Museum, Bremen

Die deutsche Bibliothek – CIP-Einheitsaufnahme

Jörg Duppler :
Germania auf dem Meere / Bilder und Dokumente zur Deutschen Marinegeschichte 1848 – 1998 / von Jörg Duppler
Hamburg : Verlag E.S. Mittler & Sohn GmbH, 1998
ISBN 3-8132-0564-9

ISBN 3-8132-0564-9

Layout und Produktion: Inge Mellenthin
Druck und Bindung: Stumme
Printed in Germany

Inhaltsverzeichnis

Germania auf dem Meere.
Nach einem Originalbild von Lorenz Clasen.
Die Gartenlaube (1865)

Vorwort des Inspekteurs der Marine

Die Nationalversammlung der Frankfurter Paulskirche faßte am 14. Juni 1848 den Beschluß, die Bundesversammlung zu veranlassen, eine Summe von *sechs Millionen Thalern* für den Bau einer deutschen Flotte zu bewilligen.

Diese Entscheidung entsprach der dringenden Bitte der deutschen Küstenstaaten, Schutz vor der dänischen Flotte zu erhalten, die die deutschen Küstenstädte während der Auseinandersetzungen um Schleswig-Holstein blockierte. Diese Entscheidung entsprach aber auch dem schwärmerischen Wunsch vieler Deutscher jener Zeit, sich an der wirtschaftlichen Erschließung der Welt an der Seite der demokratisch regierten Seemächte zu beteiligen, die Chancen, die eine näher zusammenrückende Welt zu bieten schien, zu nutzen, Weltbürger zu werden. Die Flotte sollte zum Symbol für die Einheit in Freiheit unter der Souveränität des Volkes werden. Ihre Flagge hatte die Farben der Revolution »Schwarz-Rot-Gold« mit dem die Einheit des Reiches symbolisierenden Adler in der Gösch.

Die deutsche Flotte des Jahres 1848 hat nur wenige Jahre existiert, 1852 wurde sie versteigert, nachdem schon vorher das Parlament der Paulskirche aufgelöst worden war.

Die Geschichte Deutschlands nahm einen Verlauf, der es in einen Gegensatz zu den westlichen Demokratien brachte, in dessen Folge die Opfer von zwei Weltkriegen zu beklagen sind.

Nach der totalen Niederlage Deutschlands, seiner Zerstörung und Teilung war es ein Glücksfall der Geschichte, daß ein Teil Deutschlands als Bündnispartner in die Nordatlantische Allianz aufgenommen wurde, die als militärisches Verteidigungsbündnis gegründet worden war. Die NATO bestand im Kern aus den Seemächten, die ihr erfolgreiches Bündnis des Zweiten Weltkrieges erneuerten, diesmal aber Deutschland einbezogen. Unter ihrem Schutz stieg Deutschland zur drittgrößten Industrienation der Welt auf und erlangte schließlich wieder seine Einheit.

Die westlichen Demokratien haben den Kalten Krieg gewonnen: Ihr Bild vom Menschen, von seiner Freiheit und von seinen Fähigkeiten als Individuum hat sich durchgesetzt. Deutschland gehört als Bündnispartner an die Seite der Seemächte. Diese Erfahrung muß uns wertvoll bleiben.

Es gilt, dieses Bündnis mit den Seemächten zu erhalten und zu pflegen und den Kreis unserer Solidarität mit ihren Zielen niemals zu eng zu ziehen.

Vor dem Hintergrund unserer Geschichte ist die Gründung einer ersten deutschen Flotte im Jahre 1848 gewiß kein Anknüpfungspunkt für eine ungebrochene Traditionspflege.

Die Streitkräfte dieser Bundesrepublik stellen verfassungsgeschichtlich wie auch in ihrer inneren Ordnung einen geglückten und erfolgreichen Neubeginn dar. Der Blick auf 1848 hilft aber, unseren verfassungsgeschichtlichen Umweg zur Demokratie zu erkennen und um so mehr die Farben Schwarz-Rot-Gold als heute einzig gültiges Symbol zu achten.
In wenigen Jahren wird unsere Marine die älteste aller deutschen Marinen sein. Sie hat schon jetzt ihre eigene Geschichte, die eine Erfolgsgeschichte ist, weil sie uns an der Seite der Seemächte das Tor zur Welt geöffnet hat. Das sollte uns mit Stolz und Glück erfüllen.
Wir leben heute im Zeitalter der Kommunikation. Die Welt ist noch viel näher zusammengerückt, als es sich die Zeitgenossen vor 150 Jahren in der Ära der industriellen Revolution erträumen konnten. Europas Völker streben nach einer neuen, größeren, für die künftige Behauptung in der Welt und gegenüber Gefahren stärkeren politischen Organisationsform als dem Nationalstaat.
Wie vor 150 Jahren einmal eine Flotte als Symbol für die erstrebte nationale Einheit galt, so werden heute multinationale Streitkräfte zum Symbol für eine neue Ordnung. Möge diesen dabei das Schicksal der Flotte der Paulskirche erspart bleiben.

Die Ausstellung »Germania auf dem Meere – Bilder und Dokumente zur deutschen Marinegeschichte 1848–1998« ist im Militärgeschichtlichen Forschungsamt, Potsdam, konzpiert und erstellt worden.
Ich danke besonders den an der Gestaltung beteiligten Mitarbeitern des Amtes für die fruchtbare Zusammenarbeit und ein beeindruckendes Ergebnis.
Der Ausstellung, die durch viele Städte und Gemeinden reisen soll, und dem Begleitband wünsche ich – über die Marine hinaus – ein in der Öffentlichkeit reges und verdientes Interesse.

Bonn im Mai 1998

Hans-Rudolf Boehmer
Vizeadmiral

Geleitwort des Bundesministers der Verteidigung

Die Gründung der deutschen Marine 1848/1956 unter den Farben Schwarz-Rot-Gold und ihre Aufgaben

Die deutsche Marine begeht in diesem Jahr ein Jubiläum. Es jährt sich der 150. Jahrestag der Gründung einer ersten deutschen Marine. Dies gibt Gelegenheit, auf die Anfänge zu schauen und den Blick in die Zukunft zu richten. 900 Jahre nach Gründung der englischen Flotte faßte das erste frei und demokratisch gewählte deutsche Parlament, die Nationalversammlung der Frankfurter Paulskirche, am 14. Juni 1848 einen Beschluß von großer Tragweite. Die in die Bundesversammlung berufenen Gesandten der 41 Städte und Staaten des Deutschen Bundes wurden aufgefordert, eine Summe von sechs Millionen Thalern für den Bau einer deutschen Flotte zu bewilligen. Die Abstimmung ergab laut stenographischem Bericht eine überwältigende Mehrheit für diesen Beschluß. Der parlamentarische Akt stellte die Weichen für die Gründung einer ersten deutschen Marine.

Die Literatur des späteren deutschen Kaiserreiches – mit Titeln wie »Deutschland zur See«, »Vom Fels zum Meer« oder »Von Germanicus bis Kaiser Wilhelm II.« – erweckt den Eindruck, als habe es von der Zeit der mittelalterlichen Hanse über die kolonialen Bestrebungen des Großen Kurfürsten bis hin zu Tirpitz immer schon eine deutsche Marine gegeben. Es fällt jedoch auf, daß die Marinegründung der Paulskirche ausgespart bleibt.

Dies geschah nicht grundlos, denn die Marine und ihre Farben Schwarz-Rot-Gold wurden von vielen im Kaiserreich »aus dem Straßenschmutz der Revolution entstanden« angesehen. Die Marine des Jahres 1848 war jedoch nur mittelbar eine Folge der Märzrevolution. Dem Beschluß des ersten frei gewählten deutschen Parlaments lag vielmehr eine handfeste sicherheitspolitische Notwendigkeit zugrunde. Es hatte sich nämlich herausgestellt, daß in dem seit April 1848 um die Einheit der schleswig-holsteinischen Herzogtümer mit Dänemark geführten Krieg schlagkräftige Kriegsschiffe fehlten. Die Bundestruppen kamen an Land erfolgreich voran. Auf See konnte jedoch die dänische Flotte innerhalb von Tagen den gesamten Nord- und Ostseehandel wegen des Fehlens deutscher Kriegsschiffe lahmlegen und ungehindert Hunderte von Handelsschiffen der deutschen Seestaaten als Prisen in dänische Häfen leiten.

Sieht man einmal von wenigen kleinen Fahrzeugen Preußens und Österreichs ab, so waren bis zum Ausbruch des Krieges im Deutschen Bund eigene Seestreitkräfte weder vorhanden noch notwendig gewesen. Die Vertreter ausländischer Seemächte saßen de facto in Personalunion als Bundesfürsten im Bundestag in Frankfurt: Der König von England bis 1837 als König von Hannover, der König der Niederlande als Großherzog von Luxemburg und nicht zuletzt der nun gegen das »up ewig ungedeelt« im Vertrag von Ripe verstoßende König von Dänemark als Herzog von Schleswig und Holstein. Unter dem Schutz der Flaggen dieser Staaten florierte der deutsche Handel weltweit, ohne daß der Unterhalt oder gar die kostspielige Anschaffung einer Marine zum Schutz von Handelsschiffen erforderlich gewesen wären.

Die militärischen Zwänge des Frühjahrs 1848 und die strikte Neutralität Großbritanniens und der Niederlande erklären, warum die Nationalversammlung sich schon wenige Tage nach ihrer Konstituierung im Mai 1848 und damit vor der Verabschiedung einer Reichsverfassung mit der Gründung einer Reichsmarine befaßte.

Auf Beschluß des Paulskirchenparlaments wurde die Marine 1849 in der Verfassung des zu gründenden deutschen Bundesstaates als unmittelbare Reichsinstitution eingeführt. Hierin lag der wesentliche Unterschied zwischen den Seestreitkräften und den einzelnen landesherrschaftlichen Armeen, die – wie später auch in den Verfassungen des Norddeutschen Bundes und des Kaiserreiches – verfassungsrechtlich bis 1918 weiterhin den jeweiligen Bundesfürsten unterstellt blieben. Damit ist die »Reichsmarine« die erste Marine in der deutschen Geschichte, deren Existenz durch eine demokratisch verabschiedete Verfassung eines – wenn auch nicht verwirklichten – deutschen Staates legitimiert war. Die Farben des Reiches waren Schwarz-Rot-Gold. Mit Reichsgesetz vom 12. November 1848 wurden diese Farben durch Einfügen eines doppelköpfigen Adlers im Obereck zur Kriegsflagge bestimmt. Schwarz-Rot-Gold stand somit am Anfang der deutschen Marinegeschichte. Die junge Marine war das einzig verwirklichte Instrument der Reichsidee. Entsprechend reichte die Flottenbegeisterung bis tief ins Binnenland. Mit ihr identifizierten sich alle, die seit den Freiheitskriegen unter diesen Farben von einem demokratischen und liberalen deutschen Nationalstaat träumten.

Wie die Menschen in dieser Zeit empfanden, kommt besonders in der Schrift des von der Nationalversammlung als Leiter der »Technischen Marinekommission« nach Frankfurt berufenen preußischen Prinzen Adalbert zum Ausdruck. In seiner Denkschrift »Über die Bildung einer deutschen Kriegsflotte« vom Mai 1848 schreibt er:

»Die gesamte Nation begehrt daher einstimmig eine deutsche Kriegsmarine, denn ganz deutsch muß sie sein – eine ächte Repräsentantin der wiedergeborenen Einheit des Vaterlandes.«

Die Nationalversammlung folgte bei ihrer Entscheidungsfindung zur Realisierung des Flottenbaus der Denkschrift Adalberts. In seinen Überlegungen – der ersten »Konzeption« einer deutschen Marine – hatte er drei Modelle entwickelt:

»1) eine Kriegsmarine zur rein defensiven Küstenvertheidigung
2) eine solche zur offensiven Vertheidigung und zum nothwendigsten Schutze des Handels,
oder
3) eine selbständige Seemacht.«

Während das Modell 1 mit schnell zu bauenden Ruderkanonenbooten als Sofortmaßnahme gegen die dänische Blockade vor den deutschen Küsten gedacht war, befaßte sich das Modell 3 eher mit langfristigen Perspektiven deutscher Seemacht. Im Zentrum seiner Überlegungen stand jedoch das Modell 2, eine Marine sowohl zum Schutz der Küsten als auch zum Schutz des Handels – und dies in einer Allianz mit den »atlantischen Seemächten«. Mit einer solchen Marine, die über kleinere Einheiten für die Verteidigung der eigenen Küsten und über Korvetten und Fregatten für den Schutz des Handels verfügen sollte, konnte das neue Reich in die Lage versetzt werden, den Handelsschutz in heimischen Gewässern weitgehend selbst zu übernehmen und gleichzeitig einen Beitrag zum Schutz des gemeinsamen Handels in Übersee und auf den Seewegen zu leisten.

II.

Die Schaffung einer eigenen deutschen Marine im Jahre 1848 war die Folge der Auseinandersetzung zwischen einer Seemacht (Dänemark) und einer großen Landmacht (Deutscher Bund); sie lag begründet in militärischen Überlegungen und nicht im Prestigedenken späterer Zeiten. Die Reichsmarine der Paulskirche und in der Nachfolge die preußische Marine, die norddeutsche Bundesmarine und die Kaiserliche Marine vor der Ära Tirpitz entstanden als »Juniorpartner« und mit wohlwollender Unterstützung Großbritanniens. Noch während des Krieges mit Dänemark wurden in Großbritannien die ersten modernen Dampfschiffe erworben. In den Folgejahren leistete Großbritannien auch wertvolle Ausbildungshilfe beim Aufbau eines eigenen deutschen Offizierkorps.

Die Auslandseinsätze in jener ersten Phase der deutschen Marineentwicklung unterlagen bis 1890 strenger Kontrolle der politischen Führung. Jede Abweichung zog unweigerlich eine Rüge Bismarcks oder gar die Ablösung der Kommandanten nach sich. Dies wird sehr deutlich in der Auseinandersetzung zwischen Bismarck und dem Chef der Admiralität, von Stosch, als es 1876 bei einer internationalen Flottenoperation in China um die Besetzung des Oberbefehls über den multinationalen Flottenverband ging. Das Auswärtige Amt vertrat unnachgiebig die Auffassung, daß es aus politischen Gründen sehr unerwünscht sei, *»wenn wir den Schein aufkommen ließen, als bilde die Frage, wie wir die Ebenbürtigkeit unserer Schiffe und Offiziere England gegenüber auch formell zur Geltung bringen können, überhaupt den Gegenstand einer Erwägung auf Seiten der Kaiserlichen Regierung«*. Es komme vielmehr darauf an, daß der Eindruck *»unserer diplomatischen und eventuell maritimen Solidarität mit England nicht abgeschwächt werde«*. Und bei einer ähnlichen Operation 1880 vor Montenegro wird das anklingende Prestigedenken der Marineoffiziere mit den Worten zurückgewiesen, daß es politisch unerwünscht sei die *»eine oder andere oder überhaupt eine leitende Rolle bei der Flottendemonstration zu übernehmen«*.

Die Begründung für den Aufbau eines kostenintensiven Mittels wie einer Flotte lag 1848 in der sicherheitspolitischen Situation begründet. Sowohl die politische Führung als auch das Marineoffizierkorps sahen die Marine wesentlich als Instrument des Staates und ordneten sie damit als militärisches Mittel im Sinne von Clausewitz den Interessen der Politik unter. Diese Unterordnung konnte problemlos durchgesetzt werden, da Bismarck als Reichskanzler gemäß Verfassung gleichzeitig für die Verwaltung der Marine verantwortlich war und die Richtlinien der Politik bestimmte – und die sahen vor allem maritime Solidarität mit England vor. Ihren Höhepunkt erreichte diese Solidarität 1887, als Deutschland und England durch den Dreibund und die Mittelmeer-Entente über ihre gemeinsamen Bündnisparner, Italien und Österreich-Ungarn, in einem informellen Bündnis zusammenfanden.

Die Rolle von Seestreitkräften in den ersten Jahrzehnten der deutschen Marinegeschichte weisen einen deutlichen Unterschied zu der ab 1890 folgenden Epoche deutschen Weltmachtstrebens auf. Als der Lotse 1890 von Bord ging, übernahmen mit Wilhelm II. und Tirpitz ein neuer Kapitän und ein neuer Steuermann das Schiff. Ohne Lotsenhilfe gelang es ihnen nicht, die Klippen des engen Fahrwassers zu umschiffen. Die Ära Tirpitz brachte mit Parolen wie »Deutschlands Ehr' im Weltenmeer« oder »Bitter Noth ist uns eine starke Flotte« eine neue Komponente in die Rolle der Kaiserlichen Marine, die mit den Begriffen »Weltpolitik« und »Platz an der Sonne« assoziiert war und in der Risikokonzeption des Admirals von Tirpitz ihre strategisch gefährlichste und zugleich politisch bedenklichste Ausprägung fand. Das Resultat ist bekannt: Deutschlands Flottenträume versanken 1919 in der Bucht von Scapa Flow. Was nach dem Ende der napoleonischen Herrschaft 1815 vergebens ersehnt, nämlich den deutschen Nationalstaat zu schaffen, scheiterte in der Revolution von 1848. Und was 1871 durch Krieg zusammengefügt wurde, lag 1945 erneut in Trümmern.

III.

Das deutsche Reich mußte am 8. Mai 1945 bedingungslos kapitulieren. Jegliche Staatsgewalt ging auf die Siegermächte über. Für die nächsten vier Jahre bestimmten sie die Geschicke in den Besatzungszonen unmittelbar. Auch mit der Gründung zweier deutscher Staaten wurde die volle Souveränität nicht erlangt.

Die Alliierten hatten mit dem Potsdamer Abkommen

klare Verhältnisse geschaffen: Dazu gehörte auch die Demilitarisierung und das Verbot jeglichen Militärs – ein Verbot, dessen Übertretung auch nach 1949 noch unter Androhung der Todesstrafe stand. Und doch gab es über das Kriegsende hinaus Deutsche in Uniform. Deutsche Besatzungen fuhren jahrelang auf ihren alten Schiffen zur See, noch allerdings unter alliiertem Kommando.

Sehr deutlich wird dies am Beispiel der Räumboote, die ihren Weg von der Kriegsmarine über die englische German Minesweeping Administration (GMSA) und die amerikanischen Labour Service Units zehn Jahre nach Kriegsende in die neue deutsche Marine fanden. So verfügte die GMSA Ende 1946 über einen Personalbestand von 26.000 Mann, womit sie den im Versailler Vertrag für die Marine der Weimarer Republik festgelegten Umfang von 15.000 Mann bei weitem übertraf. Mit diesen Einheiten und ihren Besatzungen wurden bei kontinuierlich abnehmender Personalstärke bis zum Wiederaufbau der Marine im Jahr 1956 weite Teile von Nord- und Ostsee sowie ihrer Zugänge von Minen geräumt.

Vorhandene Schiffe und durch Minenräumaufgaben geschultes Personal bildeten deutlich günstigere Voraussetzungen für den Aufbau einer deutschen Marine als 1848. Denn damals fehlte es nicht nur, wie ein Zeitgenosse schrieb, *»an Schiffen, um Kanonen zu tragen, an Kanonen, um Schiffe zu bewaffnen, o nein, es fehlte auch jeder gute Rat, wie man sie am schnellsten und besten herbeischafft, wie man sie besetzen und verstehen könne, sie richtig zu verwenden«*.

Und es bestand ein weiterer wichtiger Unterschied zum Jahr 1848. Diese neue Marine mußte nicht erst ihren Staat suchen, die Bundesrepublik Deutschland bestand bereits seit sieben Jahren.

Aber es gibt auch Gemeinsamkeiten mit der Zeit und den Verhältnissen vor 150 Jahren. Damals sollte der demokratische, liberale deutsche Nationalstaat unter den Farben Schwarz-Rot-Gold geschaffen werden und mit ihm eine »gesamtdeutsche« Marine, die unter dieser Flagge im Fahrwasser der »atlantischen Seemächte« segeln sollte. Die »gesamtdeutsche« Marine wurde zwar erst mit der Wiedervereinigung im Jahre 1990 und der Integration von Teilen der Volksmarine in die Deutsche Marine verwirklicht. Aber die Verbindung mit den atlantischen Seemächten war für Westdeutschland im Rahmen des Nordatlantischen Bündnisses von vornherein die Grundbedingung sowohl für die Wiederbewaffnung im allgemeinen wie den Aufbau von Seestreitkräften im besonderen. Diese erstmalige Einbindung Deutschlands in ein Seemachtbündnis – ein Ziel, das Bismarck im Rahmen seiner Bündnispolitik bezogen auf England nur informell gelungen und von seinen Nachfolgern nie ernsthaft angestrebt worden war, – zeigt sich von Anfang an in den Aufgaben, die das Bündnis der neuen Marine zuwies: Zunächst stand der Schutz des eigenen Küstenvorfeldes und der Gewässer von Ost- und Nordsee mit ihren Zugängen im Vordergrund. Später erfolgte die Beteiligung an der Sicherung wichtiger Seeverbindungslinien und nach Ende des Kalten Krieges eine immer stärkere Beteiligung an multinationalen Verbänden.

IV.

Heute ist das Aufgabenspektrum der Deutschen Marine geographisch weiter gefaßt und militärisch vielfältiger geworden. Die deutschen Streitkräfte sind heute ein Mittel unserer Außen- und Sicherheitspolitik unter völlig veränderten Bedingungen. Die neue sicherheits- und militärpolitische Dimension des Auftrages gewinnt zunehmend an Bedeutung. Dies gilt gerade auch für Seestreitkräfte, die als mobiles, rasch verfügbares und vom Wesen flexibel einsetzbares Instrument der politischen Führung viele Handlungsmöglichkeiten eröffnen.

Für die Deutsche Marine bleibt Landes- und Bündnisverteidigung der Kernauftrag. Dieser Auftrag wie auch die feste Einbindung in das Nordatlantische Bündnis sind die bestimmenden Pfeiler ihrer konzeptionellen Auslegung. Hieraus leiten sich primär die Fähigkeiten und damit die Struktur, die Ausrüstung und die Ausbildung der See- und Seeluftstreitkräfte ab.

Im Rahmen dieses Auftrags steht die Marine bereit, zusammen mit den Partnern des Nordatlantischen Bündnisses Küsten, Hoheitsgewässer und die für unseren Handel wichtigen Seeverbindungen zu schützen und in diesen Seegebieten präsent zu sein. Dies ist

Ausdruck staatlicher Souveränität und gleichzeitig Voraussetzung für die Bündnis- und Politikfähigkeit unseres Landes.
Als zweiten Auftrag hat unsere Marine im Rahmen des Bündnisses, des sich einenden Europas oder aber der internationalen Gemeinschaft einen maritimen Beitrag zur Krisenbewältigung zu leisten. Hier kommt es darauf an, mit sichtbaren maritimen und leistungsfähigen Kontingenten Deutschlands Solidarität mit den Bündnisparnern und der Völkergemeinschaft zu unterstreichen.
Seestreitkräfte bieten hierfür eine breite Optionspalette. Sie können durch Präsenz in Krisenregionen - außerhalb von Hoheitsgewässern, aber sichtbar - ein deutliches politisches Signal setzen. Sie sind in der Lage, ein weites Spektrum an Krisenmanagementaufgaben abzudecken, das von der Überwachung von Seegebieten und Durchsetzung von Embargomaßnahmen bis hin zur Unterstützung von Kontingenten des Heeres oder der Luftwaffe reicht. In den letzten Jahren hat sich die Deutsche Marine in hervorragender Weise im neuen Aufgabenspektrum bewährt - im Minensucheinsatz im Persischen Golf 1991, mit der Rückführung des deutschen UN-Kontingents aus Somalia 1994 und im Rahmen des UN-Embargos gegen Restjugoslawien in der Adria. Gerade zur Unterstützung anderer Teilstreitkräfte leistet die Marine wertvolle Beiträge, wenn ihre Seekriegsmittel Seetransporte sichern, ein sicheres Umfeld im Bereich von Häfen schaffen oder auch Truppenkontingente evakuieren.
Eine dritte und zunehmend an Bedeutung gewinnende Funktion liegt in der Aufgabe, einen Beitrag zur Stabilität und weiteren Kooperation Europas sowie zur internationalen Sicherheit zu leisten. Im Vordergrund stehen die Kooperation mit neuen Partnermarinen und das Schaffen von Vertrauen durch Begegnungen, gemeinsame Übungen und persönliche Kontakte. Die ersten Besuche deutscher Einheiten 1990 in Haifa/Israel, 1991 in St. Petersburg/Rußland, 1995 in Varna/Bulgarien und 1996 in Kapstadt/Südafrika sind ein deutliches Zeichen der gestiegenen politischen Bedeutung der Marine.
Im vereinten Deutschland ist die Marine heute an allen deutschen Küsten präsent. Junge Offiziere und Unteroffiziere aus zwei verschiedenen Marinen leisten gemeinsamen Dienst in der Flotte und den Dienststellen an Land. Die Schnellbootflottille wurde von Schleswig-Holstein in den von Grund auf neu entstandenen Marinestützpunkt Warnemünde verlegt. Das Marineamt ist von Wilhelmshaven nach Rostock umgezogen. In Parow entsteht die neue Technikschule der Marine.
Der Traum der Abgeordneten in der Paulskirche von 1848 ist 1990 Wirklichkeit geworden.
Die Marine ist zur Marine der Einheit unter einer Flagge geworden.

Bonn im Mai 1998

Volker Rühe

*Die erste Flaggenparade der neuen Deutschen Marine
am 16. Januar 1956 in Wilhelmshaven.*
Wilhelmshavener Zeitung

150 Jahre deutsche Marinegeschichte

Kontinuität oder Diskontinuität?

Am 14. Juni 1998 feierte die Deutsche Marine mit einem Festakt in Stralsund den 150. Jahrestag der ersten deutschen Flotte. Dieser Festakt diente einerseits der Erinnerung an den Gründungstag der ersten schwarz-rot-goldenen Marine vor 150 Jahren; andererseits gab er Gelegenheit zu einem Rückblick auf die Geschichte der unterschiedlichen deutschen Marinen, die es in diesem Zeitraum gegeben hat.

Parlamentssitzung der Nationalversammlung in der Frankfurter Paulskirche. BA/F

Dieser Rückblick auf die Geschichte der Marine zeigt, daß es im Zeitraum von 1848 bis heute insgesamt neun Marinen oder Marinegründungen auf deutschem Boden gegeben hat, wobei mit dieser geographischen Bezeichnung die historischen Staatsgebilde des Deutschen Bundes und anschließend des (Klein-)Deutschen Reiches – also ohne Österreich – gemeint sind. Auf diesem Territorium gab es zunächst als erste Marine die »Reichsmarine« der Nationalversammlung von 1848 bis 1853. Nach dem Scheitern dieser Marine übernahm Preußen das Ruder, gründete unter dem Oberbefehl des preußischen Königs eine eigene Marine, die nach Schaffung des Norddeutschen Bundes 1867 zur »Norddeutschen Bundesmarine« und 1872 nach Gründung des deutschen Kaiserreiches zur »Kaiserlichen Marine« wurde. Diese »vierte Marine« wurde nach dem Ersten Weltkrieg gemäß den Bestimmungen des Versailler Vertrages mit erheblich verringertem Umfang zur »Reichsmarine« der Weimarer Republik (1920) und schließlich 1935, also zwei Jahre nach der Machtübernahme durch die Nationalsozialisten, zur »Kriegsmarine«. Diese nunmehr sechste deutsche Marine endete im Mai 1945 mit der bedingungslosen Kapitulation der Wehrmacht, und es schien zunächst, als ob knapp 100 Jahre nach dem Beginn deutschen Seemachtstrebens die deutsche Marinegeschichte schon ihr Ende gefunden hätte. Aber es kam anders: direkt im Anschluß an das Kriegsende hatten deutsche Marineeinheiten unter britischem und amerikanischem Kommando dazu beizutragen, die unzähligen während des Zweiten Weltkrieges gelegten Minen in Nord- und Ostsee zu räumen. Aus einem kleinen Stamm des damals eingesetzten Personals sowie mit einigen kleinen Schiffen aus der ehemaligen Kriegsmarine wurde 1956 die siebte Marine, die »Marine der Bundesrepublik Deutschland« aufgebaut. Im selben Jahr entstand die »Volksmarine« der ehemaligen DDR (Nr. acht) und in der Folge der Vereinigung von Bundesrepublik und DDR schließlich am 3. Oktober 1990 die neunte, die heutige »Deutsche Marine«. Wenn man die zeitliche Abfolge dieser neun deutschen Marinen betrachtet, könnte man schnell zu der Bezeichnung »150 Jahre deutsche Marine« kommen, da es während dieser 150 Jahre deutscher Geschichte ja praktisch immer eine Marine gegeben hat; dieser Schluß mag vielleicht in bezug auf das Vorhandensein von »deutschen« Seestreitkräften richtig erscheinen; auf der anderen Seite dien(t)en die genannten neun Marinen jedoch derart unterschiedlichen politischen Systemen und Zielen, so daß weniger die Gemeinsamkeiten als vielmehr die Unterschiede überwiegen. Alle »Vorläufer« - Marinen waren gemäß Verfassung zwar Reichsinstitutionen, der Eid band ihre Angehörigen jedoch in erster Linie an das Staatsoberhaupt und erst danach an die Verfassung. Nimmt man die größten deutschen Marinen zum Vergleich, die Kaiserliche und die Kriegsmarine, so dienten diese den Zielen imperialer Machtentfaltung, wobei anzumerken ist, daß diese Machtentfaltung im Kaiserreich wenigstens durch

Reichsmarine: Linienschiffe als Eisbrecher in der Ostsee. MSM

Kriegsmarine: Schwerer Kreuzer PRINZ EUGEN. MSM

Admiral Adalbert Prinz von Preußen (1811–1873), Gründer der Deutschen Marine (Foto um 1870). MSM

Konteradmiral Rudolf Bromme, genannt Brommy (1804–1860), Seezeugmeister der ersten deutschen Flotte. Duppler

Bord der Schiffe des ersten Admirals, Brommy, geweht hat.
Auch unsere heutige Marine ist durch den Beschluß eines demokratisch gewählten Parlaments entstanden; sie ist wieder gesamtdeutsch und gehört einem »atlantischen« Seebündnis mit gemeinsamen Zielen an, und über den Schiffen und Booten unserer heutigen Marine wehen ebenfalls die Farben Schwarz-Rot-Gold.
Die Formulierung »150 Jahre deutsche Marine« ist irreführend, denn sie unterstellt einen kontinuierlichen Übergang von einer Marine in die folgende, und diesen Übergang durch ein frei gewähltes Parlament, den Reichstag, sanktioniert worden war. Die Betrachtung von 150 Jahren deutscher Marinegeschichte stellt also in erster Linie die Frage nach Kontinuitäten und Diskontinuitäten bei »150 Jahre deutsche Marinen«.
Die erste deutsche Marine von 1848 stellt nur eine kurze Episode innerhalb der deutschen Geschichte dar. Sie hat aber, bei näherer Betrachtung, ihre Spuren hinterlassen. Blickt man nämlich zurück auf diese erste Flottengründung, so ist festzustellen, daß die Reichsmarine von 1848 von allen früheren deutschen Marinen zu unserer heutigen Marine in einem sehr engen Kontinuitätsverhältnis steht. Zum einen wurde sie von einem demokratisch gewählten deutschen Parlament ins Leben gerufen; zum anderen sollte sie »gesamtdeutsch« sein, als Ausdruck des zu gründenden liberalen und demokratischen deutschen Nationalstaates; ferner sollte sie nicht – wie bei den Folgemarinen – allein auf sich gestellt zum Einsatz kommen, sondern, wie einer ihrer Gründungsväter, Prinz Adalbert von Preußen, es formuliert hatte, in einer »Allianz mit den atlantischen Seemächten«; und schließlich ist da noch die schwarz rot-goldene Kriegsflagge, die an

Schwarz-Rot-Gold, die Farben der neunen deutschen Marine. FlKdo

gang hat es vor allem von der Kriegsmarine in die »Bundesmarine« von 1956 nicht gegeben. Richtig allerdings ist es, von 150 Jahre deutscher Marinegeschichte zu sprechen, denn auch in den zehn »marinefreien« Jahren von 1945 bis 1955 gab es unter alliiertem Kommando nicht nur Minenräumverbände mit deutschem Marinepersonal wie die »German Mine-Sweeping Adminstration« (GMSA) oder die »Labor Service Units« (LSU), die mit ehemaligem Kriegsmarinegerät marinespezifische Aufgaben zu bewältigen hatten. In diesen zehn Jahren wurden auch die gedanklichen Vorarbeiten geleistet, wie eine neue deutsche Marine aussehen und vor allem welche Aufgaben ihr zufallen sollten. Diese gedanklichen Vorarbeiten wurden in alliiertem Auftrag von Offizieren geleistet, die zum Teil in der Kaiserlichen, zum Teil in der Reichs- und Kriegsmarine großgeworden waren. Die Vorstellungen dieser »Männer der ersten Stunde« ergeben somit gewisse Verknüpfungspunkte mit früheren Marinen.

Anschaulich wird dies am Beispiel der Räumboote und Teile ihrer Besatzungen, die ihren Weg von der Kriegsmarine, über GMSA und LSU in die neue deutsche Marine fanden. Damit ergab sich übrigens eine ähnliche Situation wie 1918, als die damaligen Minenräumaufgaben für den späteren Wiederaufbau der Reichsmarine, vor allem was ihre Infrastruktur betraf, von »kaum überschätzbarem Wert gewesen waren«[1]. Hierbei handelt es sich aber nur um »schmale Kontinuitätsbögen«[2], denn die Marine des Jahres 1956 ist nicht identisch mit der Kriegsmarine, so daß zu klären ist, welche konzeptionellen und »ideologischen« Vorstellungen für einen ja nicht absehbaren Wiederaufbau einer Marine nach 1945 vorgeherrscht haben und welche Gemeinsamkeiten, aber auch Unterschiede sich zehn Jahre später herauskristallisierten. Dies schließt auch eine Untersuchung der Fragen ein, was man über die eigene Vergangenheit, die eigene Tätigkeit im Kriege dachte und wie man vor allem mit der als ungerecht empfundenen Verurteilung der Großadmirale Raeder und Dönitz fertig wurde.

Unbestritten ist, daß sich die Marine seit ihrer Gründung im Jahre 1848 bis heute vom rein handwerklichen kontinuierlich im selben Fahrwasser bewegt hat: Seemannschaft, fachliche Ausbildung, Materialbewirtschaftung und der Umgang mit stets knappen Haushaltsmitteln haben rückblickend immer gut funktioniert. Sowohl in der ersten Phase der Marineentwicklung mit ihrem Schwerpunkt auf Friedensdienst und intensivem Auslandseinsatz (1848–1914) als auch im Ersten Weltkrieg, der Zeit zwischen den Kriegen und im Zweiten Weltkrieg hat die Marine fachlich ihre Aufgaben gemeistert: Sie hat ihren »Job« getan.

Anders sieht es mit dem »Inneren Gefüge« aus; hier ist im Verlauf des Ersten Weltkrieges vor allem durch die bekannten Verhältnisse an Bord der Großkampfschiffe eine über 60 Jahre andauernde positive Entwicklung unterbrochen worden, an deren Anfang die Forderung des Prinzen Adalbert aus dem Jahre 1852 gestanden

Erst Räumboot der Kriegsmarine, dann Einsatz bei der LSU, schließlich Übernahme in die »Bundesmarine«. MSM

Die kaiserliche Dampfkorvette HERTHA im Auslandsdienst 1879 vor Konstantinopel. MGFA

hatte: »Die Disciplin der Marine ist aber die ihrer Officiere.[3]«
Dieser Bruch ist derart einschneidend gewesen, daß sich die Marine in der Zeit zwischen den Kriegen sehr intensiv und in vielfältiger Weise um »Erziehungsfragen«, eine funktionierende Menschenführung und um Wege bemüht hat, um aus diesem »Trauma von 1918« herauszukommen. Als Beispiel für diese Bemühungen möge die Forderung des Kapitänleutnant Ruge aus dem Jahre 1932 genügen, der kurz und bündig die Aufgaben eines Marineoffiziers beschrieb: »Er muß Schiffe, Waffen und Menschen führen können«[4] oder aber der Hinweis in einer Dienstvorschrift des Jahres 1939, wo vom »Vorleben«, aber auch vom »Vorsterben« des Vorgesetzten die Rede ist[5].

Es ist den Verantwortlichen von Reichs- und Kriegsmarine gelungen, die innere Einheit innerhalb der Marine sowie die Akzeptanz der gegebenen Hierarchien, also Mannschaften, Unteroffiziere, Offiziere und Marineleitung, wiederherzustellen und das Personal der Marine in einer Weise zusammenzuschmieden, welche die militärischen Leistungen, wie sie dann unter den Bedingungen des gegen überlegene Gegner geführten Krieges erbracht wurden, erst möglich machten: Erstaunliche Leistungen, die nach dem Kriege auch dem ehemaligen Gegner Respekt abverlangten. Das tapfere Bestehen in einem ungleichen Kampf, die tief empfundene Kameradschaft durch alle Dienstgradgruppen und vor allem die gemeinsam erlebte Katastrophe des Jahres 1945 haben die Zeit danach überdauert und die Marine oder besser gesagt, den Marinegedanken, bis zur Neugründung im Jahre 1956 gepflegt und am Leben erhalten. Die während des verbrecherischen Krieges von 1939 bis 1945 in besonderem Maße erlebten Werte wie Kameradschaft, Treue, Opferbereitschaft, Tapferkeit, Crewgeist, Gehorsam, Loyalität und - nicht zu vergessen - Disziplin sind Werte, die für Streitkräfte im allgemeinen und für die Marine im besonderen zeitlos gültig waren und sind.

Bei der Betrachtung des »inneren Gefüges« muß an dieser Stelle ein Blick auf die Bedeutung des 20. Juli 1944 für das Selbstverständnis der Marine geworfen werden. Daß Gehorsam, Disziplin und Loyalität auf beiden Seiten der militärischen Hierarchie, also »oben« und »unten«, beachtet werden müssen, hat es den Männern des 20. Juli 1944 leichter gemacht, ungehorsam, undiszipliniert und illoyal gegen einen Vorgesetzten zu sein, der diesen Verpflichtungen nie nachgekommen war. Die offenkundige Zurückhaltung der Marine im Widerstand gegen Hitler lag in erster Linie in der Erinnerung an das Jahr 1918: Unter dem Eindruck der sich seit Mai 1943 stetig verschlechternden Lage des Reiches und dem spürbaren Näherkommen der Alliierten an allen Fronten zeichnete sich eine Situation ab, die an das Kriegsende von 1918 erinnern mußte, an ein Jahr also, in welchem es »rein optisch« die Marine war, die durch Meuterei und Beteiligung an der Revolution das Kaiserreich zu Fall brachte. Unter diesem Aspekt mußte es den Verschwörern des 20. Juli klar sein, daß es für die Marine undenkbar sein würde, erneut, während eines Krieges und in bedenklicher Situation das Staatsoberhaupt zu Fall zu bringen.

So schwierig das Thema »Widerstand« für die Marine war, man hat sich im Vorfeld der Neugründung und danach damit auseinandergesetzt und sozusagen einen modus vivendi gefunden. Admiral a. D. Hansen, nach dem Kriege Vorsitzender des Verbandes der deutschen Soldaten und engagiert vor allem für ihre Versorgungsrechte kämpfend, nahm 1956 eindeutig zu diesem Thema Stellung:

»Der Riß, der durch den 20. Juli 1944 in unsere Reihen gebracht ist, muß überbrückt werden. Der eine von uns ist seinem Eid treu geblieben, der andere hat in tiefer Kenntnis aller Vorgänge die Treue zu seinem Volk über die Eidespflicht gestellt. Keinem ist aus dieser Einstellung ein Vorwurf zu machen, wenn nicht Eigennutz, sondern ein edles Motiv sein Handeln bestimmt hat«[6].

Bei seiner Verabschiedung im Jahre 1961 nahm der erste Inspekteur der Marine, Vizeadmiral Ruge, zu einer Anzahl von Fragen Stellung, zu denen offensichtlich einmal etwas gesagt werden mußte, und es ist interessant, daß er in seiner Rede, die sich überwiegend mit Themen der Ausbildung und der Inneren Führung befaßte, als erstes auf »Soldat und 20. Juli« einging. Er knüpfte an die Ausführungen von Admiral Hansen an und stellte fest, daß man jetzt die Vorgänge klarer sehe als sechs Jahre zuvor: *»Ich bin der Überzeugung, daß in einer Lage, aus der es einen guten Ausweg nicht mehr gab, beide recht hatten ... Der Soldat, der an der Front war, der in der Truppe stand, konnte nicht anders handeln, als zu seinem Eid zu stehen und zu kämpfen ... Besonders hervorzuheben ist, daß diese Opfer nicht umsonst gewesen sind. Sie haben es ermöglicht, daß Hunderttausende den Westen erreichten ... Aber auch die Verschwörer vom 20. Juli haben recht, auch ihnen haben wir dankbar zu sein. Doch gab es nur wenige, die den Überblick hatten und aus der Erkenntnis der Lage zum Handeln kamen.«* Admiral Ruge erwähnte Mitglieder des zivilen und militärischen Widerstandes, nach denen Kasernen benannt seien, und schloß diesen Teil der Rede: *»Wir wissen, daß sie keine Treue brachen, denn Hitler hatte seinen Eid, den er dem deutschen Volk gegeben hatte, längst gebrochen. Wir wissen, daß sie für das Volk, unser Volk, und unsere westliche Freiheit handelten. Wir danken ihnen dies am besten, indem wir im Sinne der Hanseschen Erklärung ihr Opfer genauso anerkennen, wie das der Frontkämpfer, indem wir alles über-*

winden, was uns trennen kann, alles betonen und pflegen, was uns einigt«[7]. Dieser von Admiral Hansen 1956 gefundene und vom Inspekteur 1961 aufgegriffene modus vivendi, das sowohl als auch in der Frage, »wie halten wir es mit dem Widerstand?« zeigt, daß in den Anfängen der Bundeswehr das Handeln der Verschwörer des 20. Juli trotz der Benennung von Kasernen nach ihrem Namen innerhalb der Truppe und auch in der Marine noch nicht allgemein akzeptiert war. Dies zeigt sich auch in der Tatsache, daß der 20. Juli offensichtlich in den ersten Überlegungen für die neuen Traditionen der Marine keine Rolle gespielt hat. Jedenfalls findet sich in dem Erlaß von Admiral Ruge an die nachgeordneten höheren Kommandeure »Zur Pflege der Tradition« vom 27. Februar 1957 kein Hinweis hierauf. Admiral Ruge erwartete, daß die im Erlaß enthaltenen Richtlinien dazu führten, *»die Tradition innerhalb der Marine behutsam und mit Takt aufzunehmen. Mit dem Ziel, daß wir mit unserer geschichtlichen Vergangenheit fertig werden und uns ein Erbteil erwerben, das wir selbst als Tradition weitergeben können«*[8].

Der erste Befehlshaber der neuen bundesdeutschen Seestreitkräfte, Konteradmiral Johannesson, bestätigt in seinen Memoiren die indifferente bis ablehnende Haltung des Marineoffizierkorps zur Frage des Widerstandes: *»Ob meine Bemühungen, den Männern des 20. Juli Gerechtigkeit widerfahren zu lassen und ihnen einen Platz im Traditions-Denken – auch der Marine – einzuräumen, Erfolg gehabt haben, darüber bin ich mir nicht im klaren, ja, ich habe Zweifel«*[9].

Kann man in der Bewertung der fachlichen Kompetenz der Marine im Verlauf der vergangenen 150 Jahre eine ungebrochene Kontinuität und für ihr »Inneres Gefüge« eine Kontinuität mit Brüchen feststellen, so sieht es bei der Frage nach dem Warum und Wofür von Seestreitkräften anders aus. Unsere heutige Marine kann sich auf das Jahr 1848 – und zwar nicht nur wegen der Farben Schwarz-Rot-Gold – berufen. In der ersten Konzeption einer deutschen Marine, der »Denkschrift über die Bildung einer deutschen Kriegsflotte«[10] vom Mai 1848 hatte Prinz Adalbert seine drei bekannten Modelle für den Aufbau einer Marine entwickelt.

Bei der Frage der maritimen Wiederbewaffnung nach 1945 stand zunächst das Modell 1, Küstenverteidigung, zur Diskussion. Es gelang den ehemaligen Marineoffizieren Zenker, Gerlach und Wagner mit Unterstützung der Generale a.D. Heusinger und Speidel die Verantwortlichen sowohl auf nationaler als auch internationaler Ebene davon zu überzeugen, daß zur Verteidigung Europas mindestens eine deutsche Küstenvorfeldmarine benötigt werde. In den Besprechungen in Himmerod und auf dem Petersberg sowie bei den EVG-Verhandlungen in Paris war hier-

Konteradmiral Rolf Johannesson (1900–1989), der erste Befehlshaber der neuen deutschen Seestreitkräfte. Mittler

Denkschrift

über die Bildung

einer

deutschen Kriegsflotte.

Von

Adalbert, Prinz von Preußen.

Zum Besten der deutschen Flotte.

Potsdam, 1848.

Verlag der Riegel'schen Buchhandlung.

(Heintz & Stein.)

von sehr bald keine Rede mehr, da es der deutschen Seite mit Geschick und amerikanischer Unterstützung sehr schnell gelang, eine Marine zur offensiven Verteidigung und zum Handelsschutz zugesprochen zu bekommen. In den Erläuterungen von Prinz Adalbert zu den Aufgaben einer Handelsschutzmarine war u.a. auch der Bündnisgedanke mit den »atlantischen Seemächten«[11] eingeführt worden, ein Gedanke der sich in allen Flottengründungsplänen bis 1898 und in der heutigen Marine wiederfindet. Die Idee, eine Flotte nach Modell 2 aufzubauen, hielt aber nur bis zum »Neuen Kurs« von Kaiser Wilhelm II.: »Deutschlands Ehr' im Weltenmeer« vor: Denn mögen sowohl die preußische als auch die Kaiserliche Marine vor Tirpitz durchaus die »diplomatische und eventuell maritime

Soldidarität mit England«[12], einer der atlantischen Seemächte also, angestrebt und vor allem in Übersee sorgsam gepflegt haben, so entwickeln sich in der Praxis die Marine und ihre Aufgaben seit Tirpitz in eine Richtung, die eindeutig entgegengesetzt ist zum Kurs, den die neue Marine nach 1956 eingeschlagen hat: Der Zweck und hieraus abgeleitet die Operationspläne von Kaiserlicher, Reichs- und schließlich Kriegsmarine waren rein national auf die eigenen Belange ausgerichtet, d.h. Küstenverteidigung und Seekrieg gegen die Nachbarn des Reiches bzw. gegen die Seemacht England. Und dies jedes Mal mit nicht geeigneten bzw. nicht ausreichenden Mitteln. Die Daseinsberechtigung unserer heutigen Marine hingegen gründet sich von vornherein auf den Bündnisgedanken, er stellt die einzige Basis dar, auf der nach der Katastrophe von 1945 überhaupt deutsche Streitkräfte und eine Marine wieder denkbar waren. Kapitän zur See Zenker, von 1951 bis 1956 kommisarischer Leiter der Abteilung Marine in Bonn, wies in seiner Ansprache anläßlich der Aufstellung der Marinelehrkompanie am 16.1.1956 in Wilhelmshaven sehr deutlich auf die neue Lage an der Seite der Seemächte hin:

»Die Aufgaben, die damit einer deutschen Marine zufallen, müssen also andere sein als diejenigen, die der alten Marine in einer Frontstellung gegen die großen Seemächte gestellt wurden. Es kann nicht mehr Sache der deutschen Marine sein, zum Kampf um die Seeherrschaft und im klassischen Sinne auf den Weltmeeren anzutreten. Unsere Aufgabe wird es sein, unsere eigenen Küstengewässer und ihr Vorfeld auf See zu verteidigen, das Hereinkommen des überseeischen Nachschubs in unsere Räume zu sichern und als verlängerter Arm der verbündeten NATO-Marinen diesen Zugang in unsere Gewässer und den nahegelegenen Seeraum freizuhalten. Hierzu bedarf es nicht mehr großer Schiffe..., sondern einer großen Zahl kleinerer moderner Einheiten, die von gut ausgebildeten, beherzten Besatzungen gefahren werden«[13].

Mit diesen Worten beschrieb Zenker genau den Unterschied zu früheren Marinegründungen: Nicht die selbständige Seemacht, sondern eine bündnisfähige Marine mit Defensivcharakter war nun gefragt.

Es wird manchmal von der »Gnade des Nullpunkts« gesprochen, unter der sich der Aufbau der neuen Marine habe vollziehen können. Admiral Ruge differenziert dies, indem er feststellt: *»Das stimmt für manche geistigen Fragen, aber im allgemeinen, besonders im materiellen und personellen Aufbau ist viel mehr bemerkbar [zu bemerken], daß wir aus dem ›Minus‹ angefangen haben. Ohne Schiffe, ohne junge Offiziere und Unteroffiziere. Schwierigkeiten ergaben sich naturgemäß auch daraus, daß Verfassung und Gesetzgebung unseres neuen Staates bewußt ohne jede Beziehung zu militärischen Streitkräften geschaffen worden waren«*[14]. Ich möchte hinzufügen, auch nicht geschaffen werden durften, galt 1949 ja noch immer das auf das Potsdamer Abkommen zurückgehende Verbot jeglicher Beschäftigung mit militärischen Dingen. Auch hier ist ein Unterschied zu den Epochen zuvor festzustellen, in denen die militärische Macht des Staates in der Verfassung festgelegt und die Marine von Anbeginn an als »Sache des Reiches« verfassungsmäßig eingeordnet worden war.

Admiral Ruge hat als Minus das Fehl an jungen Offizieren herausgestellt, woraus zu schließen ist, daß ältere Offiziere offensichtlich in genügender Zahl zur Verfügung standen. In der Tat, hier ist ein großes Plus in der Stunde Null zu verzeichnen. Da beim Neuaufbau der Marine die Frage der Offizierseinstellungen eine besondere Rolle spielte, soll im folgenden untersucht werden, woher die führenden Offiziere, die konzeptionellen Vordenker, kurzum die »Männer der ersten Stunde« kamen und wie sie die »ideologische« Richtung der zukünftigen Marine bestimmten.

Nach dem Kriege organisierten sich sehr viele Angehörige der ehemaligen Kriegsmarine in Marinemessen, Marinekameradschaften und Marinestammtischen. Zweck dieser Verbindungen war die gegenseitige Hilfe bei der Bewältigung vor allem der offenen Versorgungsfragen und der schwierigen wirtschaftlichen Situation, die der einzelne nach Rückkehr aus dem Kriege zu Hause vorfand. Getragen wurde dieses Selbsthilfesystem stellvertretend sei hier die Marineoffiziervereinigung/-Hilfe (MOV/MOH) genannt – überwiegend von der 1939–1945 erfahrenen Kameradschaft, sei es in den Crewen, sei es in den einzelnen Bordgemeinschaften. Neben diesen Vereinigungen gab es in zahlreichen Städten informelle Marinekreise ehemaliger Offiziere, die von Anfang an in die Meinungsbildung während der Vorbereitungsphase für neue Seestreitkräfte einbezogen waren.

Der für konzeptionelle Fragen der Zukunft wichtigste Kreis hatte sich in Hamburg um den letzten Chef der Seekriegsleitung, Admiral Meisel, geschart, er ist als »Meisel-Kreis« bekannt[15]. Mit Stand August 1951 gehörtem diesem Kreis außer Meisel die ehemaligen Admirale Bütow, Godt und Rogge, die Kapitäne zur See a.D. Aßmann, Busch, Dominik, Düwel, Gerlach, Kähler, Wegener, ferner Fregattenkapitän a.D. Meckel, die Korvettenkapitän a.D. Jeschonnek, Kemnade, Klug, Schuhart sowie Kapitänleutnant a.D. von Schroeter an[16].

Neben diesen informellen Kreisen gab es ehemalige Marineoffiziere, die offiziell für die Amerikaner (z.B. Ruge) und Engländer (z.B. Assmann, Weichold, Gaul) arbeiteten und die gleich nach Kriegsende den Auftrag erhalten hatten, den deutschen Seekrieg aus den Akten aufzuarbeiten. Ziel dieses Auftrages war es, den »blue-water-navies« strategisch-taktische Einblicke in

Vizeadmiral Friedrich Ruge (1894–1985), erster Inspekteur der Marine. MOV

Konteradmiral Gerhard Wagner (1898–1987), erster Chef des Führungsstabes der Marine. MSM

die andersartige Seekriegführung in Küstengewässern zu geben, vor allem gegen die Sowjetunion in der Ostsee. Als bedeutendstes Gremium entwickelte sich ab April 1949 in Bremerhaven das dem Office of Naval Intelligence der US-Navy unterstehende Naval Historical Team (NHT), dem zunächst als Mitglieder die ehemaligen Admirale Schniewind, Heye, Ruge und Wagner angehörten. Später traten Oberst i.G. a.D. Gaul sowie, zeitweise, Konteradmiral a.D. Godt und Kapitän zur See a.D. Rösing hinzu. Als Institution scheint sich das NHT zunächst verständlicherweise nur zögernd an die Frage einer möglichen Wiederbewaffnung Deutschlands herangewagt zu haben, andererseits wurde nach der täglichen Arbeit an den Studien, wie Admiral Ruge einmal lapidar feststellte, »nicht nur Bridge« gespielt[17]. Aus der Arbeit mit den Akten und den abendlichen Gesprächen mit vertrauten und kompetenten Kameraden, die, jeder für sich, ein gerüttelt Maß an Sachverstand mitbrachten – Schniewind als ehemaliger Flottenchef, Wagner als Chef der Operationsabteilung der SKl, Ruge als Minen- und Landungsspezialist, Heye als Chef der Kleinkampfverbände, Godt und Rösing für die Ubootwaffe sowie Gaul für die Marineflieger –, entwickelten sich dann aber doch sehr schnell jene Überlegungen, die 1950 von Ruge zusammen mit Admiral a.D. Gladisch und Kapitän zur See a.D. Schultze-Hinrichs in Himmerod und 1951 von Admiral a.D. Wagner zur Vorbereitung der Petersberger Gespräche entwickelt wurden. Vor allem die sogenannte »Wagner-Denkschrift« oder »Petersburger-Denkschrift«, eine Gemeinschaftsarbeit des NHT, die auf den Erfahrungen des verlorenen Seekrieges basierte, hat eine gewichtige Rolle bei der Aufstellung der neuen Marine gespielt, und man kann sagen, daß die Marine, wie sie in den sechziger und siebziger Jahren verwirklicht wurde, eindeutig die Marine des NHT ist: Nicht ohne Grund wurden mit Vizeadmiral Ruge als Inspekteur und Konteradmiral Wagner als sein Stellvertreter zwei Angehörige des NHT als verantwortliche Offiziere für die erste Phase des Neuaufbaus bestimmt.

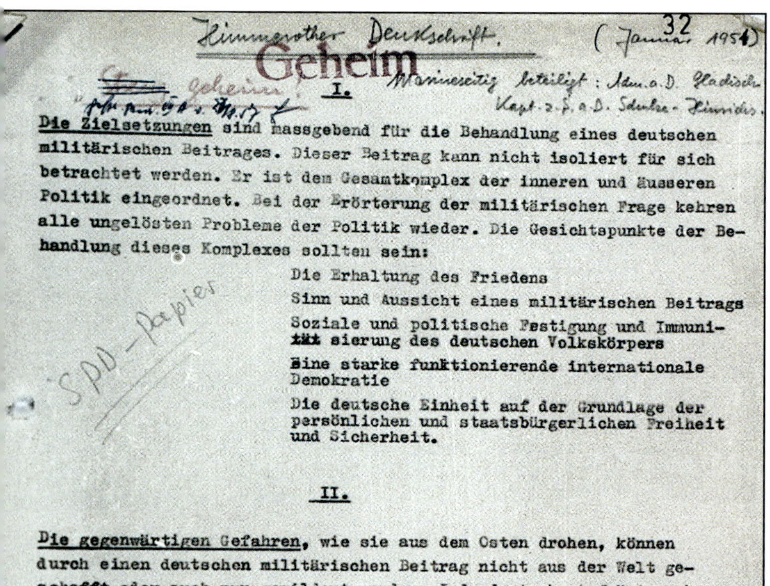

Himmerother Denkschrift. (Januar 1951) 32

Geheim

Marineseitig beteiligt: Adm. a.D. Gladisch, Kapt. z. S. a.D. Schultze-Hinrichs.

I.

Die Zielsetzungen sind massgebend für die Behandlung eines deutschen militärischen Beitrages. Dieser Beitrag kann nicht isoliert für sich betrachtet werden. Er ist dem Gesamtkomplex der inneren und äusseren Politik eingeordnet. Bei der Erörterung der militärischen Frage kehren alle ungelösten Probleme der Politik wieder. Die Gesichtspunkte der Behandlung dieses Komplexes sollten sein:

Die Erhaltung des Friedens

Sinn und Aussicht eines militärischen Beitrags

Soziale und politische Festigung und Immunisierung des deutschen Volkskörpers

Eine starke funktionierende internationale Demokratie

Die deutsche Einheit auf der Grundlage der persönlichen und staatsbürgerlichen Freiheit und Sicherheit.

SPD-Papier

II.

Die gegenwärtigen Gefahren, wie sie aus dem Osten drohen, können durch einen deutschen militärischen Beitrag nicht aus der Welt geschafft oder auch nur gemildert werden. Jede deutsche Aufrüstung kann,

Ausschnitt aus der »Himmeroder Denkschrift« vom Oktober 1950. BA/MA

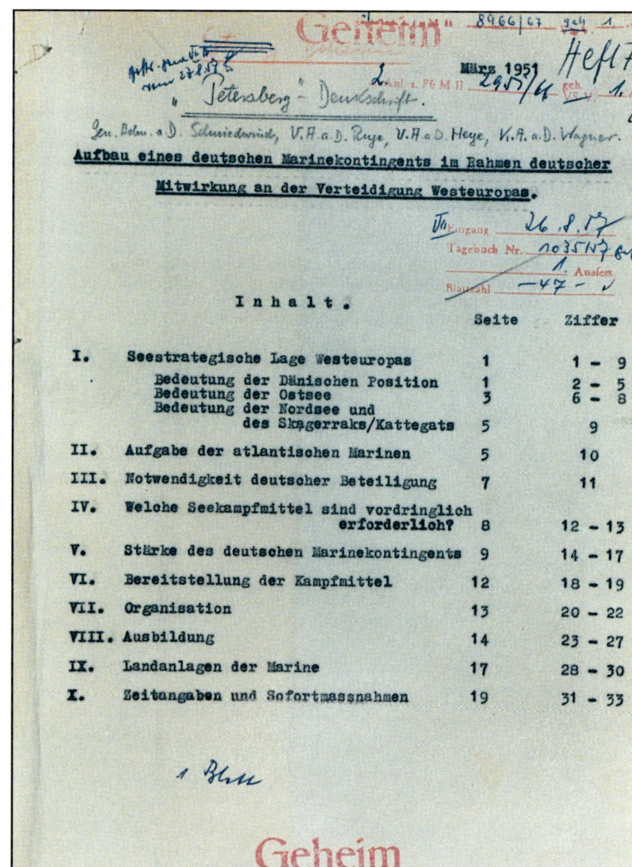

Geheim 8966/67

März 1951 Heft 7

„Petersberg“-Denkschrift.

4

Gen. Adm. a.D. Schniewind, V.A. a.D. Ruge, V.A. a.D. Heye, V.A. a.D. Wagner.

Aufbau eines deutschen Marinekontingents im Rahmen deutscher Mitwirkung an der Verteidigung Westeuropas.

Eingang 26.8.57

Tagebuch Nr. 1035/57

Inhalt.

		Seite	Ziffer
I.	Seestrategische Lage Westeuropas	1	1 – 9
	Bedeutung der Dänischen Position	1	2 – 5
	Bedeutung der Ostsee	3	6 – 8
	Bedeutung der Nordsee und des Skagerraks/Kattegats	5	9
II.	Aufgabe der atlantischen Marinen	5	10
III.	Notwendigkeit deutscher Beteiligung	7	11
IV.	Welche Seekampfmittel sind vordringlich erforderlich?	8	12 – 13
V.	Stärke des deutschen Marinekontingents	9	14 – 17
VI.	Bereitstellung der Kampfmittel	12	18 – 19
VII.	Organisation	13	20 – 22
VIII.	Ausbildung	14	23 – 27
IX.	Landanlagen der Marine	17	28 – 30
X.	Zeitangaben und Sofortmassnahmen	19	31 – 33

1 Blatt

Geheim

Die »Petersberg-Denkschrift« vom März 1951 – die »Magna Charta« der heutigen Marine. BA/MA

Lag die Rolle des NHT mehr auf seiten der konzeptionellen Überlegungen, so erarbeiteten die Offiziere des Meisel-Kreises auf Bitten des NHT Denkschriften zum Berufsethos und für die kleine Marineabteilung in Bonn detaillierte Beiträge zur künftigen Struktur eines einheitlichen, nicht mehr streng in verschiedene Laufbahnen aufgefächerten Offizierkorps sowie zu Fragen der »Inneren Führung«. Hier besonders nahmen die Offiziere des Meisel-Kreises für sich in Anspruch, *»aufgrund eigener bitterer Erfahrungen der Marine während des Ersten Weltkrieges und eines danach einsetzenden gründlichen Lernprozesses die lebhafte Auseinandersetzung über diesen Begriff befruchten zu können«*[18].

Zusammengefaßt läßt sich für das Wirken von NHT und Meisel-Kreis festhalten, daß führende Offiziere der Kriegsmarine ihre Erfahrungen schon kurz nach Kriegsende bei den Vorbereitungen zur Aufstellung von Streitkräften wieder einbringen konnten, daß ihre Vorstellungen von den politisch Verantwortlichen akzeptiert wurden und somit über diese Offiziere die Marine, sowohl in bezug auf ihre Struktur als auch auf ihr »Inneres Gefüge«, bis zum heutigen Tage entscheidend geprägt wurde.

Aufgrund der gerafften Ausführungen zur Wirksamkeit vom NHT als »geistige Leitstelle«[19] für vorbereitende Maßnahmen zum Aufbau einer neuen Marine könnte vielleicht der Eindruck entstanden sein, als habe sich dies alles reibungslos vollzogen. Dies trifft, wenn man die Situation der Akteure zu Beginn der fünfziger Jahre betrachtet, in bezug auf die konzeptionellen Vorstellungen, auf das »Wie« des Aufbaus also, sicherlich zu. Schwierigkeiten und Reibungen von erheblicher Intensität gab es jedoch bei der Frage, ob man – gemeint sind hier die ehemaligen Angehörigen der Kriegsmarine – überhaupt den Aufbau einer neuen Marine, in welcher Form auch immer, unterstützen wolle, solange sich nicht »die politischen Verhältnisse vielleicht etwas mehr geklärt haben«, wie es Kapitän zur See a.D. Gerlach 1951 forderte[20]. Hinter dieser Forderung verbarg sich der zweite, viel gravierendere Grund für das Zögern vieler ehemaliger Marineoffiziere, zu einer maritimen Wiederbewaffnung uneingeschränkt »ja« zu sagen: Es handelt sich hierbei um die sogenannte »Großadmiralsfrage«. Nichts hat die ehemaligen Angehörigen der Kriegsmarine und damit den Kreis potentieller neuer Offiziere in der Zeit von 1945–1956 mehr bewegt als das Schicksal der beiden Oberbefehlshaber der Marine, die einhellig als zu Unrecht in Nürnberg zu Gefängnisstrafen verurteilt betrachtet wurden. Ob Ruge oder Heye, Meisel oder Wagner, alle Offiziere, die offiziell oder inoffiziell in der Gründungsphase der neuen Marine zu Wort kamen – ganz zu schweigen von den Angehörigen der Marinevereinigungen – haben, wann immer möglich, auf allen Ebenen für die Freilassung der Großadmirale gekämpft.

Die Verteidigung der Großadmirale Raeder und Dönitz in Nürnberg und später der Kampf um ihre Freilassung waren von vorneherein von der Marine so verstanden und angelegt, daß es dabei nicht um die Personen, sondern um die Ehre der Kriegsmarine ging. Als Leitmotiv für diese Haltung können die Schlußworte von Großadmiral Raeder am 5. Oktober 1946 vor dem Nürnberger Gerichtshof gelten, der ausgeführt hatte: Die deutsche Marine »steht vor diesem Gericht und vor der Welt mit reinem Schild und unbefleckter Flagge da«[21]. Die Empörung über die Verurteilung der Großadmirale führte bis weit in die Gründungsphase der Marine hinein z.T. zu einer »ohne-mich«-Haltung oder zumindest zu einem »ja – aber nur,wenn die Großadmirale frei sind«. Diese »ohne-mich«-Haltung brachte die verantwortlichen Marineplaner insofern in Schwierigkeiten, als die Neugründung der Marine einerseits von den Ehemaligen nach außen geschlossen mitgetragen werden sollte, man andererseits aber davon ausgehen konnte, daß ein zu forsches Eintreten für die Großadmirale zumindest aus außenpolitischen Gründen der Sache nicht dienen und die Einführung neuer Seestreitkräfte behindern würde. Um aus diesem Dilemma herauszukommen, beschloß man in Hamburg und Bremerhaven, mit Rückendeckung von Generaladmiral Albrecht, dem dienstältesten in Freiheit lebenden Admiral, sozusagen in der Provinz zu »missionieren«[22]: In der Folgezeit führten nun vor allem Ruge und Wagner eine Fülle von Reisen zu den verschiedensten Marineoffizieren, Messen und Vereinigungen durch, die alle dem Zweck dienten, die Geschlossenheit der Marine herzustellen und zu bewahren. Ihre Wegekarten jener Tage würden wahrscheinlich die Bundesrepublik mit einem dichten Netz abdecken![23] Am Beispiel von Fregattenkapitän a.D. Zenker, auf Veranlassung des NHT seit 1951 im Amt Blank für Marinefragen zuständig[24], wird die Schwierigkeit einer Entscheidung für die neue Marine deutlich. In einem Briefauszug vom August 1951 erläuterte er seine Motive, warum er, obwohl die Großadmiralsfrage noch nicht gelöst war, sich dennoch für die neue Marine zur Verfügung stellte: *»Ich bin nach langem Überlegen doch zu der Überzeugung gekommen, daß man sich einer eventuellen Aufforderung nicht widersetzen dürfe, wenn man für sich in Anspruch nehmen will, daß man den Beruf der Sache willen gewählt hätte und daß man das Gemeinwohl über die persönlichen Wünsche und Interessen stellt.«* Kapitän Zenker glaubte nicht »nein« sagen zu dürfen, *»selbst wenn die Voraussetzungen der Aufhebung der Nürnberger Urteile gegen unsere beiden Großadmirale aus der Situation der Viermächteüberwachung heraus nicht erfüllt werden können. Es ist schmerzlich, sie dann als Märtyrer der Entwicklung der Beziehung der Großmächte geopfert zu sehen, aber über der Treue zur Person steht doch wohl noch die Verpflichtung gegenüber unserem Volke«*[25].

Dieser Brief ist typisch für die Selbstzweifel derjenigen, die sich fragten, ob sie der neuen Marine dienen konnten, und er zeigt gleichzeitig, wie schwer es die »Missionare« Ruge und Wagner haben mußten, bei weniger einsichtigen Kandidaten diese Selbstzweifel zu zerstreuen.

Mit der Gründung der Marine, offiziell vollzogen durch die Flaggenhissung am 16. Januar 1956 bei der Wilhelmshavener Marinelehrkompanie, war die Großadmiralsfrage noch immer nicht gelöst. Zwar war im September 1955 Großadmiral Raeder aufgrund seines schlechten Gesundheitszustandes vorzeitig aus der Haft in Spandau entlassen worden, Großadmiral Dönitz hingegen verbüßte weiterhin seine zehnjährige Haftstrafe, obwohl nach Ansicht vieler, diese Haft unter Anrechnung der Untersuchungshaft (seit 23. Mai 1945) seit fast einem Jahr hätte zu Ende sein müssen.

Ausgerechnet am Gründungstag der neuen Marine, am 16. Januar 1956 also, eskalierte die Großadmiralsfrage auf eine höhere, auf die innenpolitische Ebene. Die sich daraus entwickelnde Diskussion machte die Sache, nicht zuletzt durch eine Große Anfrage der SPD im Deutschen Bundestag, zu einer öffentlichen, sie beeinflußte im Ergebnis aber auch die zukünftige Haltung der Marine und ihr Verhältnis zu beiden Großadmiralen. Kapitän zur See Zenker, weiterhin kommissarischer Leiter der Abteilung Marine in Bonn und damit höchster aktiver Marineoffizier, hatte in seiner Ansprache vor der Marinelehrkompanie am 16. Januar 1956 in Wilhelmshaven auch des Schicksals gedacht, »das die beiden letzten Oberbefehlshaber der alten Kriegsmarine erlitten haben«[26]. Die Aufnahme eines Hinweises auf Raeder und Dönitz in diese erste offizielle Rede der Marine ist offensichtlich, wie Zwischenbemerkungen in den Akten zu entnehmen ist, in Abstimmung mit oder auf Bitten der o.a. Marinekreise geschehen. Der Redetext selbst hat allerdings weder Verteidigungsminister Blank, der am Nachmittag des 16. Januar persönlich die Ernennungsurkunden aushändigte, noch Admiral Ruge, der zu diesem Zeitpunkt noch nicht die Leitung der Marine übernommen hatte, vorgelegen.

Ansprache des Bundesministers für Verteidigung Theodor Blank (1905–1972) vor der Marinelehrkompanie Wilhelmshaven am 16. Januar 1956. Wilhelmshavener Zeitung

Zum Inhalt der Rede: Kapitän zur See Zenker wies auf die Bedeutung der ersten feierlichen Flaggenparade hin, sie sei Zeichen für die offizielle Indienststellung und damit den Neubeginn der deutschen Marine. In einem längeren Abschnitt folgte ein historischer Rückblick auf die deutsche Marinegeschichte, aus welchem sozusagen eine Momentaufnahme des maritimen Selbstverständnisses, aber auch maritimen Denkens für die Zukunft abzulesen ist. Über die Problematik einer Kontinentalmacht mit globalen Ansprüchen führte der historische Abriß zu den Gründen des Scheiterns der Marine: »*Die politische Entwicklung hat dazu geführt, daß sie in zwei Weltkriegen gegen die größten Seemächte eingesetzt werden mußte, in denen sie vom ersten Tage an einer erdrückenden Übermacht ihrer Gegner gegenüberstand. Sie hat sich dabei des Vertrauens, das unser Volk in sie gesetzt hat, würdig erwiesen und hat das ihr Mögliche zur Verteidigung der Heimat beigetragen... Die Unmöglichkeit, zu sinnvollem und entscheidendem Einsatz zu kommen, hat 1918 die Kampfkraft der großen Schiffe zerbrochen, während 1945 die Einheiten der Marine durch die Kampfereignisse bis auf geringe Reste aufgerieben worden sind. Dennoch brauchen wir uns dieser Tradition nicht zu schämen, denn der Opfermut, die Einsatzbereitschaft, ritterliche Haltung auch im Kampf und der Ernst und die Entschlossenheit, mit denen die Marine auch an viele unlösbare Aufgaben heranging, wenn das notwendig war, hat die Anerkennung auch unserer Gegner sogar noch während des Krieges gefunden.*« Diese Beschreibung spiegelt die überwiegende Meinung aller ehemaligen Marineangehörigen, wie auch der Öffentlichkeit über die Leistungen der Marine vor allem im Zweiten Weltkrieg wider.

Im folgenden gedachte Kapitän zur See Zenker »*der unzähligen Kameraden, die vor uns in der Marine ihre Pflicht getan haben und besonders derer, die diese Pflichterfüllung mit dem Opfer ihres Lebens gekrönt haben*«. In dieses Gedenken schloß Zenker das Schicksal der Großadmirale ein: »*Jeder von uns alten Marineleuten, die unter der Führung der beiden Großadmirale Dienst getan hat, weiß, daß die Marine sauber, anständig und ehrenhaft geführt worden ist und daß kein Makel an der Person unserer ehemaligen Oberbefehlshaber haftet... Sie tragen ihr Schicksal daher stellvertretend für uns alle, die wir damals in gutem Glauben einer verantwortungslosen politischen Führung gedient haben, die uns fast die ganze Welt zu Feinden gemacht hat.*«

Kapitän zur See Zenker wies auf die Gewissenskonflikte hin, die viele Marineangehörigen vor ihrem Wiedereintritt wegen dieser Frage zu bestehen hatten, daß sie aber die Aufgabe vor die Person gestellt hätten, eine Einstellung, die Großadmiral Raeder ihm gegenüber bestätigt habe. Mit Ausführungen zu den gewandelten Aufgaben der neuen Marine - kein Kampf um die Seeherrschaft, sondern »verlängerter Arm der verbündeten NATO-Marinen« - und zu Fragen der zukünftigen Ausbildung schloß Zenker seine Rede, die im übrigen von der Presse, wenn überhaupt, kommentarlos aufgenommen wurde und erst über schleswig-holsteinische Parteifreunde dem SPD-Abgeordneten Fritz Erler zur Kenntnis gelangte.

Immerhin, die Marine war mit einem Paukenschlag wie ein Phönix aus der Asche wiedererstanden - und fand sich umgehend auf der Tagesordnung von Verteidigungsausschuß, Bundestag und im Blickfeld des Bundeskanzlers wieder. Der Hauptvorwurf, der in der von der Rede ausgelösten Großen Anfrage[27] erhoben wurde, warf eine Problematik auf, die bis zum heutigen Tage diskutiert wird: es ging in erster Linie um die Frage, ob man die Leistungen von Personen, im vorliegenden Falle also von Raeder und Dönitz als Repräsentanten eines nachgewiesenermaßen verbrecherischen Systems, aufspalten und nach zwei Richtungen bewerten könne bzw. dürfe. Gemeint waren die Bewertung der rein soldatischen Leistungen, die auch von Vizeadmiral a.D. Heye, MdB, als makellos bewertet wurden, und ihre Trennung von der Gesamtpersönlichkeit. Und hier war man sich einig, daß dies, vor allem was man nun aus früheren Reden von Dönitz wisse, nicht möglich sei. Die Meinung war klar: Keiner der Großadmirale könne Vorbildfunktion für die Marine haben.

Die Debatte im Deutschen Bundestag, die der Marine eine klare Richtung vorgab, wonach sie ihre Traditionen auszurichten habe und wonach nicht, beendete keineswegs die Diskussion um die Großadmiralsfrage. Zwar wurde das Problem dadurch entschärft, daß auch Großadmiral Dönitz exakt zehn Jahre nach seiner Verurteilung aus Spandau entlassen wurde und das Verhalten beider ehemaligen Oberbefehlshaber der Marine keinen Anlaß zur Kritik bot, da sich beide von öffentlichen Auftritten fernhielten. Um die Frage jedoch, ob im Falle von Dönitz nicht doch seine Leistungen als Befehlshaber der Uboote und vor allem als letzter de facto-Reichspräsident mit seinen Befehlen zur Rettung Hunderttausender von Flüchtlingen als Beispiel für hervorragendes militärisches Verhalten zeitlos genutzt werden könnten, wurde und wird weiterhin heftig gestritten. Warum Dönitz die einen fasziniert, die anderen aber abstößt und zur Frage der Unmöglichkeit einer »Mittelposition, die zu Karl Dönitz eingenommen werden könnte«, hat bisher Dieter Hartwig am deutlichsten Stellung genommen. Sein Aufsatz, der als Vortrag vor allem auch von vielen ehemaligen Ubootfahrern mit positivem Interesse zur Kenntnis genommen wurde, hat viel zum Verständnis der Persönlichkeit des Großadmirals, aber auch zu einer Versachlichung der Diskussion beigetragen: *»Die meisten Menschen, die zu Karl Dönitz sich eine Meinung bilden, haben immer den einen Mann im Sinn, d.h. sie vernachlässigen bewußt oder unbewußt den jeweils anderen Dönitz [gemeint ist entweder Soldat oder politische Gestalt]... Beide Lager machen es sich zu leicht. Aber selbst, wer beide Seiten Karl Dönitz' einbezieht, kommt nicht an der Einschätzung vorbei, die der Bundesminister der Verteidigung [Hans Apel] 1980 im Zusammenhang mit dem Verbot, an den Trauerfeierlichkeiten für Karl Dönitz in Uniform teilzunehmen, abgab: ›Militärische Tüchtigkeit ist nicht zu trennen von den politischen Zielen, denen sie dient. [Ein] Oberbefehlshaber eines Wehrmachtteils muß sich daran messen lassen, ob und inwieweit er zu politischer Einsicht fähig und seiner politischen Mitverantwortung gewachsen war‹«*[28].

Großadmiral a.D. Dönitz und Vizeadmiral Ruge am Grab von Großadmiral Raeder am 11. November 1960 in Kiel. MSM

Die Diskussion der frühen Jahre der neuen Marine um die Großadmirale hat im Ministerium und im Führungsstab der Marine schon sehr früh zu Überlegungen geführt, wie im Falle ihres Ablebens zu verfahren sei, d.h. vor allem, ob einem Begräbnis zugestimmt werden könne, wie es für Ritterkreuzträger in der Bundesrepublik üblich geworden war. Aufgrund der o.a. Bewertung wird deutlich, warum die Marine und andere staatliche Institutionen bei der Beisetzung von Karl Dönitz nicht vertreten waren.

Bei der Beerdigung von Großadmiral Raeder am 11. November 1960 in Kiel sah dies anders aus. Da man aufgrund des schlechten Gesundheitszustandes des Großadmirals schon bald nach seiner Entlassung aus dem Spandauer Gefängnis mit seinem Ableben rechnete, hatte sich der Führungsstab der Marine schon im Juli 1957 auf diesen Fall vorbereitet und in Abstimmung mit dem Minister und dem Generalinspekteur die Beteiligung der Marine so festgelegt, daß die Beerdigung vom Marinebund vorbereitet würde, die Grabrede auf Wunsch des Verstorbenen von Dönitz gehalten werden und die aktive Marine offiziell durch den Inspekteur der Marine und ein Ehrengeleit von vier Stabsoffizieren vertreten sein sollte[29]. Die höheren Kommandeure der Marine stimmten dieser Lösung uneingeschränkt zu, abweichend war nur das Votum des Flottenchefs, Konteradmiral Rolf Johannesson, der die geplante Rede durch Dönitz für »eine unglückselige Maßnahme«[30] hielt und statt dessen Admiral a.D. Hansen vorschlug. In seinen Erinnerungen beschreibt Admiral Ruge die Trauerfeier: *»Bei seiner Beerdigung sprach ich an seinem Sarg in der Garnisonskirche in Kiel-Wik. Ich hatte es mir sehr genau überlegt und würdigte den Menschen Raeder so, wie ich ihn kennengelernt hatte. Ich betonte, wie schwer es in einer aufgewühlten Zeit wie der unseren sei, die Grenzen zwischen Fehlurteil und Schuld festzustellen. Niemand ist ohne Fehler, und ich weiß nicht, ob irgend jemand in der Lage ist, bereits ein vollgültiges, unfehlbares Urteil über den Menschen Erich Raeder abzugeben«*[31].

Der Bericht[32] eines englischen Reserveleutnants über seinen Besuch bei der deutschen Bundesmarine im Juli/August 1961 beschreibt anschaulich Zustand und

Probleme der neuen Marine fünf Jahre nach ihrem Neuanfang. Er hebt Beobachtungen hervor, die offenbar für ihn als Angehörigen der »Mother of all Navies« besonders bemerkenswert waren. Als erstes hebt er hervor, daß die in England erkannte Leichtigkeit, mit der angeblich die Wiederbewaffnung vonstatten ging, so nicht gegeben war: er weist auf die Schwierigkeiten und »beinahe unüberwindlichen Widerstände« hin, mit denen die ersten Verteidigungsminister und Offiziere wie Ruge und Rogge, Speidel, Heusinger und Kammhuber zu kämpfen gehabt hätten, *»als sie dieses lebenswichtige Bindeglied in der Verteidigungskette der Nato zu schmieden begannen«*. Er bewundert die Schnelligkeit und Professionalität der Besatzungen bei den seemännischen und Gefechtsübungen an Bord von Schnell- und Minensuchbooten. Und zur Tradition stellt er fest: *»Die gesamte Frage des Zeremoniells stellt in einer neuen Marine ein großes Problem dar, besonders in Deutschland, wo das Bestreben, es überall anders zu machen, als es in der Kriegsmarine üblich war, so groß ist... Im Moment weiß niemand so recht, wieweit er gehen kann oder soll.«* Die Marine habe den Vorteil, *»daß sie auf modernen Grundsätzen, entsprechend den heutigen gesellschaftlichen Verhältnissen aufgebaut ist. Sehr augenfällig macht sich dieser Vorteil im Aufbau des Verhältnisses von Offizieren und Mannschaften bemerkbar. So etwas wie eine ‚Offizierskombüse' beispielsweise gibt es nicht. Die Verpflegung für die gesamte Schiffsbesatzung wird in derselben Kombüse und in derselben Weise zubereitet (es sind aber meistens die Offiziere, die sich zuerst über etwas mangelhafte Zubereitung des Essens beklagen).«* Schließlich: *»Das Allerwichtigste jedoch ist, daß wenigstens auf den Schiffen, die ich besuchte, die gesamte Besatzung laufend darüber unterrichtet wurde, was vor sich ging und weshalb man dieses oder jenes tat.«* Mit diesen Feststellungen wird deutlich, daß die neue deutsche Marine spätestens im Jahre 1961 ihr »Trauma von 1918« überwunden hatte.

Die Ausstellung »Germania auf dem Meere« und der vorliegende Begleitband entstanden im Auftrag der Deutschen Marine anläßlich des 150. Jahrestages der Gründung der ersten deutschen Flotte durch die Nationalversammlung in der Frankfurter Paulskirche. Dokumentiert werden 150 Jahre deutscher Marinegeschichte. Anhand von zum Teil bisher unveröffentlichten Bildern und Dokumenten wird der Versuch unternommen, den Weg der Marine von den ersten Anfängen im Jahre 1848 über die Weltkriege bis zum heutigen Tage mit Brüchen und Kontinuitäten nachzuzeichnen. Es kann sich hieraus selbstverständlich kein vollständiges Bild ergeben, denn der Zeitraum seit 1848 stellt einen der »dichtesten« Abschnitte der deutschen Geschichte dar. 1848 wurde der Versuch unternommen, den während der Freiheitskriege angestrebten und seit 1815 durch das Metternichsche europäische Sicherheitssystem verhinderten deutschen liberalen und demokratischen Nationalstaat aufzubauen. In der von der Nationalversammlung 1849 verabschiedeten

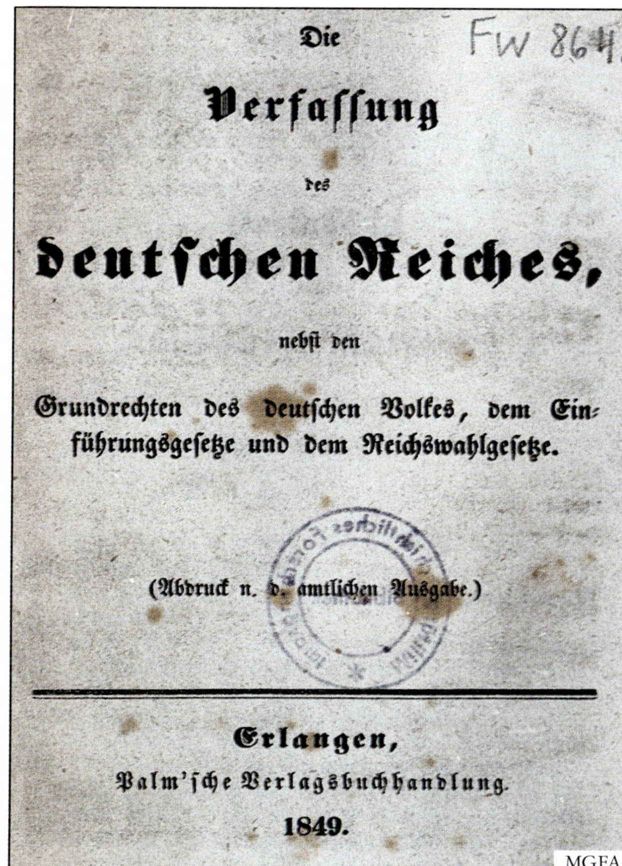

Die Verfassung des deutschen Reiches, nebst den Grundrechten des deutschen Volkes, dem Einführungsgesetze und dem Reichswahlgesetze.

(Abdruck n. d. amtlichen Ausgabe.)

Erlangen, Palm'sche Verlagsbuchhandlung. 1849.

MGFA

Verfassung wurde die Marine als »Sache des Reiches« eingeführt. Sie war die einzig sichtbare Institution, die – wenn auch nur für wenige Jahre – die Reichsidee überlebte; sie war für viele Bürger in Deutschland das Zeichen schlechthin für die Verwirklichung des

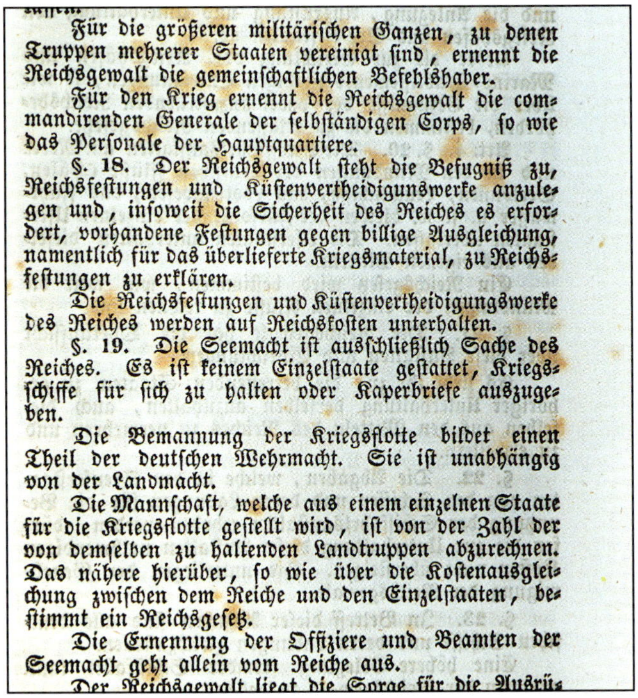

Für die größeren militärischen Ganzen, zu denen Truppen mehrerer Staaten vereinigt sind, ernennt die Reichsgewalt die gemeinschaftlichen Befehlshaber.

Für den Krieg ernennt die Reichsgewalt die commandirenden Generale der selbständigen Corps, so wie das Personale der Hauptquartiere.

§. 18. Der Reichsgewalt steht die Befugniß zu, Reichsfestungen und Küstenvertheidigunswerke anzulegen und, insoweit die Sicherheit des Reiches es erfordert, vorhandene Festungen gegen billige Ausgleichung, namentlich für das überlieferte Kriegsmaterial, zu Reichsfestungen zu erklären.

Die Reichsfestungen und Küstenvertheidigungswerke des Reiches werden auf Reichskosten unterhalten.

§. 19. Die Seemacht ist ausschließlich Sache des Reiches. Es ist keinem Einzelstaate gestattet, Kriegsschiffe für sich zu halten oder Kaperbriefe auszugeben.

Die Bemannung der Kriegsflotte bildet einen Theil der deutschen Wehrmacht. Sie ist unabhängig von der Landmacht.

Die Mannschaft, welche aus einem einzelnen Staate für die Kriegsflotte gestellt wird, ist von der Zahl der von demselben zu haltenden Landtruppen abzurechnen. Das nähere hierüber, so wie über die Kostenausgleichung zwischen dem Reiche und den Einzelstaaten, bestimmt ein Reichsgesetz.

Die Ernennung der Offiziere und Beamten der Seemacht geht allein vom Reiche aus.

Der Reichsgewalt liegt die Sorge für die Ausrü-

Artikel 3 § 19 der Reichsverfassung von 1848

angestrebten Zieles, die Schaffung eines gesamtdeutschen Staates. 150 Jahre später, am 14. Juni 1998, wurde der Gründung dieser ersten gesamtdeutschen Marine mir einer beeindruckenden Feier in Stralsund gedacht. In diesem Zeitraum hat die deutsche Marinegeschichte parallel zur allgemeinen deutschen Geschichte gewaltige Brüche erlebt. Im Jubiläumsjahr 1998 aber ist ein Zustand erreicht, der 1848 nicht gelungen ist: Ein gesamtdeutscher, freiheitlich-demokratisch verfaßter Staat, der nach der deutschen Einigung im Jahre 1990 auch über eine gesamtdeutsche, dem Primat der Politik unterliegende Marine verfügt. Und dies ist Anlaß genug, der Gründung der ersten deutschen Flotte unter Schwarz-Rot-Gold vor 150 Jahren mit einem Festakt des Inspekteurs der Marine zu gedenken.

Anmerkungen

1 Salewski, Michael: Die deutsche Seekriegsleitung (SKL) Bd.2, Frankfurt 1975, S. 563

2 ebd. S. 564

3 Allgemeiner Marinebefehl Nr. 1 vom 21.11.1852

4 Ruge, Friedrich: Ausbildung zum Seeoffizier; in: Marinerundschau 1932, S. 101

5 Ständiger Disziplinarbefehl Nr.14 v. 3.5.1939

6 Zit. Ruge, Friedrich: In vier Marinen, München 1979, S. 429

7 ebd. S. 429ff

8 Der Bundesminister für Verteidigung Abt.VII vom 27.1.1957, Bundesarchiv-Militärarchiv (BA-MA) BM15/v.70

9 Johannesson, Rolf: Offizier in kritischer Zeit, Herford und Bonn 1989, S. 129

10 Adalbert, Prinz von Preußen: Denkschrift über die Bildung einer deutschen Kriegsmarine. Zum Besten der deutschen Flotte, Potsdam 1848

11 ebd. S. 8

12 BA-MA RM1/v.2429. Philipsborn an Admiralität. Berlin, 25.6.1876

13 BA-MA BW2/v.2375

14 Rede VAdm Ruge anläßlich des 50-jährigen Jubiläums der Marineschule Mürwik (MSM)[1960], MSM WGAZ InvNr.1457

15 vgl. Meyer, Georg: In: Anfänge westdeutscher Sicherheitspolitik Bd.1, hg. vom Militärgeschichtlichen Forschungsamt (MGFA), München 1982, S.725ff; Salewski: SKL Bd.2 S. 562ff; Borgert, Heinz-Lutger: Vorstellungen verschiedener »Marinekreise« über den Aufbau von Marine-Seestreitkräften 1945–1955, MS (MGFA) 1976

16 Meyer, S. 727 Anm.116

17 MGFA (Hg): Aspekte der deutschen Wiederbewaffnung bis 1955, Boppard 1975, S. 191

18 Meyer, S. 729

19 Borgert, S. 24

20 zit. Meyer, S. 729

21 zit Borgert, S. 13

22 Meyer, S. 730

23 Borgert, S. 22

24 ebd.

25 ebd. S.22f

26 »Zenker-Rede« (Abschrift) in: BA-MA BW9/v.728; die weiteren Zitate sind dieser Abschrift entnommen

27 Die Protokolle von Verteidigungs-Ausschuß und Bundestag sowie der Schriftverkehr innerhalb des BMfVtdg und mit dem Bundeskanzler befinden sich in BA-MA BW9/v.728. Große Anfrage und parlamentarische Debatte wurden in den Stenographischen Berichten, 2.WP, Bd. 29, S. 7207ff. veröffentlicht

28 Hartwig, Dieter: Karl Dönitz – Versuch einer kritischen Würdigung; in: Deutsches Schiffahrtsarchiv 12/1989, S.148

29 BA-MA BM1/v.4782

30 ebd. Auszug Schreiben Johannesson an Ruge vom 21.1.1960

31 Ruge, Vier Marinen, S. 353

32 BA-Ma BM1/v.170

Schnellboot 1998
IZF

Das Weltbild im 17. Jahrhundert.
Weltkarte von L. Renard, Amsterdam um 1660.
J. Jakob

Seemacht, Seestrategie, Seeherrschaft

Bei der Betrachtung des Verlaufs der Weltgeschichte fällt auf, daß die entscheidenden Wendemarken von See her gesetzt wurden. Bei diesen Wendemarken handelte es sich dabei sowohl um militärische Ereignisse als auch um allgemeine maritime Einflüsse. So wird im Jahre 480 v.C. in der Seeschlacht von Salamis durch den Sieg der athenischen Flotte entschieden, wer die Herrschaft über das entstehende Abendland besitzen würde. Die Auseinandersetzung zwischen der Landmacht Rom und der Seemacht Karthago entscheidet Rom in dem Moment für sich, als es sich anschickt, seine Macht im Kampf gegen diese Rivalin auf die See zu verlagern und sich die entsprechenden Mittel schafft.

Die Folge dieser beiden frühen militärischen Auseinandersetzungen ist Europa in der Ausprägung griechisch-römischen, und damit abendländischen Denkens.

Das ausgehende Mittelalter setzt eine weitere epochale Zäsur, indem die Europäer die Neue Welt entdecken, ein Wagnis, das nur über die See und mit Hilfe maritimer Mittel bestanden werden konnte und das die Welt bis in unsere Zeit hinein europäisch-abendländisch prägte.

Das Ringen um die Vorherrschaft sowohl über die neu entdeckten Gebiete als auch vor allem um die Seeverbindungswege wird in den folgenden Jahrhunderten zwischen den europäischen Großmächten überwiegend auf dem Meer ausgetragen: Bis in das 20. Jahrhundert ist es immer wieder Großbritannien, das nach und nach eine Seemacht nach der anderen ausschaltet und sich damit zur ersten Weltmacht aufschwingt: 1588 wird die spanische Armada vernichtet; 1650–1675 sind es die Holländer, die den Kampf um das mare liberum verlieren; das 18. und 19. Jahrhundert bringt die weltweite Auseinandersetzung zwischen Frankreich und England um die führende Rolle in der Welt, und es ist Lord Nelson, der 1805 bei Trafalgar eine weitere maritime Zäsur setzt; schließlich das 20. Jahrhundert mit zwei Weltkriegen, welche durch eine neue maritime Großmacht, die USA, von See her entschieden werden: 1917 durch Kriegseintritt und massive wirtschaftliche Unterstützung, 1942 durch den

D-Day – Die alliierte Landung in der Normandie am 6. Juni 1944. BfZG

Seesieg bei Midway und 1944 durch die Landung in der Normandie.
Zwar wurden all diese Wendemarken begleitet von spektakulären Landschlachten wie Marathon, Cannä, Waterloo, Verdun oder Stalingrad. Die Entscheidungen in diesen epochalen Auseinandersetzungen gingen jedoch von See aus, sie wurden von Seemächten bestimmt und letztendlich von diesen »gewonnen«. Seemacht ist das Produkt aus Flotte und geostrategischer Position (E. Wegener). Die Qualität einer Flotte ist abhängig von ihren Schiffen, dem Personal und von dessen Ausbildung. Die geostrategische Position beschreibt die Stützpunkte, Werften und Arsenale sowie die wirtschaftliche und technologische Leistungsfähigkeit des Landes. Tendiert einer der beiden Faktoren gegen Null, so ist das Ergebnis ebenfalls Null. Seemacht ist gleichzeitig Staatsform und Machtinstrument. Legt man z.B. Großbritannien im 19. Jahrhundert zu Grunde, so wird deutlich, was mit dieser Formel gemeint ist, und auch die Qualität der Seemacht (der) Sowjetunion in der zweiten Hälfte des 20. Jahrhunderts läßt sich hieraus bewerten.
In der im geostrategischen Sinne ungünstig gelegenen Region Mitteleuropa war der Aufbau einer Marine von jeher ein schwieriges Unterfangen. An den Randmeeren Nord- und Ostsee gelegen und von großen Land- und Seemächten umgeben, lag der Schwerpunkt der sicherheitspolitischen Interessen bis nach dem Zweiten Weltkrieg auf dem Kontinent. Im ausgehenden Mittelalter bildete die Hanse, ein ma-

ritimer Wirtschaftsverbund mit ausgedehnten überseeischen Interessen in Norwegen, England und Island, eine Ausnahme. Dieser über 160 Städte umfassende Bund kann durchaus als Seemacht verstanden werden. Als im 15. und 16. Jahrhundert sich in Europa die Handelsinteressen in die Neue Welt verlagerten, war dies einer der Gründe für den Niedergang der Hanse. Nach dem Dreißigjährigen Krieg gab es den zweiten Versuch des Aufbaus einer Seemacht: Der »Große Kurfürst« von Brandenburg (1620–1688) erwarb holländische Kriegsschiffe für die Seekriegführung gegen Schweden in der Ostsee und für den Aufbau eines Kolonialreiches an der afrikanischen Goldküste und in Westindien. Die Schweden konnten zurückgedrängt werden, die kolonialen Bestrebungen wurden jedoch nach dem Tode des Großen Kurfürsten eingestellt und die Flotte aufgegeben. Für 160 Jahre war dies der letzte Versuch eines einzelnen deutschen Staates, eine Marine aufzubauen.

Friedrich Wilhelm, der Große Kurfürst. MSM

Die Kaiserliche Seemacht um 1910: Linienschiffe und Torpedoboote im Manöver. Kieler Schiffahrtsmuseum

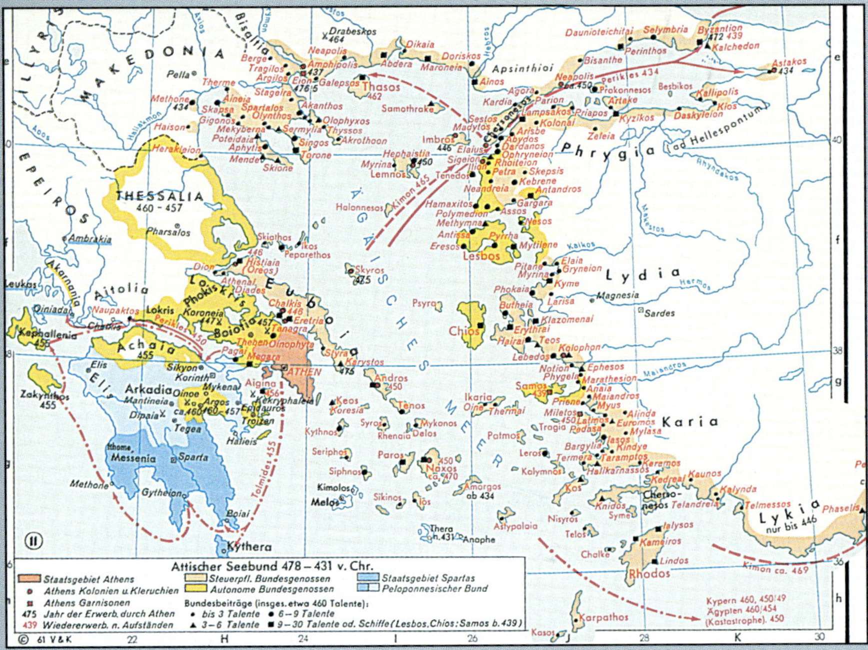

Attischer Seebund 478 bis 471 v. Chr.
Putzger, Historischer Weltatlas 102. Aufl.
© Cornelsen Verlag, Berlin 1997, S.12 II

Galeeren und Segelschiffe –
Seekrieg über Wasser im 14. bis 19. Jahrhundert.
MSM

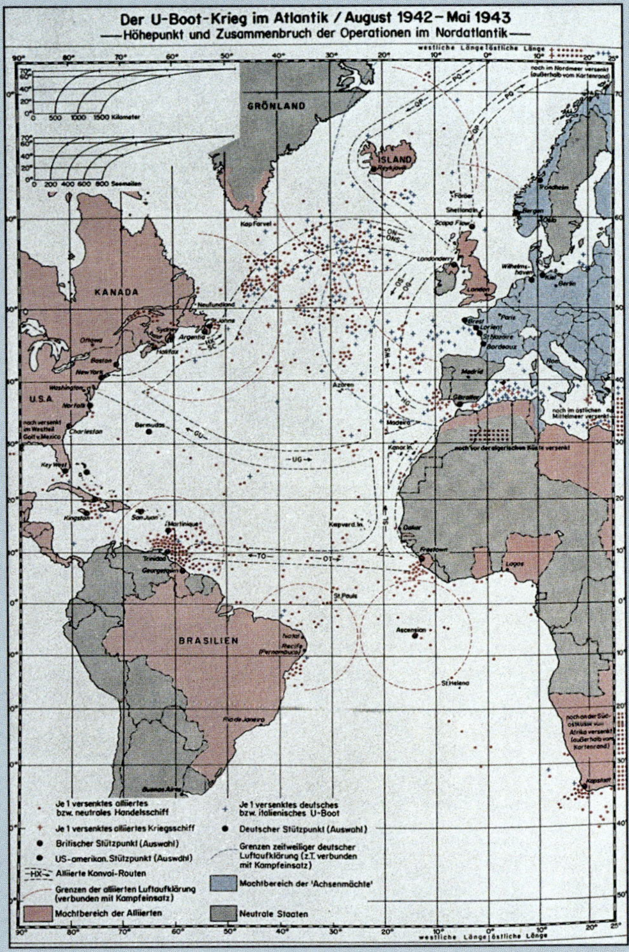

Ubootkrieg: Die Schlacht im Altlantik 1942/43.
MGFA

Flugzeugträger und Flugzeuge –
Seekrieg aus der Luft im 20. Jahrhundert.
Archiv Namislo

Linienschiffe, Kreuzer und Schlachtschiffe –
Seekrieg über Wasser im 20. Jahrhundert.
MSM

Uboote – Seekrieg unter Wasser
im 20. Jahrhundert.
Foto Renard, Kiel

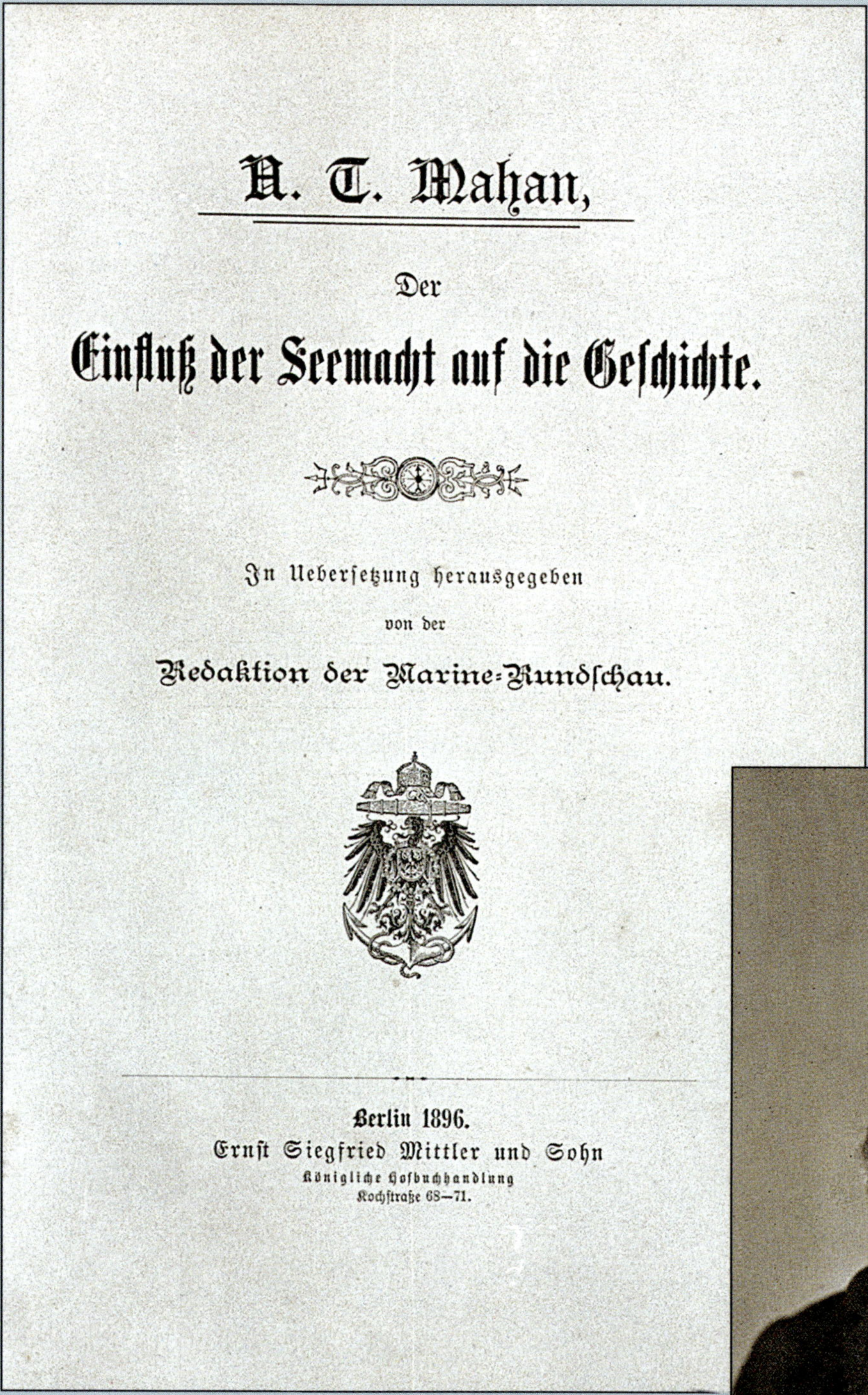

A. T. Mahan,

Der

Einfluß der Seemacht auf die Geschichte.

In Uebersetzung herausgegeben

von der

Redaktion der Marine-Rundschau.

Berlin 1896.

Ernst Siegfried Mittler und Sohn

Königliche Hofbuchhandlung

Kochstraße 68–71.

Die deutsche Ausgabe von Mahans Schrift wurde in der Bücherkiste jedes Schiffes der Kaiserlichen Marine mitgeführt.

MSM

Der Seekriegstheoretiker A. T. Mahan (1840–1914) (Captain U.S.-Navy) beeinflußte mit seinem Werk »The Influence of Seapower upon History« entscheidend die Flottenrüstung des Kaiserreichs.

MSM

Seemacht Großbritannien und Seemacht-Bündnis NATO: Starke, ausgewogene Flotten, ausgeprägte geostrategische Positionen und die Beherrschung oder Kontrolle der Seeverbindungswege bestimmen die internationalen Machtverhältnisse.

Die englische Flottenschau auf der Reede von Spithead. Nach einer englischen Darstellung.

Die englische Marineverwaltung scheint eine merkwürdig sichere Vorahnung kurz vor Ausbruch des Krieges gehabt zu haben. Sie veranstaltete am 18. Juli auf der Reede von Spithead, gegenüber Portsmouth, eine Flottenschau, d der wirklichen Mobilmachung am 2. August in eigentümlich geschickter Weise vorarbeitete. Die Aufstellung der Flotte Großbritanniens erfolgte in 12 Linien, 21 Dreadnoughts (Dr.) und ältere Dreadnoughts-Schlachtschif 18 bewaffnete Kreuzer und 100 andere Fahrzeuge, wie Torpedoboote, Torpedobootszerstörer und Unterseeboote, waren vereinigt. Die Engländer feierten dieses Ereignis als die größte Flottenschau, die je ein König abgenommen h

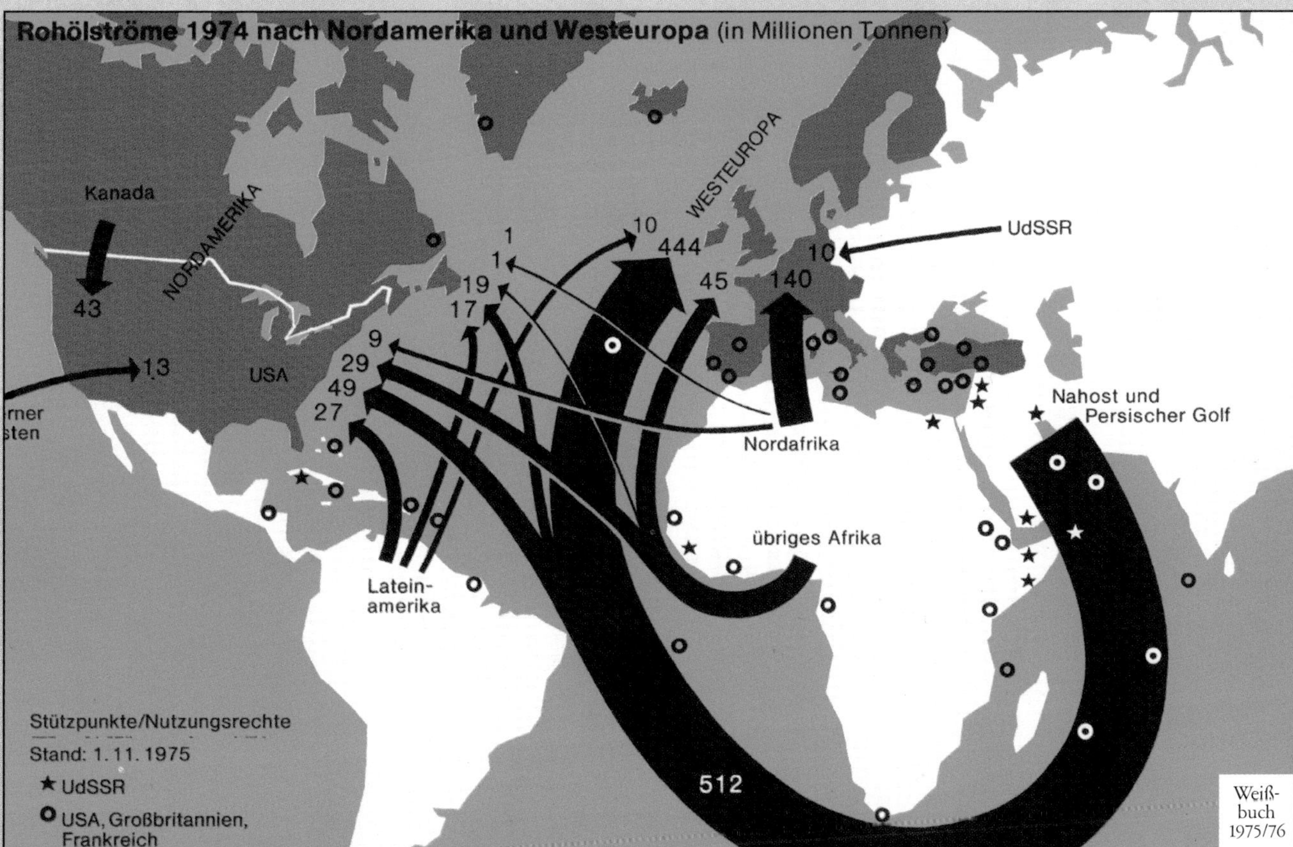

Sieg der Hanse über die Dänen vor der Warnow-Mündung 1234.
MSM

Die Handelsrouten der Hanse.
Putzger, Historischer Weltatlas 102. Aufl.
© Cornelsen Verlag, Berlin 1997, S. 57

Klaus Störtebeker und die Vitalienbrüder wurden von einer Hansischen Flotte gefangen genommen und 1402 in Hamburg hingerichtet.
MSM

Die Kurbrandenburgische Flotte 1684 in der Ostsee.

Der holländische Reeder und Kaufmann Benjamin Raule (1634–1708) stellte dem Großen Kurfürsten 1675 zehn Fregatten für den Krieg gegen Schweden zur Verfügung. Diese Schiffe bildeten den Grundstock für die Brandenburgische Marine, die nach 1688 aufgegeben wurde und zerfiel. MSM

Besitzergreifung der brandenburgischen Kolonie an der Westafrikanischen Küste 1683 und das Fort Großfriedrichsburg.
MSM

Feierlicher Einzug der Abgeordneten der Nationalversammlung in die Frankfurter Paulskirche am 18. Mai 1848.

BA/F

Die Gründung der ersten deutschen Marine

Gute Beziehungen zu den europäischen Seemächten haben über Jahrhunderte hinweg im Heiligen Römischen Reich Deutscher Nation eine »deutsche« Marine entbehrlich gemacht. Zwar hatte es auch nach dem Scheitern der kolonialen Ambitionen des Großen Kurfürsten (1640–1688) in den deutschen Küstenstaaten Versuche zur Schaffung eigener Seestreitkräfte gegeben, diese Versuche blieben jedoch im Sinne einer »Flotten-Gründung« stets im Ansatz stecken, zumal der Schutz des deutschen Überseehandels von eben diesen Seemächten übernommen wurde.

Nach Gründung des Deutschen Bundes im Jahre 1815 war eine Marine für die deutschen Staaten auch weiterhin nicht erforderlich, da europäische Könige in Personalunion als Bundesfürsten mit ihren Flotten im Deutschen Bund integriert waren: Der englische König als König von Hannover, der holländische König als Großherzog von Luxemburg und der dänische König als Herzog von Schleswig und Holstein.

Diese für die deutschen Küstenstaaten so günstige Situation änderte sich im Frühjahr 1848, als der neue dänische König versuchte, den Landesteil Schleswig von Holstein zu trennen und ihn in den dänischen Gesamtstaat zu integrieren. Damit verstieß er gegen den Vertrag von Ripen aus dem Jahre 1460, in welchem die Einheit der Herzogtümer unter dem dänischen König als »up ewig ungedeelt« verbrieft war. Der Deutsche Bundestag in Frankfurt erklärte Dänemark aufgrund dieses Rechtsbruchs den Krieg und unterstützte mit Bundestruppen den

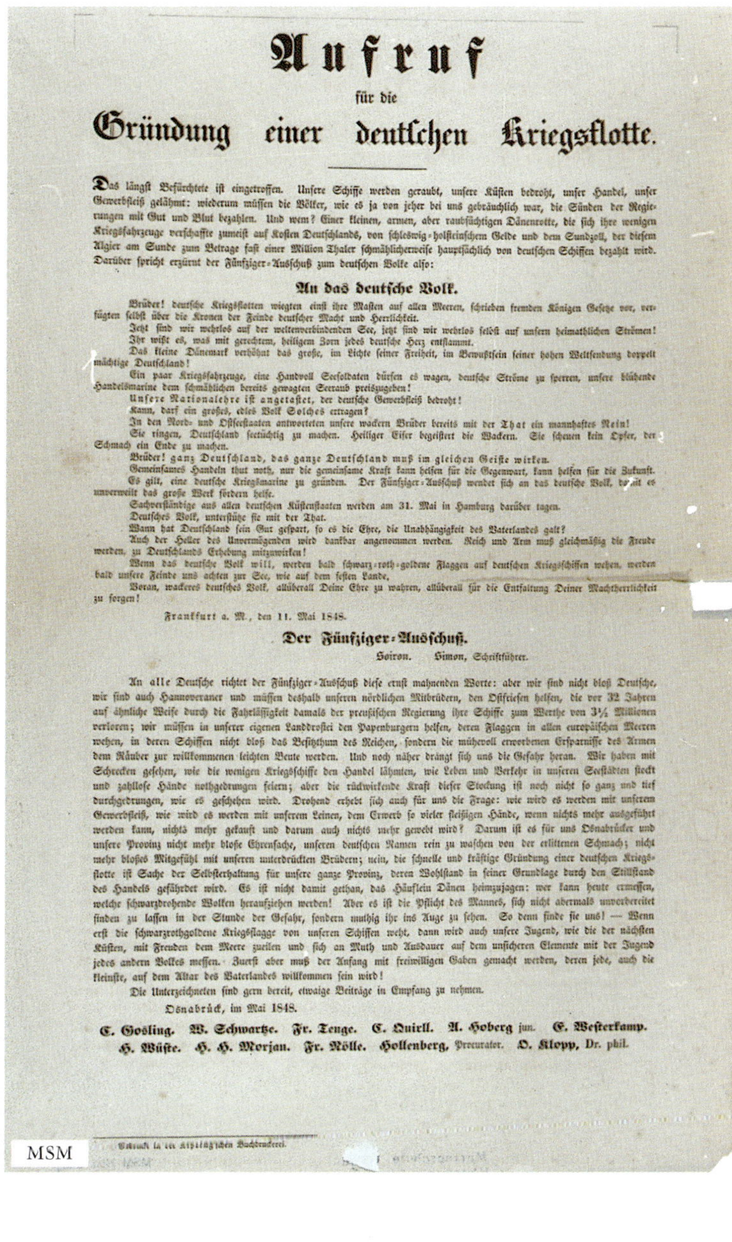

Aufruf

für die

Gründung einer deutschen Kriegsflotte.

Das längst Befürchtete ist eingetroffen. Unsere Schiffe werden geraubt, unsere Küsten bedroht, unser Handel, unser Gewerbfleiß gelähmt: wiederum müssen die Völker, wie es ja von jeher bei uns gebräuchlich war, die Sünden der Regierungen mit Gut und Blut bezahlen. Und wem? Einer kleinen, armen, aber raubsüchtigen Dänenrotte, die sich ihre wenigen Kriegsfahrzeuge verschaffte zumeist auf Kosten Deutschlands, von schleswig-holsteinschem Gelde und dem Sundzoll, der diesem Algier am Sunde zum Betrage fast einer Million Thaler schmählicherweise hauptsächlich von deutschen Schiffen bezahlt wird. Darüber spricht erzürnt der Fünfziger-Ausschuß zum deutschen Volke also:

An das deutsche Volk.

Brüder! deutsche Kriegsflotten wiegten einst ihre Masten auf allen Meeren, schrieben fremden Königen Gesetze vor, verfügten selbst über die Kronen der Feinde deutscher Macht und Herrlichkeit.

Jetzt sind wir wehrlos auf der weltenverbindenden See, jetzt sind wir wehrlos selbst auf unsern heimathlichen Strömen!

Ihr wißt es, was mit gerechtem, heiligem Zorn jedes deutsche Herz entflammt.

Das kleine Dänemark verhöhnt das große, im Lichte seiner Freiheit, im Bewußtsein seiner hohen Weltsendung doppelt mächtige Deutschland!

Ein paar Kriegsfahrzeuge, eine Handvoll Seesoldaten dürfen es wagen, deutsche Ströme zu sperren, unsere blühende Handelsmarine dem schmählichen bereits gewagten Seeraub preiszugeben!

Unsere Nationalehre ist angetastet, der deutsche Gewerbfleiß bedroht!

Kann, darf ein großes, edles Volk Solches ertragen?

In den Nord- und Ostseestaaten antworteten unsere wackern Brüder bereits mit der That ein mannhaftes Nein!

Sie ringen, Deutschland seetüchtig zu machen. Heiliger Eifer begeistert die Wackern. Sie scheuen kein Opfer, der Schmach ein Ende zu machen.

Brüder! ganz Deutschland, das ganze Deutschland muß im gleichen Geiste wirken.

Gemeinsames Handeln thut noth, nur die gemeinsame Kraft kann helfen für die Gegenwart, kann helfen für die Zukunft.

Es gilt, eine deutsche Kriegsmarine zu gründen. Der Fünfziger-Ausschuß wendet sich an das deutsche Volk, damit es unverweilt das große Werk fördern helfe.

Sachverständige aus allen deutschen Küstenstaaten werden am 31. Mai in Hamburg darüber tagen.

Deutsches Volk, unterstütze sie mit der That.

Wann hat Deutschland sein Gut gespart, so es die Ehre, die Unabhängigkeit des Vaterlandes galt?

Auch der Heller des Unvermögenden wird dankbar angenommen werden. Reich und Arm muß gleichmäßig die Freude werden, zu Deutschlands Erhebung mitzuwirken!

Wenn das deutsche Volk will, werden bald schwarz-roth-goldene Flaggen auf deutschen Kriegsschiffen wehen, werden bald unsere Feinde uns achten zur See, wie auf dem festen Lande.

Heran, wackeres deutsches Volk, allüberall Deine Ehre zu wahren, allüberall für die Entfaltung Deiner Machtherrlichkeit zu sorgen!

Frankfurt a. M., den 11. Mai 1848.

Der Fünfziger-Ausschuß.

Soiron. Simon, Schriftführer.

An alle Deutsche richtet der Fünfziger-Ausschuß diese ernst mahnenden Worte: aber wir sind nicht bloß Deutsche, wir sind auch Hannoveraner und müssen deshalb unseren nördlichen Mitbrüdern, den Ostfriesen helfen, die vor 32 Jahren auf ähnliche Weise durch die Fahrlässigkeit damals der preußischen Regierung ihre Schiffe zum Werthe von 3½ Millionen verloren; wir müssen in unserer eigenen Landdrostei den Papenburgern helfen, deren Flaggen in allen europäischen Meeren wehen, in deren Schiffen nicht bloß das Besitzthum des Reichen, sondern die mühevoll erworbenen Ersparnisse des Armen dem Räuber zur willkommenen leichten Beute werden. Und noch näher drängt sich uns die Gefahr heran. Wir haben mit Schrecken gesehen, wie die wenigen Kriegsschiffe den Handel lähmten, wie Leben und Verkehr in unseren Seestädten stockt und zahllose Hände nothgedrungen feiern; aber die rückwirkende Kraft dieser Stockung ist noch nicht so ganz und tief durchgedrungen, wie es geschehen wird. Drohend erhebt sich auch für uns die Frage: wie wird es werden mit unserem Gewerbfleiß, wie wird es werden mit unserem Leinen, dem Erwerb so vieler fleißigen Hände, wenn nichts mehr ausgeführt werden kann, nichts mehr gekauft und darum auch nichts mehr gewebt wird? Darum ist es für uns Osnabrücker und unsere Provinz nicht mehr bloße Ehrensache, unseren deutschen Namen rein zu waschen von der erlittenen Schmach; nicht mehr bloßes Mitgefühl mit unseren unterdrückten Brüdern; nein, die schnelle und kräftige Gründung einer deutschen Kriegsflotte ist Sache der Selbsterhaltung für unsere ganze Provinz, deren Wohlstand in seiner Grundlage durch den Stillstand des Handels gefährdet wird. Es ist nicht damit gethan, das Häuflein Dänen heimzujagen: wer kann heute ermessen, welche schwarzdrohende Wolken heraufziehen werden! Aber es ist die Pflicht des Mannes, sich nicht abermals unvorbereitet finden zu lassen in der Stunde der Gefahr, sondern muthig ihr ins Auge zu sehen. So denn finde sie uns! — Wenn erst die schwarzrothgoldene Kriegsflagge von unseren Schiffen weht, dann wird auch unsere Jugend, wie die der nächsten Küsten, mit Freuden dem Meere zueilen und sich an Muth und Ausdauer auf dem unsicheren Elemente mit der Jugend jedes andern Volkes messen. Zuerst aber muß der Anfang mit freiwilligen Gaben gemacht werden, deren jede, auch die kleinste, auf dem Altar des Vaterlandes willkommen sein wird!

Die Unterzeichneten sind gern bereit, etwaige Beiträge in Empfang zu nehmen.

Osnabrück, im Mai 1848.

C. Gosling. W. Schwartze. Fr. Tenge. C. Quirll. A. Hoberg jun. E. Westerkamp.
H. Wüste. H. H. Morjan. Fr. Nölle. Hollenberg, Procurator. O. Klopp, Dr. phil.

MSM

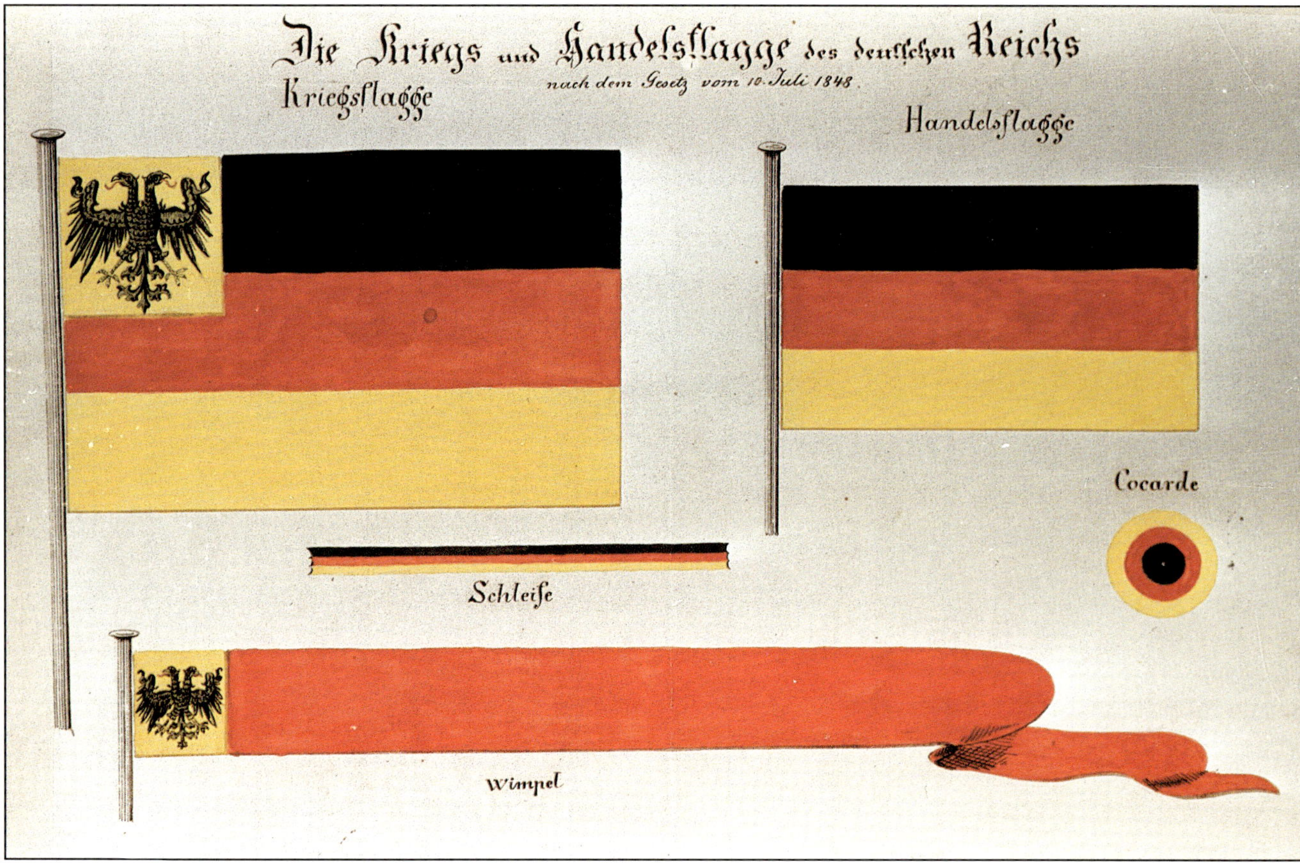

Faksimile des Aquarells für den Entwurf der Kriegs- und Handelsflagge (veröffentlicht mit Reichsgesetzblatt vom 13. November 1848).
BA/F

Aufstand der empörten Schleswig-Holsteiner. Während diese Truppen an Land zügig vorankamen, hatte man zur See den dänischen Kaperschiffen nichts entgegenzusetzen, so daß innerhalb weniger Tage der gesamte deutsche Küstenhandel lahmgelegt war. In dieser mißlichen Lage befand sich die im Mai 1848 einberufene Nationalversammlung der Frankfurter Paulskirche, die sich umgehend mit diesem Problem auseinandersetzte und erste Maßnahmen zum Aufbau einer deutschen Flotte traf.

Der Bremer Arnold Duckwitz, als Handels- und Marineminister der Reichsregierung maßgeblich an der Gründung der ersten deutschen Marine beteiligt.
Duppler

An St. Pauli's

Bürger u. Einwohner.

Der Däne liegt vor der Elbe!

Deutschland hat keine Schiffe, um seinen Handel zu schützen. Es muß Rath geschafft werden; auf des Vaterlandes Altar muß jeder Deutsche nach seinen Kräften opfern. Mitbürger, wir dürfen nicht zögern; voran müssen wir gehen, wir, denen die Schifffahrt und der Handel Alles ist. Die deutsche Flagge soll geachtet werden, dafür wollen auch wir unser Möglichstes thun. Wir haben aus der Casse unsers Vereins Crt ℳ 600 zum Bau und zur Ausrüstung von Kriegsschiffen bestimmt und beabsichtigen, eine Sammlung durch die Vorstadt vorzunehmen, um diese Summe, will's Gott, zu verzehnfachen. Wir laden Euch, unsere Mitbürger, auf heute

Sonnabend Abend 8 Uhr

in's Actien-Theater

zu einer öffentlichen Versammlung ein, um dort die Wichtigkeit der Sache noch einmal darzustellen.

Kommt zahlreich und mit gutem Willen, und laßt uns zeigen, daß wir von ganzer Seele Deutsche sind.

St. Pauli, den 6. Mai 1848.

Die Mitglieder des
St. Pauli Bürgervereins.

Aufruf zum Bau eines zum Schutz vor dänischen Kriegsschiffen dringend benötigten Ruderkanonenbootes.
MSM

Bundesstaaten.	Zur Umlage von 3000000 Rthl.			Zur Umlage von —		Zur Umlage von 5250000 fl.		Zur Umlage von	
	Rthlr	Sgr.	₰	fl.	kr.	fl.	kr.	fl.	kr.
1. Oesterreich	894956	9	4	—		1,566,138	33		
2. Preussen	903249	18	6	—		1580,686	50	13	
3. Königreich Sachsen	113256	14	1	—		198198	49		
4. Bayern	335994	5	11	—		587989	51		
5. Hannover	123199	16	2	—		215599	12	[illegible]	
6. Würtemberg	131704	7	6	—		230482	26	[illegible]	
7. Baden	94380	11	10	—		165165	41		
8. Kurhessen	53595	20	—	—		93792	25		
9. Großherzogthum Hessen	58468	18	8	—		102320	5		
10. Holstein u. Lauenburg	33976	28	3	—		59439	39		
11. Luxemburg u. Limburg	23933	7	10	—		41883	12		
12. Braunschweig	19782	3	10	—		34618	44		
13. Mecklenburg-Schwerin	33788	5	5	—		59129	19		
14. Nassau	28575	13	8	—		50007	3		
15. Sachsen-Weimar	18970	13	9	—		33198	18		
16. " Coburg-Gotha	10532	25	7	—		18432	30		
17. " Meiningen-Hildburghausen	10853	22	4	—		18994	3		
18. " Altenburg	9268	4	8	—		16219	16		
19. Mecklenburg-Strelitz	6773	17	7	—		11853	46		
20. Oldenburg	20831	13	6	—		36453	2		
21. Anhalt-Dessau	4997	4	9	—		8743	1		
22. " Bernburg	3496	12	6	—		6118	44		
23. " Cöthen	3063	—	8	—		5360	17		
24. Schwarzburg-Sondershausen	4258	4	10	—		7451	47		
25. " Rudolstadt	5090	17	10	—		8908	32		
26. Hohenzollern-Hechingen	1368	15	6	—		2394	54		
27. Liechtenstein	523	13	—	—		916	1		
28. Hohenzollern-Sigmaringen	3356	5	—	—		5873	17		
29. Waldeck	4896	5	1	—		8568	18		
30. Reuß, ältere Linie	2100	13	—	—		3673	46		
31. " jüngere "	4927	3	10	—		8622	29		
32. Schaumburg-Lippe	1981	29	8	—		[illegible]	[illegible]	3468	29
33. Lippe	6801	7	2	—		[illegible]	[illegible]	11902	10
34. Hessen-Homburg	1887	18	3	—		[illegible]	[illegible]	3303	19
35. Lübeck	3836	16	10	—		[illegible]	[illegible]	6713	59
36. Frankfurt	4516	3	—	—		7903	41		
37. Bremen	4577	13	5	—		8010	32		
38. Hamburg	12250	17	3	—		21438	30		
Summe	3000000	—	—	—		5,250000	—		

Frankfurt, den 10. Oktober 1848.

Liste der Matrikularbeiträge für den Aufbau der Flotte vom 10. Oktober 1848.

BA/F

Der Beschluß der Nationalversammlung vom 14. Juni 1848 – »Geburtsurkunde« der ersten deutschen Marine.

MSM

Stenographischer Bericht

über die

Verhandlungen der deutschen constituirenden National-Versammlung zu Frankfurt a. M.

1. Abonnement. **№ 17.** Freitag, 16. Juni 1848.

Sechzehnte Sitzung in der Paulskirche.

Mittwoch, den 14. Juni 1848. (Vormittags 11 Uhr.)

Präsident: Heinrich **von Gagern.**

Inhalt: Protocollverlesung.— Anzeige mehrerer Beiträge für die deutsche Marine. — Berathung über den Bericht des Marine=Ausschusses, Bewilligung von 6 Millionen Thalern betr. — Einlosung der neuangemeldeten Mitglieder. — Eingänge.

(...)

Präsident: Ich stelle nun die Frage so: Beschließt die Nationalversammlung, daß die Bundesversammlung zu veranlassen sei, die Summe von 6 Millionen Thalern zum Zweck der Begründung eines Anfangs für die deutsche Marine, über deren Verwendung und Vertretung die zu bildende provisorische Centralgewalt der Nationalversammlung verantwortlich sein wird, auf **bisher verfassungsmäßigem Wege verfügbar zu machen, und zwar 3 Millionen sofort, und die fernern 3 Millionen nach Maßgabe des Bedürfnisses? Diejenigen Mitglieder, welche wollen, daß der Bundestag auf diese Weise zu veranlassen sei, bitte ich aufzustehen.** (Fast die ganze Versammlung erhebt sich.) Die Frage ist mit einer an Stimmeneinhelligkeit grenzenden Majorität bejaht. (Allgemeines Bravo.)

Flotten-Träume.

1.

Sprach irgendwo in Deutschland eine Tanne:
„O, könnt' ich hoch als deutscher Kriegsmast ragen!
O, könnt' ich stolz die junge Flagge tragen
Des ein'gen Deutschlands in der Nordsee Banne!

Dann wär' ich Fähndrich, ha! wo Mann an Manne
Blutrünst'ge Krieger deutsche Seeschlacht schlagen;
Wo deutsche Segler, grimm und ohne Zagen,
Den fremden Entrer hauen in die Pfanne!

Dann lehnte wohl, die Brust vom Stahl gekerbt,
Ein Held an mir in des Gefechtes Gluten,
An meinem Stamme schweigend zu verbluten!

Indes mich jetzt das Blut des Wilddiebs färbt,
Des armen Wilddiebs, hinterrücks erschossen,
Der mir zu Füßen hinsinkt in die Sprossen!"

2.

Schwarz, Rot und Gold! Frei weht ihr auf den Stangen
Und Masten jetzo, gürtend rings das Land!
In tausend Wimpeln, einst verpöntes Band,
Hat dich der Ozean selber umgehangen!

O, ständen jetzt, die Anno Neunzehn sangen,
Daß dich zerschnitten der Gewalt'gen Hand;
O, ständen jetzt, die man um dich verbannt,
Verrats beschuldigt, ach! und schnöd gefangen:

O, ständen alle jetzt auf diesen Höhen,
Frisch, wie am Tag, da man auf Wartburg zog,
Daß sie dich glühn in deinen Ehren sähen!

Sie staunten wohl, und riefen Hurra hoch!
Stoßt an, stoßt an! Wie sich die Dinge drehen.
Der alte Ozean auch noch Demagog!

»Flottenträume« Gedicht von Ferdinand Freiligrath (1843).

Werbe-Plakat für die deutsche Kriegsflotte (1848). BA/F

Große musikalische Aufführung zum Besten der deutschen Kriegsflotte,

veranstaltet von der Großh. Hofkapelle und sämmtlichen hiesigen Gesangvereinen,

Montag den 7. August 1848

im Orangeriehaus zu Bessungen.

Anfang präcis 4 Uhr.

I. ABTHEILUNG.

1) Ouverture zum Freischütz von C. M. v. Weber. (Großh. Hofkapelle.)
2) Allgemeiner Männerchor von Franz Lachner: „Das Lied der Deutschen."
3) Trinkchor von Rossini. (Melomanen-Verein.)
4) Schlachtgesang von Büttinger. (Sängerkranz.)
5) Der 23. Psalm, Frauenchor von Franz Schubert. (Frauenchor des Dilettantenvereins.)
6) Die drei Gläser, von Neukäufler. (Männerchor des Großh. Hoftheaters.)
7) Allgemeiner Männerchor, von C. A. Mangold: „Horch auf mein Volk!"

II. ABTHEILUNG.

8) Ouverture zur Zauberflöte von Mozart. (Großh. Hofkapelle.)
9) Allgemeiner Chor von Mozart: „Priesterchor aus der Zauberflöte."
10) Mailied von Hauptmann. (Musikverein.)
11) Der Wald, Chor von Häser. (Harmonie.)
12) Die lustigen Musikanten, Chor mit Quartett-Solo von Kücken. (Mozart-Verein.)
13) Halleluja aus Messias, von Händel. (Großh. Hofkapelle und Musikverein.)
14) Allgemeiner Chor von Reichardt: „Was ist des Deutschen Vaterland?"

Billets für eine Person zu 24 kr. und Familienbillets für 3 Personen gültig zu 1 fl. sind in den Hofbuchhandlungen von **Jonghaus** und **L. Pabst** zu haben; an der Casse am Tage der Aufführung kostet ein Personenbillet 30 kr. und ein Familienbillet 1 fl. 12 kr. Eintrittskarten in den Garten des Orangeriehauses werden zu 12 kr. an der Casse ausgegeben. Der Text der Gesänge ist für 3 kr. in den genannten Buchhandlungen und an der Casse zu haben. Der Eingang findet durch das Thor zunächst der Allee statt.

So kann's ja nicht fehlen!

Zum Bau der deutschen Flotte wurde von einem reichen Bankier ein Eichwald verehrt; mit dem Vorarbeiten zum Einsäen soll bereits begonnen werden.

Faksimile aus den „Fliegenden Blättern", 1848.

Karikatur aus den »Fliegenden Blättern« (1848).

Reichs-Gesetz-Blatt.

5tes Stück. Ausgegeben Frankfurt a. M., den 13. November. 1848.

Inhalt:

Gesetz, betreffend die Einführung einer deutschen Kriegs- und Handelsflagge.
Verordnung, betreffend die Vollziehung des Gesetzes über die deutsche Kriegs- und Handelsflagge vom 31. Juli / 12. November 1848.

Gesetz,

betreffend die Einführung einer deutschen Kriegs- und Handelsflagge.

Der Reichsverweser, in Ausführung des Beschlusses der Reichsversammlung vom 31. Juli 1848, verkündet als Gesetz:

Art. 1.

Die deutsche Kriegsflagge besteht aus drei gleich breiten, horizontal laufenden Streifen, oben schwarz, in der Mitte roth, unten gelb. In der linken oberen Ecke trägt sie das Reichswappen in einem viereckigen Felde, welches zwei Fünftel der Breite der Flagge zur Seite hat. Das Reichswappen zeigt in goldenem (gelbem) Felde den doppelten schwarzen Adler mit abgewendeten Köpfen, ausgeschlagenen rothen Zungen und goldenen (gelben) Schnäbeln und desgleichen offenen Fängen.

Art. 2.

Jedes deutsche Kriegsschiff, welches nicht Admiralsflagge oder Commodores Stander führt, läßt vom Top des großen Mastes einen Wimpel fliegen. Derselbe ist roth und zeigt am oberen Ende den Reichsadler, wie oben beschrieben, in goldenem (gelbem) Felde.

Art. 3.

Die deutsche Handelsflagge soll aus drei gleich breiten, horizontalen, schwarz, roth, gelben Streifen bestehen, wie die Kriegsflagge, jedoch mit dem Unterschiede, daß sie nicht das Reichswappen trägt.

Reichsgesetzbl. 1848. 5. St. Art. 4.

16 5tes Stück.

Art. 4.

Diese Flagge wird von allen deutschen Handelsschiffen als Nationalflagge ohne Unterschied geführt.

Besondere Farben und sonstige Abzeichen der Einzelstaaten dürfen in dieselbe nicht aufgenommen werden.

Dabei soll es jedoch den Handelsschiffen frei stehen, neben der allgemeinen deutschen Reichsflagge, noch die besondere Landes- oder eine örtliche Flagge zu zeigen.

Art. 5.

Weitere Bestimmungen über die Größe der Flaggen, über die Unterschiede in den von verschiedenen Ober-Befehlshabern zu führenden Flaggen, so wie über die Anordnung sonstiger Flaggen, z. B. beim Lootsen- und Zollwesen, bleiben vorbehalten.

Art. 6.

Die verbindende Kraft dieses Flaggengesetzes beginnt hinsichtlich der Bestimmungen über die Kriegsflagge, in Gemäßheit des Art. 3. des Gesetzes über die Verkündigung der Reichsgesetze vom 23/27. September 1848, mit dem zwanzigsten Tage nach dem Ablaufe desjenigen Tages, an welchem das betreffende Stück des Reichsgesetzblattes in Frankfurt ausgegeben wird.

Art. 7.

Dagegen bleibt die Festsetzung des Zeitpunktes, wann die Bestimmungen über die Handelsflagge in Kraft treten sollen, in Anbetracht des Beschlusses der Reichsversammlung vom 6. November 1848, einer weiteren Verordnung vorbehalten.

Frankfurt, den 12. November 1848.

Der Reichsverweser
Erzherzog Johann.

Der Reichsminister des Handels
Duckwitz.

Verkündigung der Reichsgesetze vom 23/27. September 1848., mit dem zwanzigsten Tage nach dem Ablaufe desjenigen Tages, an welchem das betreffende Stück des Reichsgesetzblattes in Frankfurt ausgegeben wird.

Art. 7.

Dagegen bleibt die Festsetzung des Zeitpunktes, wann die Bestimmungen über die Handelsflagge in Kraft treten sollen, in Anbetracht des Beschlusses der Reichsversammlung vom 6. November 1848. einer weiteren Verordnung vorbehalten.

Frankfurt a/M., den 12. November 1848.

Der Reichsverweser:

Der Reichs-Minister des Handels:

Duckwitz

Textblätter Flaggengesetz vom 12. November 1848.
BA/F

Entwürfe einer Kriegsflagge.
BA/F

5tes Stück. 17

Verordnung,

betreffend die Vollziehung des Gesetzes über die deutsche Kriegs- und Handelsflagge vom 31. Juli / 12. November 1848.

Der Reichsverweser verordnet:

Das Reichsministerium des Handels ist mit der Vollziehung des Gesetzes über die deutsche Kriegs- und Handelsflagge vom 31. Juli / 12. November 1848 beauftragt.

Frankfurt, den 12. November 1848.

Der Reichsverweser
Erzherzog Johann.

Der Reichsminister des Handels
Duckwitz.

— 5 —

selbst eine eigene Meinung bestimmt auszusprechen — möglichst jede in sich haltbare Ansicht zu berücksichtigen.

Im Allgemeinen lassen sich alle diese verschiedenen Wünsche in folgende drei Hauptrubriken bringen. Man verlangt entweder:

1) eine Kriegsmarine zur rein defensiven Küstenvertheidigung,
2) eine solche zur offensiven Vertheidigung und zum nothwendigsten Schutze des Handels,
oder
3) eine selbstständige Seemacht.

Wir werden diese drei Fälle in aller Kürze nach einander durchgehen und für einen jeden derselben uns die Vorschläge in flüchtigen Umrissen hinzustellen erlauben, welche unserem besten Wissen nach dem angenommenen Zwecke am meisten entsprechen dürften.

A. Vertheidigung der Küsten.

Die deutsche Nordseeküste wird in ihrer ganzen Ausdehnung von dem Wattengürtel begleitet, der, größtentheils von einer einfachen Reihe kleiner Eilande nach der Seeseite gesäumt, sich von Horns-Riff in Jütland bis zum Texel erstreckt. Die Mündungen der Ems, der Jahde, der Weser und der Elbe bilden tiefe Durchfahrten durch diese Bänke und Inseln; und zwar können nach den mir bekannten Aufnahmen Linienschiffe in die Emsmündung einlaufen (durch das Riffgat), an Borkum vorbei bis nach der Holländischen Stadt Delfzyl, die auf der Westseite des Dollart Emden

MSM

Die drei Modelle für den Aufbau einer Marine aus Adalberts Denkschrift vom Mai 1848

Admiral Adalbert Prinz von Preußen (1811–1873). MSM

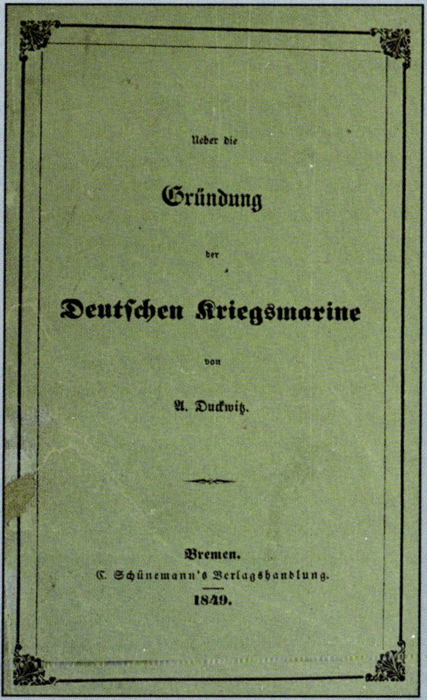

Rechtfertigungsschrift von Arnold Duckwitz. MSM

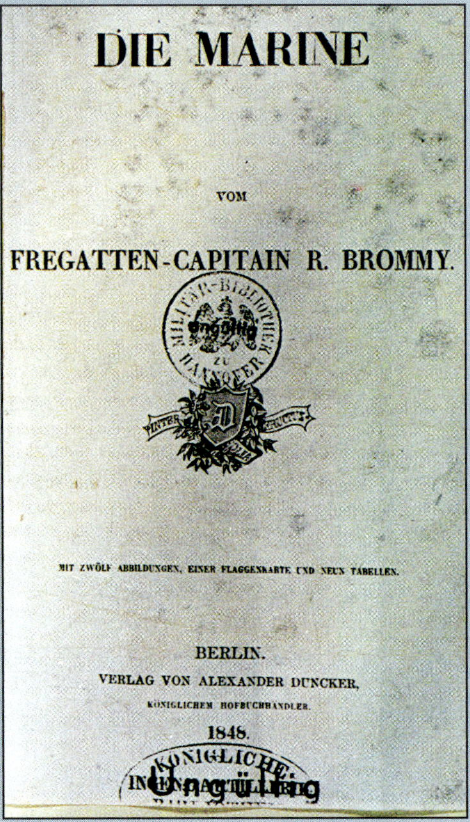

DIE MARINE

VOM

FREGATTEN-CAPITAIN R. BROMMY.

MIT ZWÖLF ABBILDUNGEN, EINER FLAGGENKARTE UND NEUN TABELLEN.

BERLIN.
VERLAG VON ALEXANDER DUNCKER,
KÖNIGLICHEM HOFBUCHHÄNDLER.
1848.

»Die Marine«, seemännische und nautische Erfahrungen von Rudolf Brommy.
MSM

Konteradmiral Rudolf Bromme, genannt Brommy, Seezeugmeister und Oberbefehlshaber der Reichsflotte. Focke-Museum, Bremen

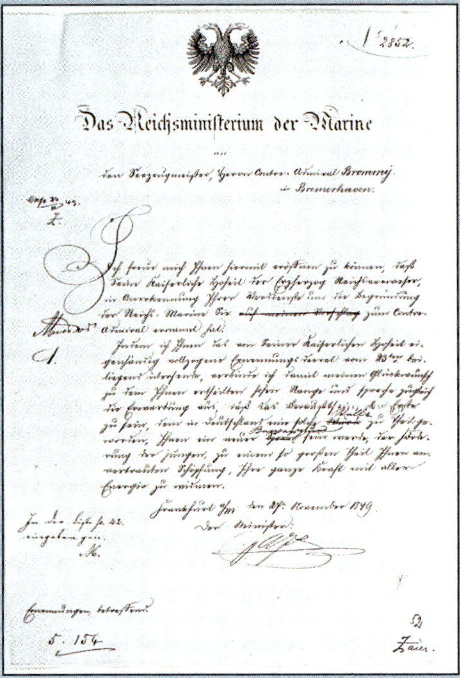

Das Reichsministerium der Marine

Frankfurt a/M den 25. November 1849.

Ernennung von Commodore Brommy zum Konteradmiral am 23. November 1849.
BA/F

»Reichsverweser« Erzherzog Johann (Statthalter des zu bestimmenden deutschen Kaisers in Frankfurt). Duppler

Die Versteigerung der Reichsflotte durch Hannibal Fischer am 18. August 1852 in Bremerhaven.
MSM

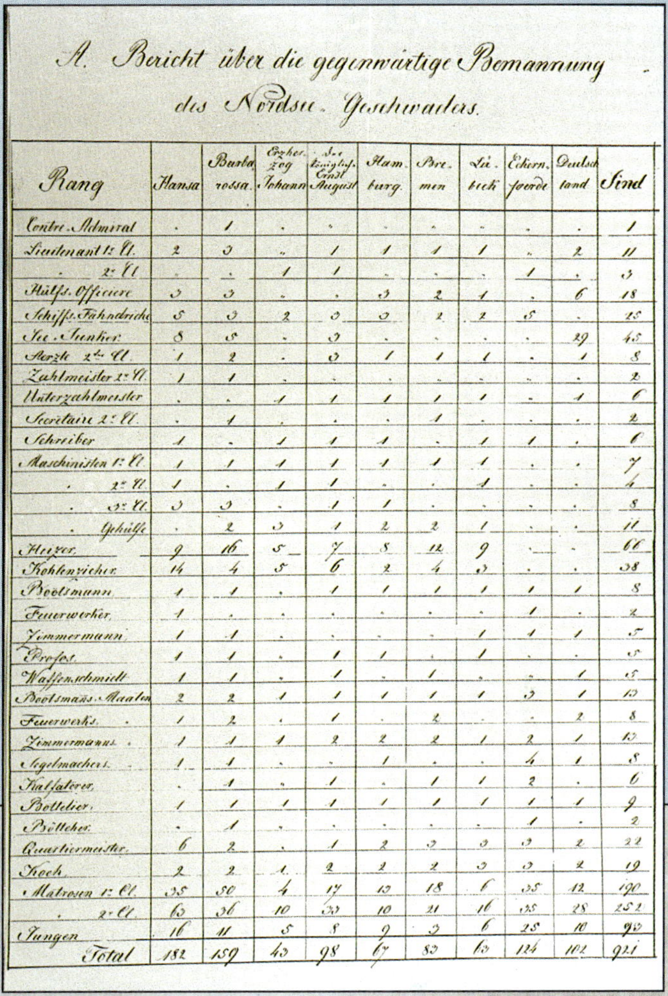

A. Bericht über die gegenwärtige Bemannung des Nordsee-Geschwaders.

Rang	Hansa	Barbarossa	Erzherzog Johann	Der königliche Ernst August	Hamburg	Bremen	Lübeck	Eckernfoerde	Deutschland	Sind
Contre Admiral	.	1	.	.	.	.	.	.	.	1
Lieutenant 1. Cl.	2	3	.	1	1	1	1	.	2	11
" 2. Cl.	.	.	1	1	.	.	.	1	.	3
Hülfs Officiere	3	3	.	.	3	2	1	.	6	18
Schiffs Fähndriche	5	3	2	3	3	2	2	5	.	25
See Junker	8	5	.	3	.	.	.	.	29	45
Aerzte 2. Cl.	1	2	.	3	1	1	1	.	1	8
Zahlmeister 2. Cl.	1	1	.	.	.	.	.	.	.	2
Unterzahlmeister	.	.	1	1	1	1	1	.	1	6
Secretaire 2. Cl.	.	1	.	.	.	1	.	.	.	2
Schreiber	1	.	1	1	1	.	1	1	.	6
Maschinisten 1. Cl.	1	1	1	1	1	1	1	.	.	7
" 2. Cl.	1	.	1	1	.	.	1	.	.	4
" 3. Cl.	3	3	.	1	1	.	.	.	.	8
" Gehülfe	.	2	3	1	2	2	1	.	.	11
Heizer	9	16	5	7	8	12	9	.	.	66
Kohlenzieher	14	4	5	6	2	4	3	.	.	38
Bootsmann	1	1	.	1	1	1	1	1	1	8
Feuerwerker	1	.	.	.	.	.	.	1	.	2
Zimmermann	1	1	.	.	.	.	1	1	1	5
Profos	1	1	.	1	1	.	1	.	.	5
Waffenschmiedt	1	1	.	1	.	1	.	.	1	5
Bootsmans Maaten	2	2	1	1	1	1	1	3	1	13
Feuerwerks "	1	2	.	1	.	2	.	.	2	8
Zimmermanns "	1	1	1	2	2	2	1	2	1	13
Segelmachers "	1	1	.	.	1	.	.	4	1	8
Kalfaterer	.	1	.	1	.	1	1	2	.	6
Bottelier	1	1	1	1	1	1	1	1	1	9
Böttcher	.	1	.	.	.	.	.	1	.	2
Quartiermeister	6	2	.	1	2	3	3	3	2	22
Koch	2	2	1	2	2	2	3	3	2	19
Matrosen 1. Cl.	35	50	4	17	13	18	6	35	12	190
" 2. Cl.	63	36	10	33	10	21	16	35	28	252
Jungen	16	11	5	8	9	3	6	25	10	93
Total	182	159	43	98	67	83	63	124	102	921

Die Bemannung der Reichsmarine.
BA/F

Die Reichsflotte auf der Unterweser.
MSM

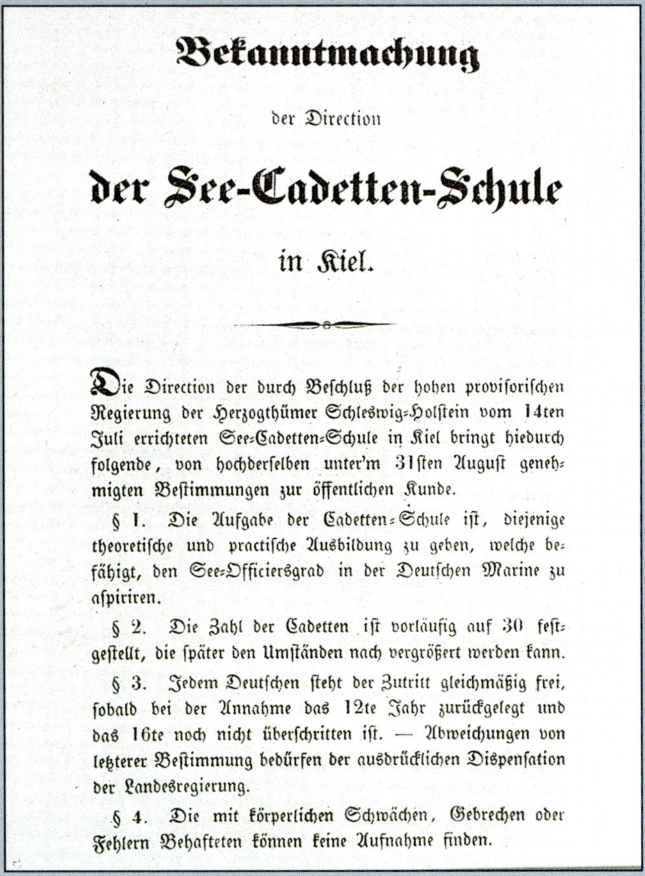

Bekanntmachung

der Direction

der See-Cadetten-Schule

in Kiel.

Die Direction der durch Beschluß der hohen provisorischen Regierung der Herzogthümer Schleswig-Holstein vom 14ten Juli errichteten See-Cadetten-Schule in Kiel bringt hiedurch folgende, von hochderselben unter'm 31sten August genehmigten Bestimmungen zur öffentlichen Kunde.

§ 1. Die Aufgabe der Cadetten-Schule ist, diejenige theoretische und practische Ausbildung zu geben, welche befähigt, den See-Officiersgrad in der Deutschen Marine zu aspiriren.

§ 2. Die Zahl der Cadetten ist vorläufig auf 30 festgestellt, die später den Umständen nach vergrößert werden kann.

§ 3. Jedem Deutschen steht der Zutritt gleichmäßig frei, sobald bei der Annahme das 12te Jahr zurückgelegt und das 16te noch nicht überschritten ist. — Abweichungen von letzterer Bestimmung bedürfen der ausdrücklichen Dispensation der Landesregierung.

§ 4. Die mit körperlichen Schwächen, Gebrechen oder Fehlern Behafteten können keine Aufnahme finden.

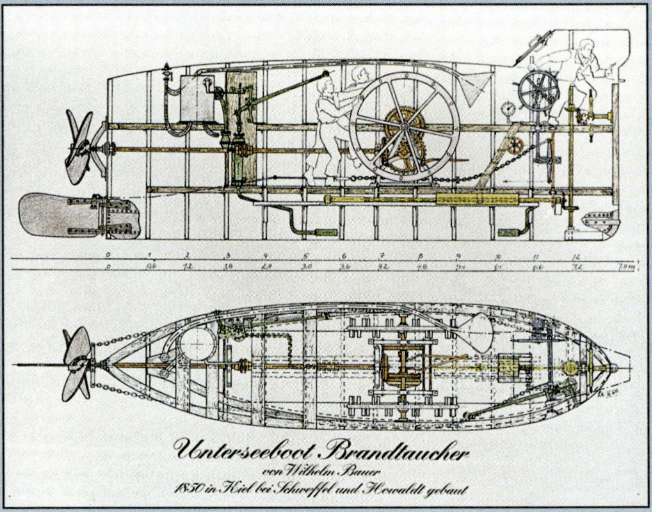

Das Uboot »Brandtaucher«,
1850 konstruiert von Wilhelm Bauer in Kiel.
MSM

Reglement für die Kieler Seekadettenschule.
BA/F

Die Kieler Flottille.
Kieler Schiffahrtsmuseum

Das einzige Gefecht der Reichsmarine gegen dänische Kriegsschiffe am 4. Juni 1849 unter Kapitän zur See Brommy vor Helgoland.
Kieler Schiffahrtsmuseum

Telegramm über das Gefecht bei Helgoland.
BA/F

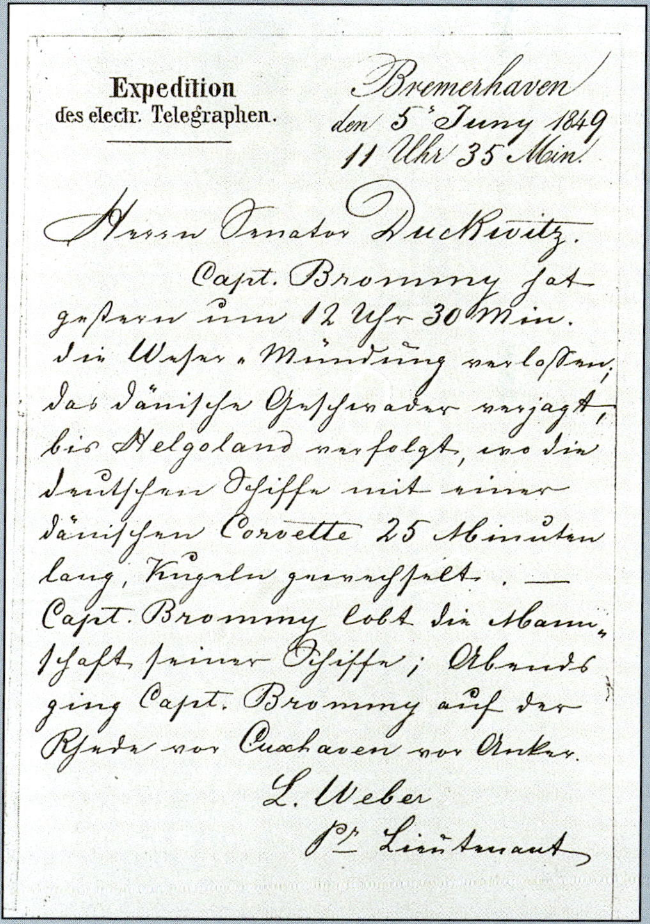

Expedition
des electr. Telegraphen.

Bremerhaven
den 5t Juny 1849
11 Uhr 35 Min.

Herrn Senator Duckwitz.

Capt. Brommy hat gestern um 12 Uhr 30 Min. die Weser-Mündung verlassen, das dänische Geschwader verjagt, bis Helgoland verfolgt, wo die deutschen Schiffe mit einer dänischen Corvette 25 Minuten lang, Kugeln gewechselt. — Capt. Brommy lobt die Mannschaft seiner Schiffe; Abends ging Capt. Brommy auf der Rhede vor Cuxhaven vor Anker.

L. Weber
Pr. Lieutenant

Die Übergabe der Hamburger Flottille an die Frankfurter Zentralgewalt am 14. Oktober 1848.
Duppler

Admiral Adalbert Prinz von Preußen
Gründer der Deutschen Marine.
Duppler

Von Schwarz-Rot-Gold zu Schwarz-Weiß-Rot

Nach dem kläglichen Scheitern der Reichsmarine unter den schwarz-rot-goldenen Farben führte Preußen aufgrund der schmerzhaften Erfahrungen, die durch das Fehlen einer Flotte 1848 gemacht worden waren, die eigene Flottenrüstung weiter. Man wollte nicht erneut tatenlos zusehen, wie im Kriegsfalle der heimische Küstenhandel ein weiteres Mal lahmgelegt wurde. Erste maritime Bestrebungen hatte es bereits 1815 gegeben, als mit der Übernahme der ehemaligen schwedischen Besitzungen Neu-Vorpommern und Rügen einige kleine Kriegsfahrzeuge unter einer eigens hierfür gestifteten Kriegsflagge in die preußische Armee überführt wurden; auch hatte man zur nautischen Ausbildung 1843 das Segelschulschiff AMAZONE in Dienst gestellt. Eine Marinegründung war hiermit jedoch nicht vollzogen.

Preußen baute ab Herbst 1848 unter der Führung des 1854 zum »Admiral der preußischen Küsten« ernannten Prinzen Adalbert (1811–1873) parallel zum Aufbau der ungeliebten schwarz-rot-goldenen Reichsmarine seine Flotte aus, die nach den Einigungskriegen 1867 unter dem Oberbefehl des preußischen Königs als Marine des Norddeutschen Bundes bzw. 1872 als Kaiserliche Marine weitergeführt wurde. Mit der Gründung dieser eigenständigen preußischen Marine schlug Preußen-Deutschland zunächst unter dem schwarzen Adler, dann unter den Farben Schwarz-Weiß-Rot einen eigenen maritimen Weg ein.

Der Auftrag dieser Marinen lag analog zu Adalberts Denkschrift vom Mai 1848 sowohl in der Verteidigung der eigenen Küsten als auch im Auslandsdienst zum Schutz der preußischen bzw. deutschen Handelsinteressen. Zur Verbesserung der geostrategischen Lage wurde 1854 das Jade-Gebiet erworben. Unter der schar-

Das preußische Geschwader für die Expedition nach Ostasien 1859–1862. MSM

Das Kanonenboot METEOR während des Deutsch-Französischen Krieges im Einsatz vor Havanna (9. November 1870 Gefecht gegen den französischen Aviso »Bouvet«). MSM

fen politischen Kontrolle des preußischen Ministerpräsidenten und späteren Reichskanzlers Otto von Bismarck wurden diese Auslandseinsätze zwar nicht in einer »Allianz mit den atlantischen Seemächten« (Adalbert), aber immerhin mit dem Ziel der »diplomatische[n] und eventuell maritime[n] Solidarität mit England« (Bismarck) durchgeführt. Diese konsequent durchgehaltene politische Vorgabe wurde erst mit dem »Neuen Kurs« unter Kaiser Wilhelm II. über Bord geworfen.

Marine und Schifffahrt.

Artikel 53.

Die Bundes-Kriegsmarine ist eine einheitliche unter Preußischem Oberbefehl. Die Organisation und Zusammensetzung derselben liegt Seiner Majestät dem Könige von Preußen ob, welcher die Offiziere und Beamten der Marine ernennt und für welchen dieselben nebst den Mannschaften eidlich in Pflicht zu nehmen sind.

Der Kieler Hafen und der Jahde-Hafen sind Bundeskriegshäfen.

Der zur Gründung und Erhaltung der Kriegsflotte und der damit zusammenhängenden Anstalten erforderliche Aufwand wird aus der Bundeskasse bestritten.

Die gesammte seemännische Bevölkerung des Bundes, einschließlich des Maschinen-Personals und der Schiffs-Handwerker ist vom Dienste im Landheere befreit, dagegen zum Dienste in der Bundesmarine verpflichtet.

Die Vertheilung des Ersatzbedarfs findet nach Maßgabe der vorhandenen seemännischen Bevölkerung statt und die hiernach von jedem Staate gestellte Quote kommt auf die Gestellung zum Landheere in Abrechnung.

Artikel 53 der Verfassung des Norddeutschen Bundes. MGFA

Preußische Schiffahrt um 1845.
MSM

Kriegsschoner STRALSUND. Stadtarchiv Stralsund

Die preußische Kriegsflagge vom 28. November 1816. MSM

R 1 vol. 1. 3. Die Stiftung der preußischen Kriegsflagge.

Die von dem Königlich I. Departement mir eingereichten Zeichnungen von der Preußischen Flagge habe ich Sr. Majestät dem Könige vorgelegt.

Die mit dem schwarzen Adler auf Orangefarbigen Grunde und dem eisernen Kreuze auf weißem Felde hatte nicht Allerhöchst Ihren Beifall, und eben so wenig die mit weißem Grunde, auf welcher der schwarze Adler in einer schiefen Stellung gemahlt ist. Se. Majestät haben dagegen die gewählt auf welcher der Adler eine gerade Stellung nach alter Form hat, und das eiserne Kreuz mit befindlich ist.

Indem ich dem Königlichen Departement die Zeichnungen zurücksende, überlasse ich demselben, danach das Weitere zu besorgen.

Berlin den 28ten November 1816

Der Kriegs Minister
(gez.) v. Boien

An das Königlich Ite Departement des Kriegs-Ministerii.

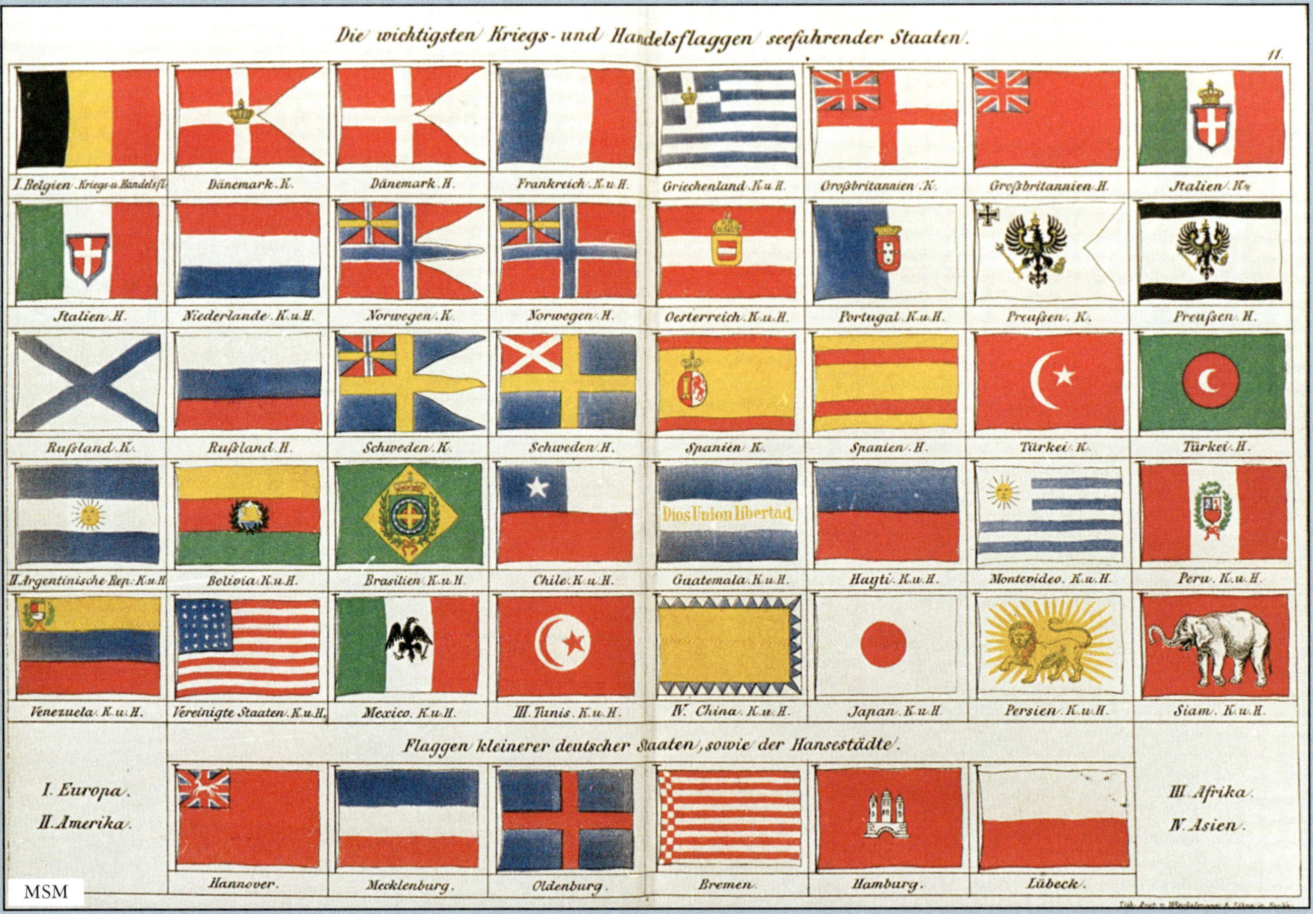

MSM

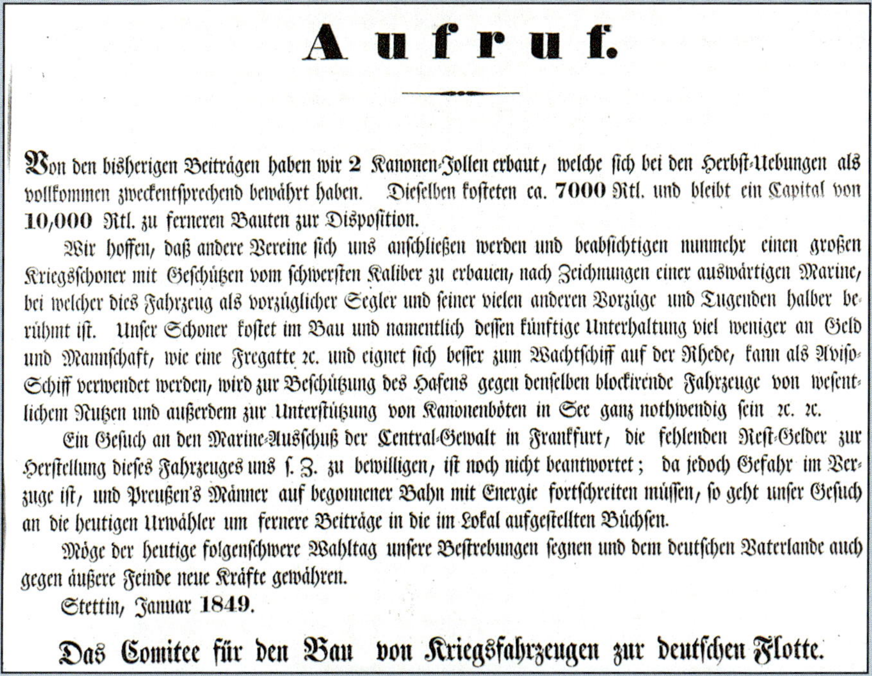

Aufruf.

Von den bisherigen Beiträgen haben wir 2 Kanonen-Jollen erbaut, welche sich bei den Herbst-Uebungen als vollkommen zweckentsprechend bewährt haben. Dieselben kosteten ca. **7000** Rtl. und bleibt ein Capital von **10,000** Rtl. zu ferneren Bauten zur Disposition.

Wir hoffen, daß andere Vereine sich uns anschließen werden und beabsichtigen nunmehr einen großen Kriegsschoner mit Geschützen vom schwersten Kaliber zu erbauen, nach Zeichnungen einer auswärtigen Marine, bei welcher dies Fahrzeug als vorzüglicher Segler und seiner vielen anderen Vorzüge und Tugenden halber berühmt ist. Unser Schoner kostet im Bau und namentlich dessen künftige Unterhaltung viel weniger an Geld und Mannschaft, wie eine Fregatte 2c. und eignet sich besser zum Wachtschiff auf der Rhede, kann als Aviso-Schiff verwendet werden, wird zur Beschützung des Hafens gegen denselben blockirende Fahrzeuge von wesentlichem Nutzen und außerdem zur Unterstützung von Kanonenböten in See ganz nothwendig sein 2c. 2c.

Ein Gesuch an den Marine-Ausschuß der Central-Gewalt in Frankfurt, die fehlenden Rest-Gelder zur Herstellung dieses Fahrzeuges uns s. Z. zu bewilligen, ist noch nicht beantwortet; da jedoch Gefahr im Verzuge ist, und Preußen's Männer auf begonnener Bahn mit Energie fortschreiten müssen, so geht unser Gesuch an die heutigen Urwähler um fernere Beiträge in die im Lokal aufgestellten Büchsen.

Möge der heutige folgenschwere Wahltag unsere Bestrebungen segnen und dem deutschen Vaterlande auch gegen äußere Feinde neue Kräfte gewähren.

Stettin, Januar **1849**.

Das Comitee für den Bau von Kriegsfahrzeugen zur deutschen Flotte.

Denkschrift,
betreffend
die Kriegs-Marine in Preußen,
deren
Entstehen, Organisation, Leistungen,
Bestand und Verhältniß
zur
Deutschen Marine.

Als Manuscript gedruckt.

Berlin, 1849.

Deckblatt einer amtlichen Denkschrift von 1849 über die Kriegsmarine Preußens. MSM

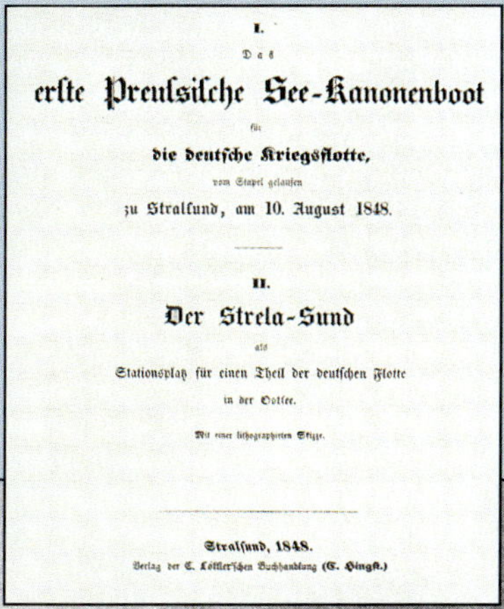

I.
Das
erste Preußische See-Kanonenboot
für
die deutsche Kriegsflotte,
vom Stapel gelaufen
zu Stralsund, am 10. August 1848.

II.
Der Strela-Sund
als
Stationsplatz für einen Theil der deutschen Flotte
in der Ostsee.
Mit einer lithographirten Skizze.

Stralsund, 1848.
Verlag der C. Löffler'schen Buchhandlung (C. Hingst.)

Aufruf zum Bau eines Kanonenbootes. BA/F

Bericht über den Stapellauf des Ruderkanonenbootes STRELA-SUND am 10. August 1848 in Stralsund. BA/F

Gefecht des Avisos PREUSSISCHER ADLER am 27. Juni 1849 gegen die dänische Kriegsbrigg ST. CROIX. MSM

Der Holländer Jan Schröder (1800–1885), Vizeadmiral; als Kommodore erster Oberbefehlshaber der preußischen Flotte. MSM

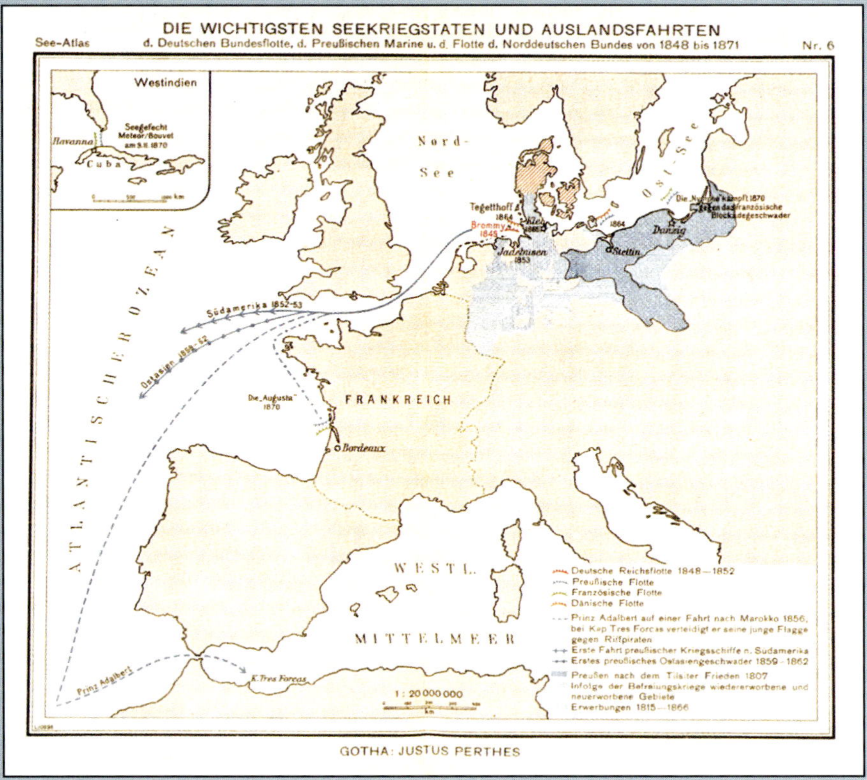

Einsatzgebiete der preußisch-deutschen Marine. Duppler

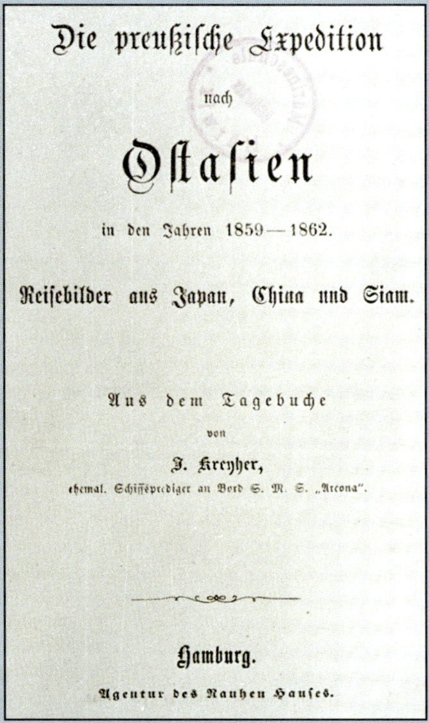

Die preußische Expedition

nach

Ostasien

in den Jahren 1859—1862.

Reisebilder aus Japan, China und Siam.

Aus dem Tagebuche

von

J. Kreyher,

ehemal. Schiffsprediger an Bord S. M. S. „Arcona".

Hamburg.

Agentur des Rauhen Hauses.

Die preußische Ostasienexpedition von 1859–1862. MSM

Das Seegefecht der Dampfkorvette DANZIG am 7. August 1856 gegen die Rif-Piraten bei Tres Forcas (Marokko). MSM

Die Ernennung des Prinzen Adalbert zum »Admiral der preußischen Küsten«. BA/MA

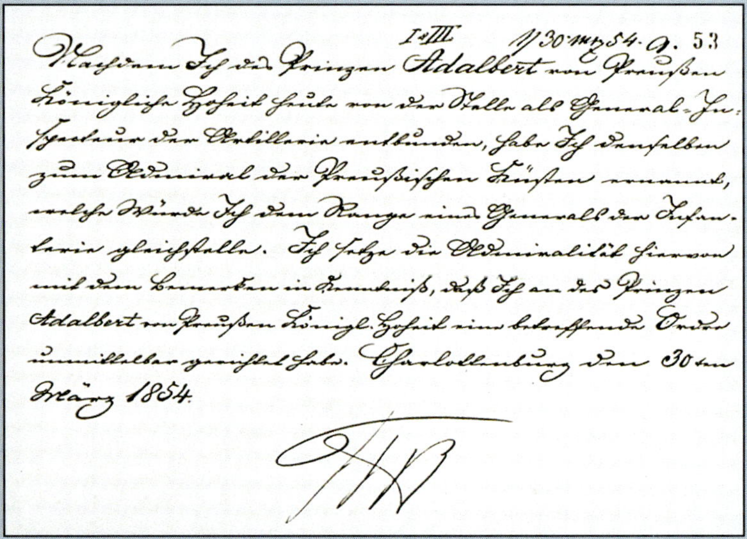

53

Nachdem Ich den Prinzen Adalbert von Preußen Königliche Hoheit heute von der Stelle als General-Inspecteur der Artillerie entbunden, habe Ich denselben zum Admiral der Preußischen Küsten ernannt, welche Würde Ich dem Range eines Generals der Infanterie gleichstelle. Ich setze die Admiralität hiervon mit dem Bemerken in Kenntniß, daß Ich an des Prinzen Adalbert von Preußen Königl. Hoheit eine betreffende Order unmittelbar gerichtet habe. Charlottenburg den 30ten März 1854.

Das Nachtgefecht der Glattdeckskorvette NYMPHE am 23. Juli 1870 gegen französische Kriegsschiffe vor Rügen. MSM

Stich des Gefechts bei Helgoland vom 9. Mai 1864. MSM

Der österreichische Admiral Wilhelm von Tegetthoff (1827–1871), am 9. Mai 1864 Oberbefehlshaber über einen österreichisch-preußischen Verband im Gefecht gegen dänische Kriegsschiffe vor Helgoland. 1866 Sieger in der Seeschlacht vor Lissa (Adria) gegen ein italienisches Geschwader. MSM

Kaisermanöver! Wilhelm II. als Oberbefehlshaber der Kaiserlichen Marine auf der Brücke eines Linienschiffes.
MSM

Die Kaiserliche Marine

Während der Kriege von 1864, 1866 und 1870/71 spielte die preußische bzw. die Marine des Norddeutschen Bundes nur eine untergeordnete Rolle. Zu schwach waren ihre Kräfte, als daß sie nennenswerte Aktionen hätte durchführen können. Immerhin hatte die – wenn auch langsame – Vermehrung der Seestreitkräfte zur Folge, daß der Handel 1864 durch Dänemark nicht in dem Maße gestört wurde, wie dies 1848/49 der Fall gewesen war. Auch hatte sich die seestrategische Position des Norddeutschen Bundes durch die Gründung Wilhelmshavens (1869) verbessert, so daß die norddeutschen Kriegsschiffe sowohl in der Ostsee als auch in der Nordsee operieren konnten. Die Siege und den damit verbundenen Prestigegewinn verbuchten jedoch die Landtruppen. 1872 wurde die Kaiserliche Admiralität unter dem Generalleutnant der Infanterie Albrecht von Stosch gegründet. Chef der Verwaltung der Marine war als Reichskanzler Otto von Bismarck, der nicht nur für das Marinebudget, sondern auch für die Einsatzrichtlinien beim Auslandseinsatz zuständig war. Während seiner Regierungszeit entwickelte sich die Kaiserliche Marine – ganz im Sinne des »Modells 2« von Prinz Adalbert – zu einer Küsten- und Handelsschutzmarine, deren Befehlshaber sich strikt dem Primat der Politik unterzuordnen hatten. Fehlverhalten und zu forsches Auftreten im Ausland führten umgehend zur Ablösung der Kommandanten der Auslandsschiffe. Bismarck kam es vor allem auf die »politische und eventuell maritime Solidarität« mit Großbritannien an, dessen Royal Navy zum Lehrmeister der deutschen Marine wurde. Weltweit konnten die deutschen Kriegsschiffe in Ermangelung eigener überseeischer Stützpunkte die britischen Stationshäfen nutzen, ohne die der Einsatz im überseeischen Handelsschutz während der ersten 40 Jahre deutscher Marinegeschichte nicht möglich gewesen wäre. Mit der Ernennung von Kaiser Wilhelm II. als erstem ausländischen Souverän zum »Honorary Admiral of the Fleet« im August 1889 erreichten die deutsch-britischen Marinebeziehungen ihren Höhepunkt. Mit der Entlassung Bismarcks im Jahre 1890 schlugen nicht nur das Kaiserreich, sondern auch die Kaiserliche Marine einen »Neuen Kurs« ein. Kapitän war nun der Kaiser persönlich, sein Steuermann wurde Admiral von Tirpitz. Mit dem im Anspruch noch moderaten Flottengesetz von 1898 – vorgesehen waren 17 moderne Linienschiffe und einige

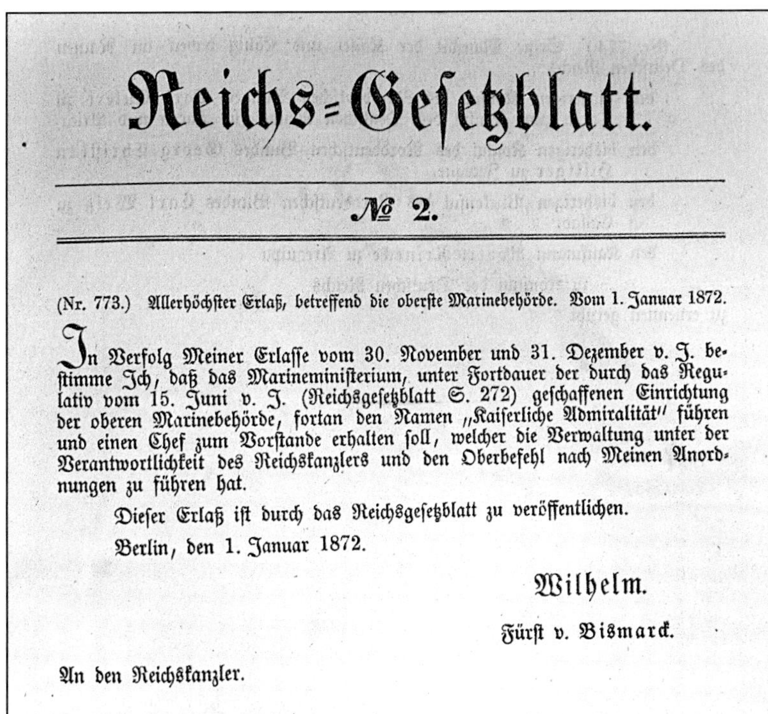
Reichs-Gesetzblatt.

№ 2.

(Nr. 773.) Allerhöchster Erlaß, betreffend die oberste Marinebehörde. Vom 1. Januar 1872.

In Verfolg Meiner Erlasse vom 30. November und 31. Dezember v. J. bestimme Ich, daß das Marineministerium, unter Fortdauer der durch das Regulativ vom 15. Juni v. J. (Reichsgesetzblatt S. 272) geschaffenen Einrichtung der oberen Marinebehörde, fortan den Namen „Kaiserliche Admiralität" führen und einen Chef zum Vorstande erhalten soll, welcher die Verwaltung unter der Verantwortlichkeit des Reichskanzlers und den Oberbefehl nach Meinen Anordnungen zu führen hat.

Dieser Erlaß ist durch das Reichsgesetzblatt zu veröffentlichen.

Berlin, den 1. Januar 1872.

Wilhelm.

Fürst v. Bismarck.

An den Reichskanzler.

Erlaß zur Einrichtung der Kaiserlichen Admiralität. MGFA

Die Marine-Akademie in Kiel, heute Sitz der schleswig-holsteinischen Landesregierung. MSM

Torpedolehrgang in Kiel. MSM

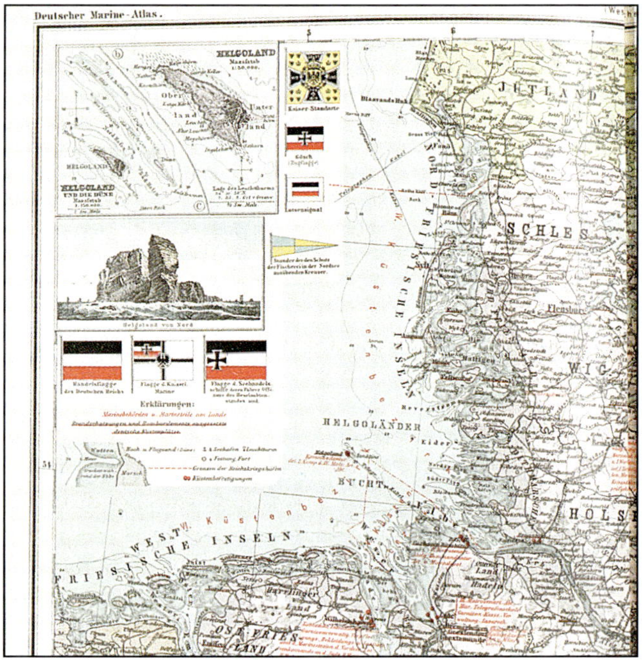

Das englische Helgoland wird im Tausch gegen Sansibar am 10. August 1890 Reichsgebiet. MGFA

Kreuzer – sollte eine Flotte aufgebaut werden, die so stark war, daß ein offensives Vorgehen gegen die deutschen Küsten auch für eine »Seemacht ersten Ranges« (England) ein Risiko in sich bergen würde. Neben diese »Risikotheorie« stellte sich das Streben nach Weltgeltung: »Wir wollen niemand in den Schatten stellen, aber wir verlangen auch unseren Platz an der Sonne« (Graf von Bülow 1897). Schon zwei Jahre später wurde das zweite Flottengesetz durch den Reichstag verabschiedet. Nun sollte die Kaiserliche Schlachtflotte auf 38 Linienschiffe und zahlreiche Kreuzer für den Auslandsdienst ausgebaut werden. Mit dem Nachrichtenbüro des Reichsmarineamtes unter Großadmiral von Tirpitz wurde eine Dienststelle geschaffen, welche in äußerst geschickter Weise den Aufstieg Deutschlands zur eigenständigen Seemacht (Modell 3 der Denkschrift von 1848) propagandistisch vorbereitete: »Deutschlands Ehr' im Weltenmeer« war ein im ganzen Reich anerkanntes politisches Programm, durch welches es gelang, die fatalen Folgen des Flottenaufbaus für

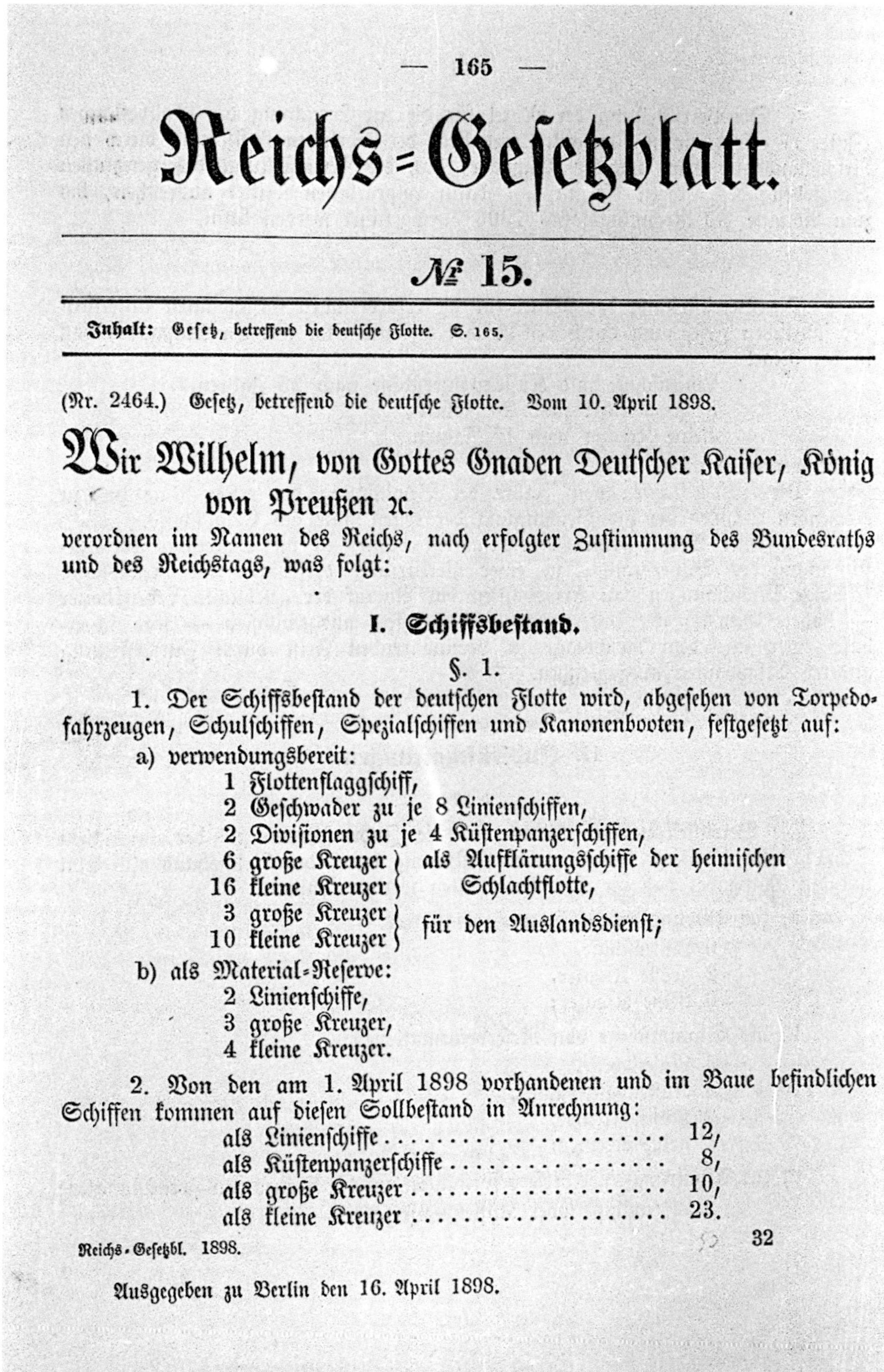

— 165 —

Reichs-Gesetzblatt.

№ 15.

Inhalt: Gesetz, betreffend die deutsche Flotte. S. 165.

(Nr. 2464.) Gesetz, betreffend die deutsche Flotte. Vom 10. April 1898.

Wir Wilhelm, von Gottes Gnaden Deutscher Kaiser, König von Preußen 2c.

verordnen im Namen des Reichs, nach erfolgter Zustimmung des Bundesraths und des Reichstags, was folgt:

I. Schiffsbestand.

§. 1.

1. Der Schiffsbestand der deutschen Flotte wird, abgesehen von Torpedofahrzeugen, Schulschiffen, Spezialschiffen und Kanonenbooten, festgesetzt auf:

a) verwendungsbereit:
- 1 Flottenflaggschiff,
- 2 Geschwader zu je 8 Linienschiffen,
- 2 Divisionen zu je 4 Küstenpanzerschiffen,
- 6 große Kreuzer, 16 kleine Kreuzer } als Aufklärungsschiffe der heimischen Schlachtflotte,
- 3 große Kreuzer, 10 kleine Kreuzer } für den Auslandsdienst;

b) als Material-Reserve:
- 2 Linienschiffe,
- 3 große Kreuzer,
- 4 kleine Kreuzer.

2. Von den am 1. April 1898 vorhandenen und im Baue befindlichen Schiffen kommen auf diesen Sollbestand in Anrechnung:

als Linienschiffe	12,
als Küstenpanzerschiffe	8,
als große Kreuzer	10,
als kleine Kreuzer	23.

Reichs-Gesetzbl. 1898. 32

Ausgegeben zu Berlin den 16. April 1898.

Das Erste Flottengesetz vom 10. April 1898. MGFA

die heimische Wirtschaft, das soziale Gefüge im Innern und das politische Ansehen des Reiches im Ausland zu vertuschen. Weniger durch die von Deutschland 1900 vorgesehene Flottenvermehrung auf 38 Linienschiffe als vielmehr durch die 1905 beginnende etwa

gleichzeitige Einführung eines neuen Schiffstyps bei allen Seemächten wurde die deutsche Flottenrüstung für Großbritannien zu einer realen Gefahr. War die Royal Navy Ende des letzten Jahrhunderts im Rahmen des »Two-Power-Standards« noch stärker als die Flotten Frankreichs, Rußlands und Deutschlands zusammen, so konnte dieser Standard durch den Bau von Großkampfschiffen (DREADNOUGHTS) nun nicht mehr gehalten werden. Das Stärkeverhältnis zwischen der Kaiserlichen Marine und der Royal Navy erreichte bis zum Beginn des Ersten Weltkrieges etwa 2:3 bis 3:4, und was sich dem größten Teil der deutschen Bevölkerung als großartige »schimmernde Wehr« präsentierte, war der Beginn der eigenen »Ausgrenzung« in Europa: England verließ seine »splendid isolation« und schloß in den Jahren 1902 mit Japan, 1904 mit Frankreich und 1907 mit Rußland jene Bündnisse, denen sich die europäischen Mittelmächte im August 1914 gegenübersahen: Die von Bismarck sorgsam gepflegte »politische und eventuell maritime Solidarität« mit Großbritannien war innerhalb weniger Jahre verspielt worden, und die Kaiserliche Marine sah sich unversehens der stärksten Seemacht jener Zeit gegenüber.

Vielfach propagandistisch verwertet: »The Germans to the Front« im Boxer-Aufstand 1900 in China. Tatsächlich stellt der hier dargestellte Augenblick nur die routinemäßige Ablösung englischer durch deutsche Soldaten an der Front dar. MSM

»Kieler Matrosenanzug« – der typische Sonntagsanzug für Kinder bis Mitte des 20. Jahrhunderts.
Kieler Schiffahrtsmuseum

Der erste Chef der Admiralität (1872), General der Infanterie Albrecht von Stosch (1818–1896).
MSM

Der zweite Chef der Admiralität (1883), General der Kavallerie und Nachfolger Bismarcks, Leo von Caprivi (1831–1899).
MSM

Die Flaggen des Deutschen Reiches.
MSM

Uniformen der Kaiserlichen Marine.
MSM

Taufschein!

Wir „Neptun“, der unüberwindliche Alleinherrscher aller Meere und Seen, Stifter des hohen Ordens vom kupfernen Dreizack und Helfer aller wackeren Seeleute, beurkunden hiermit kraft unseres Amts, dass Wir gemäss den uralten Meeressatzungen VII. Brief Neptuns an die Seefahrer, Kap. 88 §§ 32-38 u. ff.- am vierzehnten Januar 1906 auf 0 Grad Breite und 0 Grad 4 Minuten östlicher Länge an dem Maschinisten-Maaten Arthur Schiller die Linientaufe vorgenommen haben.

Auf Grund dessen befehlen wir allen uns untertänigen und tributpflichtigen Meeresgottheiten, den also vom Schmutz der nördlichen Zone Befreiten in Zukunft ungehindert die Linie passieren zu lassen.

So gegeben urkundlich unserer Allerhöchst eigenhändigen Unterschrift und beigedrucktem Insiegel

an Bord S.M.S. „Fürst Bismarck“

Stiller Ocean, den 14 Januar 1906

auf der Reise von Sabang nach Emmahafen (Padang) (Sumatra)

Neptun

Taufschein

Ich, Neptun, Gott des Wassers, Beherrscher aller Meere, Seen, Flüsse, Tümpel und Moraste, geruhe hiermit kund zu tun, den

Skad Duppler

vom Schmutz der nördlichen Erdhalbkugel zum ersten Male befreit zu haben.

Aequator, 30° 02' westliche Länge,

den 23. Oktober 1967, um 1200 Z

die Beisitzer

Triton

Aktuar

Zeremonienmstr.

Neptun II

FKpt u. Kmdt.

Äquatortaufe
im letzten Jahrhundert
mit Taufurkunden von 1906 und 1967.

MSM/Duppler

— 517 —

(Nr. 1197.) Freundschaftsvertrag zwischen Seiner Majestät dem Deutschen Kaiser, König von Preußen ꝛc. im Namen des Deutschen Reichs, und Seiner Majestät dem Könige von Tonga. Vom 1. November 1876.

Seine Majestät der Deutsche Kaiser, König von Preußen ꝛc. im Namen des Deutschen Reichs einerseits, und der König von Tonga andererseits, von dem Wunsche geleitet, Ihre Beziehungen und Interessen gegenseitig zu fördern und zu befestigen, haben beschlossen, einen Freundschaftsvertrag abzuschließen.

Zu diesem Ende haben Sie zu Ihren Bevollmächtigten ernannt, nämlich:

Seine Majestät der Deutsche Kaiser, König von Preußen ꝛc.:
den Kapitän zur See Ernst Wilhelm Heinrich Hugo Eduard Knorr, Kommandanten Seiner Majestät Schiff »Hertha«, Inhaber des Eisernen Kreuzes zweiter Klasse und Ritter des Rothen Adler-Ordens vierter Klasse, und

den Theodor August Ludwig Weber, Allerhöchstihren Konsul für die Tonga- und Samoa-Inseln; und

Seine Majestät der König von Tonga:
Uiliami Tugi, Präsidenten der gesetzgebenden Versammlung in Tonga, und
Seine Ehrwürden Shirley Waldemar Baker, ordinirten Prediger der Wesleyanischen Kirche, als Dolmetscher,

welche, nach gegenseitiger Mittheilung ihrer Vollmachten, sich über nachstehende Artikel geeinigt haben:

(Uebersetzung.)

(Nr. 1197.) Treaty of Friendship between His Majesty the German Emperor, King of Prussia etc. in the name of the German Empire, and His Majesty the King of Tonga. Of the 1. November 1876.

His Majesty the German Emperor, King of Prussia etc. in the name of the German Empire on the one part, and the King of Tonga on the other part,

Being desirous to maintain and strengthen mutually their relations and interests, have resolved to conclude a treaty of friendship.

For this purpose they have named as their plenipotentiaries, that is to say:

His Majesty the German Emperor, King of Prussia etc.:
The Capitain (zur See) Ernst Wilhelm Heinrich Hugo Eduard Knorr, commanding His Majesty's ship »Hertha«, knight of the Iron Cross of the second class, and of the Order of the Red Eagle of the fourth class, and

Theodor August Ludwig Weber Esq", His Imperial Majesty's Consul for Tonga and Samoa; and

His Majesty the King of Tonga:
Uiliami Tugi, President of the Legislative Assembly of Tonga, and
the Rev. Shirley Waldemar Baker, Wesleyan Minister, as interpreter;

who, after communicating to each other their fullpowers, have agreed upon the following articles:

— 522 —

Kraft treten und Gültigkeit haben, vorbehaltlich dessen, daß derselbe wieder ungültig wird, falls die Ratifikation desselben seitens der Deutschen Regierung innerhalb der Frist eines Jahres, vom Tage der Unterzeichnung ab, nicht erfolgen sollte.

Artikel XI.

Der gegenwärtige Vertrag, aus elf Artikeln bestehend, soll ratifizirt, und es sollen die Ratifikationen in Nukualofa ausgetauscht werden innerhalb einer Frist von zwölf Monaten.

Zur Urkund dessen haben die Bevollmächtigten den gegenwärtigen Vertrag unterzeichnet und beziehentlich mit ihren Siegeln untersiegelt.

So geschehen an Bord Seiner Kaiserlich Deutschen Majestät Schiff »Hertha«, Hafen von Nukualofa auf Tongatabu, in zwei Originalen, am ersten November des Jahres eintausend achthundert sechsundsiebenzig.

day of the signing the same; reserving that the same become invalid in case its ratification on the part of the German Government shall not take place within the space of one year from the date of its execution.

Article XI.

The present Treaty, consisting of eleven articles, shall be ratified, and the ratifications be exchanged at Nukualofa, within the space of twelve months.

In witness whereof the Plenipotentiaries have signed the present Treaty, and sealed the same respectively with their seals.

Done at the Harbour of Nukualofa in Tonga Tabu, on board His Imperial German Majesty's ship »Hertha«.

E. Knorr.	**Uiliami Tugi.**	**E. Knorr.**	**Uiliami Tugi.**
Th. Weber.	**Shirley W. Baker.**	**Th. Weber.**	**Shirley W. Baker.**

Der vorstehende Vertrag ist mit dem 1. November 1876, dem Tage der Unterzeichnung, in Kraft getreten; derselbe ist Allerhöchst ratifizirt und die Auswechselung der Ratifikations-Urkunden ist angeordnet worden.

Berlin,

Vertrag zwischen dem Deutschen Reich und dem Königreich von Tonga von 1876.
MGFA

Berlin, den 7. März 1876.

[...] Insofern es bei einzelnen Expeditionen zu gemeinschaftlichen Aktionen von Schiffen verschiedener Flaggen und verschiedener Rangklassen kommen wird, möchte es sich empfehlen, daß wir namentlich England gegenüber, keinen besonderen Werth auf die Frage des Oberbefehls legten. Denn, abgesehen von der ungleich größeren Seemacht, welche Großbritannien, wie überall, so in China unterhält, und von der längeren Erfahrung, welche den Commandanten der in jenen Gewässern stationierten Englischen Kriegsschiffe zur Seite steht, würde es aus politischen Gründen sehr unerwünscht sein, wenn wir den Schein aufkommen ließen, als bilde die Frage, wie wir die Ebenbürtigkeit unserer Schiffe und Offiziere England gegenüber auch formell zur Geltung bringen könnten, überhaupt den Gegenstand einer Erwägung auf Seiten der kaiserlichen Regierung. Bekleidete schon jetzt der älteste Offizier auf unserer Station den Rang eines Contre-Admirals, oder wäre das zu vereinigende Geschwader zu groß für den Oberbefehl eines Capitains zur See (was keineswegs der Fall sein dürfte) so würde der Admiral allerdings mit seinem Flaggschiff öfter in die Lage kommen, die Leitung einer gemeinschaftlichen Aktion mit fremden Schiffs-Kommandanten von geringerem Range zu übernehmen. Da die kleine Anzahl der bisher in China stationierten kaiserlichen Schiffe die dauernde Verwendung eines Offiziers von so hohem Range nicht nöthig gemacht hat, so würde die Thatsache der Absendung eines solchen, angesichts der bloßen Möglichkeit einer Cooperation, auf Seiten Englands leicht eine Mißdeutung hervorrufen können, durch welche, sehr gegen unseren Wunsch, die gegenwärtig beiderseits empfundene Genugthuung über die beabsichtigte Waffen-Brüderschaft beider Nationen beeinträchtigt werden möchte.

Je zuvorkommender im Allgemeinen die kaiserlichen Schiffscommandanten sich in Hinsicht des Oberbefehls erweisen, um so mehr darf erwartet werden, daß im Falle gemeinschaftlicher Aktionen, bei denen der deutsche Commandant gerade der ältere Offizier sein sollte, die Unterordnung des englischen Commandanten sich ohne besondere Inanspruchnahme ganz von selbst ergeben werde, zumal nachdem die beabsichtigte Beförderung der Commandanten der „Hertha" und „Ariadne" zu Capitains zur See erfolgt sein wird. [...]

Herrn von Stosch

Digitale Collage by PHOENIX DESIGN

Bemerkungen des Auswärtigen Amtes zum Verhältnis der Kaiserlichen Marine zur Royal Navy vom 7. März 1876.
BA/MA

Die Niederschlagung des Herero-Aufstandes 1904.
MSM

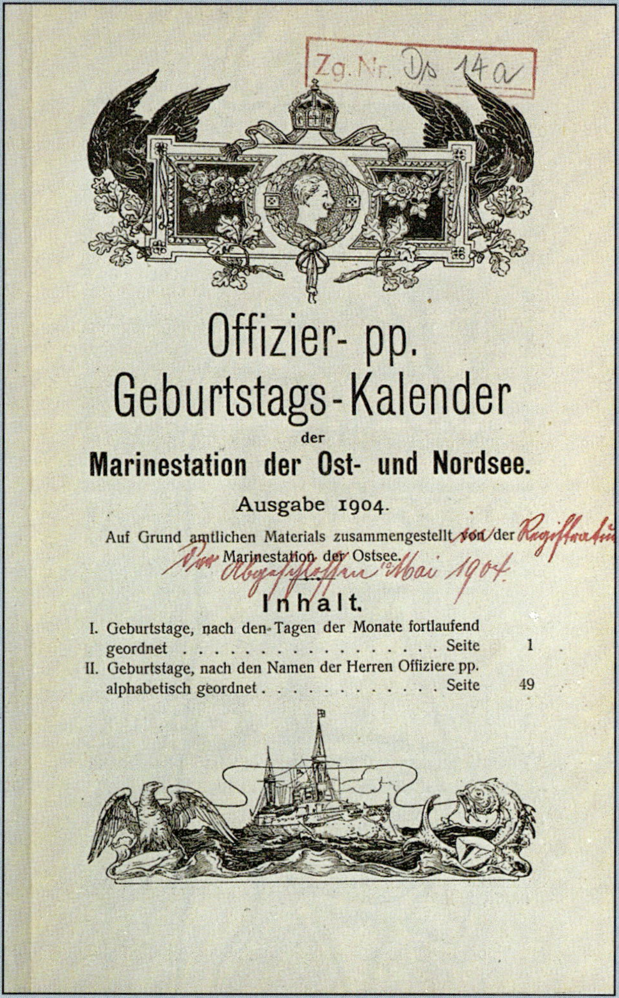

Zg. Nr. Dp 14a

Offizier- pp. Geburtstags-Kalender

der

Marinestation der Ost- und Nordsee.

Ausgabe 1904.

Auf Grund amtlichen Materials zusammengestellt von der Marinestation der Ostsee.

Abgeschlossen Mai 1904.

Inhalt.

Offiziers-Geburtstagskalender der Kaiserlichen Marine. MSM

Kaiser Wilhelm II. und sein Bruder, Prinz Heinrich. Duppler

Werbeplakat des Deutschen Flottenvereins.
Kieler Schiffahrtsmuseum

»Deutschlands Flagge sei gegrüßt«. MGFA

Kaiser Wilhelm II. wurde 1889 während seines Staatsbesuches in England zum Honorary Admiral of the Fleet ernannt. Hier die Parade deutscher Matrosen vor Queen Victoria. Duppler

Uniformen der kaiserlichen Schutztruppen (Zigarettenalbum). MSM

Das Kanonenboot PANTHER demonstrierte im Mai 1911 während der zweiten Marokko-Krise mit dem sogenannten »Panthersprung nach Agadir« vergeblich den deutschen Machtanspruch in Marokko.
MSM

Die Besitzergreifung von Kiautschau am 14. November 1897. MSM

Das Wettrüsten zwischen Deutschland und England: »Wie können wir uns da die Hand geben?« »Simplicissimus« vom 26. Februar 1912

Großadmiral Alfred von Tirpitz (1849–1930), als Staatssekretär des Reichsmarineamtes (1897–1916) maßgeblich an der Aufrüstung der deutschen Hochseeflotte beteiligt. MSM

Neue »strategische« Waffen mit schwerer Artillerie und Panzerung: SMS NASSAU (links) und HMS DREADNOUGHT (oben).

»Der letzte Mann« nach Hans Bordt. Der Untergang des Kleinen Kreuzers LEIPZIG *am 8. Dezember 1914 während des Gefechts vor den Falkland-Inseln.* MSM

Die Marine im Ersten Weltkrieg

Der Ausbruch des Ersten Weltkrieges stellte die Marine zum ersten Male in ihrer Geschichte ernsthaft auf den Prüfstand. Die Kaiserliche Marine war nicht zuletzt durch die Einführung der DREADNOUGHTS, der allen Marinen fast gleichzeitig die Möglichkeit zur Modernisierung ihrer Flotten bot, 1914 zur zweitstärksten Marine im Kräfteverhältnis von 2:3 zur Royal Navy aufgestiegen. Politisch hatte sich das Deutsche Reich nach der Entlassung Bismarcks durch den »neuen Kurs« von Kaiser Wilhelm II. und seinem Steuermann, Admiral von Tirpitz, in die Isolation manövriert. Die von Bismarck in bezug auf die Marine konsequent verfolgte Politik gegenüber England und die von seinem Nachfolger, Caprivi, selbst auferlegten Beschränkungen (»es kann für Deutschland ... nur darum gehen, wie klein unsere Flotte sein kann und nicht wie groß«) waren der Forderung nach dem »Platz an der Sonne« gewichen. Dieser Platz an der Sonne war jedoch Ende des letzten Jahrhunderts bereits an die alten Seemächte vergeben, so daß das Deutsche Reich von vornherein in seinen Kriegsplanungen mit einem gewaltigen geostrategischen Defizit, nämlich fehlenden Flottenstützpunkten für einen Seekrieg in Übersee, fertig werden mußte. Aus dieser Lagefeststellung ergaben sich zwei strategische Ziele für die Marine: Offensiv die entscheidende Seeschlacht gegen England in der Nordsee und defensiv der Kreuzerkrieg gegen den gegnerischen Seehandel in Übersee. Gemäß Operationsplan für den Nordseekriegsschauplatz war demnach zunächst die englische Flotte durch offensive Vorstöße zu schädigen, um dann nach dem erhofften Kräfteausgleich die Schlacht zu suchen. Ob diese Ziele hätten erreicht werden können, ist fraglich, denn im Operationsplan der Royal Navy war eine Entscheidungsschlacht aus verständlichen Gründen gar nicht vorgesehen: Der Erste Lord der britischen Admiralität hatte seinem Flottenchef klargemacht, daß er an einem Nachmittag zwar eine Seeschlacht gewinnen, an einem Nachmittag aber auch den Krieg verlieren könne. Die »Abnutzungsstrategie« war deutscherseits ein Fehlschlag, im Gegenteil, hier gab es klare Vorteile für die Royal Navy (Hel-

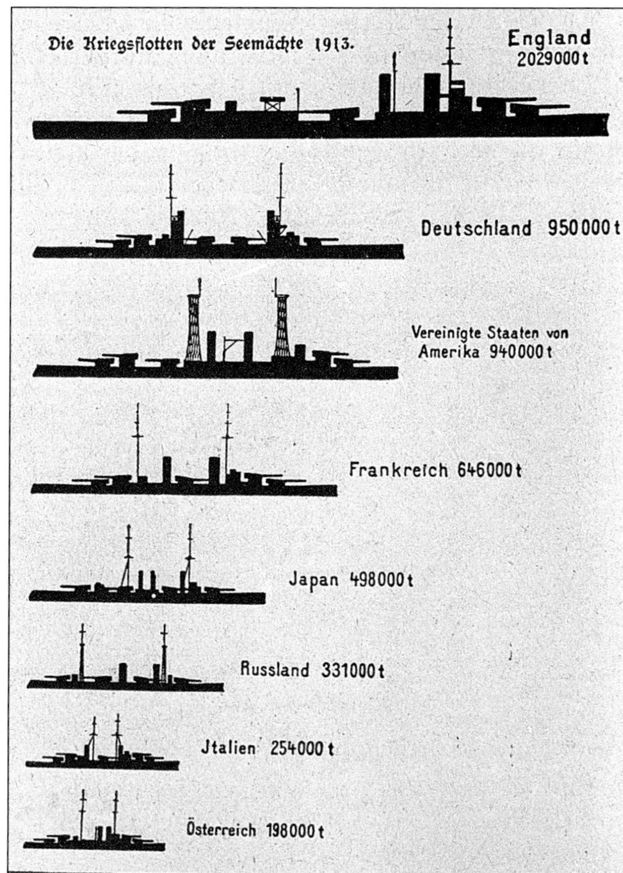

Die Flottenstärke der seetüchtigen Mächte. MSM

Der im Gefecht zwischen englischen Schlachtkreuzern und deutschen Kreuzern und Torpedobooten am 28. August 1914 vor Helgoland sinkende Kleine Kreuzer MAINE. MSM

goland August 1914 und Doggerbank Januar 1915), und was die Entscheidungsschlacht anging, so fand diese nicht statt. Zwar kam es am 31. Mai/1. Juni 1916 vor dem Skagerrak rein zufällig zur größten Seeschlacht aller Zeiten, aber der dort erzielte taktische Erfolg der Hochseeflotte von 2:1 in bezug auf Menschen- und Schiffsverluste änderte nichts am bestehenden strategischen Kräfteverhältnis von 2:3. Damit war das strategische Konzept der Kaiserlichen Marine in den heimischen Gewässern ebenso gescheitert, wie die Versuche der Auslandskreuzer, den alliierten Handel in Übersee so nachhaltig zu stören, daß England hätte kapitulieren müssen: Bis Sommer 1915 waren diese Handelsstörer ausgeschaltet, und die 1917/18 entsandte zweite Welle der Hilfskreuzer konnte ebenfalls nichts Entscheidendes ausrichten. Die Hochseeflotte wurde zur »fleet in being« und verkam in Kiel und Wilhelmshaven in Untätigkeit und Meuterei. Als die militärische und vor allem wirtschaftliche Lage des Reiches und seiner Verbündeten sich ab 1916 dramatisch verschlechterten, sollte der »uneingeschränkte Uboot-Krieg« das Blatt wen-

Linienschiff im Gefecht. MSM

Getauchtes Uboot im Angriff auf einen Konvoi.
MSM

den und England binnen sechs Monaten zum Frieden zwingen. Die Ausführung dieser strategischen Maßnahme als letztes Mittel war politisch gesehen ein Desaster: Die USA traten in den Krieg ein und entschieden mit ihrer Wirtschaftskraft und ihren Truppen den Krieg zugunsten der Alliierten. Als Fazit ist festzuhalten: Die Kaiserliche Marine konnte operativ und taktisch zwar einige Erfolge erzielen, und obwohl es ihr strategisch gelang, in der Rolle der »fleet in being« die Alliierten von einem Flankenangriff durch die dänischen Meerengen abzuhalten, so hat sie ihre eigentlichen strategischen Ziele nicht erreicht. Dies wird durch eine schlichte Zahl sehr deutlich: die Hochseeflotte war während des Ersten Weltkrieges insgesamt 410 Stunden in See im Einsatz, dies entspricht etwa der Dauer von 17 Tagen! Die Folgen sind bekannt: »Deutsch-

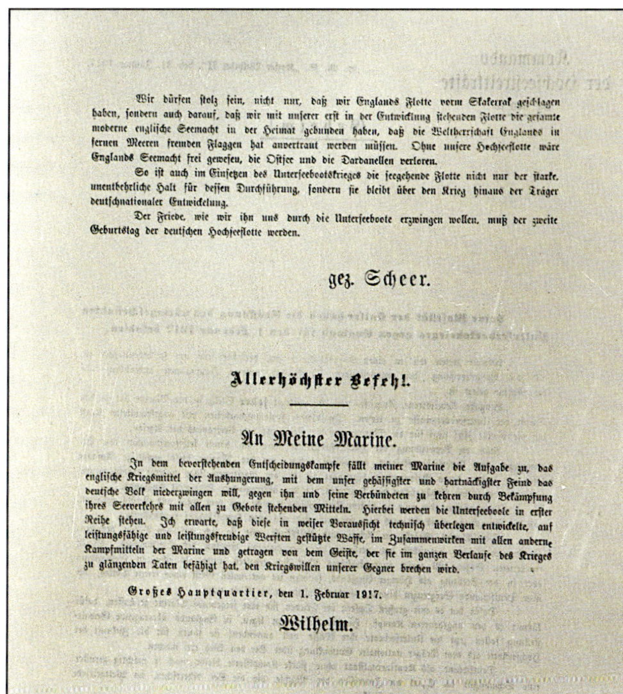

Wir dürfen stolz sein, nicht nur, daß wir Englands Flotte vorm Skagerrak geschlagen haben, sondern auch darauf, daß wir mit unserer erst in der Entwicklung stehenden Flotte die gesamte moderne englische Seemacht in der Heimat gebunden haben, daß die Weltherrschaft Englands in fernen Meeren fremden Flaggen hat anvertraut werden müssen. Ohne unsere Hochseeflotte wäre Englands Seemacht frei gewesen, die Ostsee und die Dardanellen verloren.

So ist auch im Einsetzen des Unterseebootskrieges die seegehende Flotte nicht nur der starke, unentbehrliche Halt für dessen Durchführung, sondern sie bleibt über den Krieg hinaus der Träger deutschnationaler Entwickelung.

Der Friede, wie wir ihn uns durch die Unterseeboote erzwingen wollen, muß der zweite Geburtstag der deutschen Hochseeflotte werden.

gez. Scheer.

Allerhöchster Befehl.

An Meine Marine.

In dem bevorstehenden Entscheidungskampfe fällt meiner Marine die Aufgabe zu, das englische Kriegsmittel der Aushungerung, mit dem unser gehässigster und hartnäckigster Feind das deutsche Volk niederzwingen will, gegen ihn und seine Verbündeten zu kehren durch Bekämpfung ihres Seeverkehrs mit allen zu Gebote stehenden Mitteln. Hierbei werden die Unterseeboote in erster Reihe stehen. Ich erwarte, daß diese in weiser Voraussicht technisch überlegen entwickelte, auf leistungsfähige und leistungsfreudige Werften gestützte Waffe, im Zusammenwirken mit allen andern Kampfmitteln der Marine und getragen von dem Geiste, der sie im ganzen Verlaufe des Krieges zu glänzenden Taten befähigt hat, den Kriegswillen unserer Gegner brechen wird.

Großes Hauptquartier, den 1. Februar 1917.

Wilhelm.

Allerhöchster Befehl von Kaiser Wilhelm II. für den uneingeschränkten Uboot-Krieg. (Diese Maßnahme führte zum Kriegseintritt der USA und damit zu einer entscheidenden Verstärkung der allierten Westfront.) MSM

Durchhaltepropaganda 1918: Der Luftkrieg der Kaiserlichen Marine als letztes Mittel? MSM

lands Ehre' im Weltenmeer« versank in der Bucht von Scapa Flow, und die Flottenträume des Kaisers waren spätestens nach Verabschiedung des Versailler Vertrages ausgeträumt.

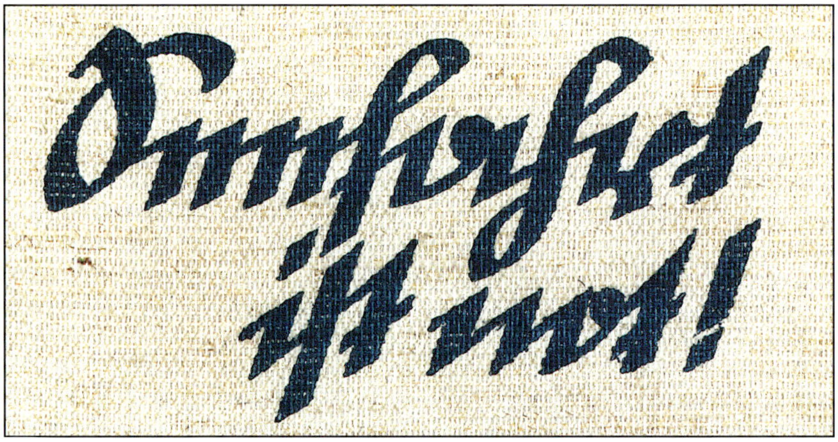

Der norddeutsche Seefahrtsdichter Gorch Fock (Rudolf Kinau, 1880–1916; »Seefahrt ist Not«) fiel während der Skagerrak-Schlacht beim Untergang des Kleinen Kreuzers WIESBADEN. MSM

Die Letzte Fahrt der Hochseeflotte im November 1918.
MSM

Die Selbstversenkung der in Scapa Flow internierten Flotte.
MSM

Karte: Die Mächtegruppierungen im Ersten Weltkrieg.
DTV-Atlas zur Weltgeschichte

Der Untergang des Großen Kreuzers BLÜCHER im Gefecht auf der Doggerbank am 24. Januar 1915.
MSM

THE WRECK OF H.M.S. *INVINCIBLE* ABOUT HALF AN HOUR AFTER THE DESTRUCTION OF THE SHIP
H.M.S. *Badger* approaching to pick up survivors

Der Untergang des Seeschlachtkreuzers INVINCIBLE am 31. Mai 1916 in Skagerak.
MSM

Funkspruch des Chefs der Hochseeflotte an den Befehlshaber der Aufklärungsstreitkräfte 23.1.1915 – 10.27 Uhr

»I. und II. A.G. [Aufklärungsgruppe], I.F.d.T. [I. Führer der Torpedoboote] und 2 Flottillen nach Wahl des B.d.A. [Befehlshaber der Aufklärungsstreitkräfte] aufklären Dogger-Bank. Auslaufen heute Abend in der Dunkelheit, Rückkehr am folgenden Abend in der Dunkelheit. Chef der Hochseeflotte«

Funkspruch der britischen Admiralität an den Chef der Grand Fleet 23.1. 1915 – p.m.

»Vier deutsche Schlachtkreuzer, 6 Leichte Kreuzer und 22 Zerstörer werden diesen Abend in See gehen, um gegen die Dogger-Bank aufzuklären. Rückkehr wahrscheinlich morgen Abend. Alle verfügbaren Schlachtkreuzer, Leichten Kreuzer und Zerstörer von Rosyth sollen vorstoßen gegen einen Treffpunkt … [Ostrand Dogger-Bank] Ankunft dort morgen 08.00 Uhr …«

Englische Funkaufklärung: Originalspruch und Entschlüsselung des Befehls zum deutschen Flottenvorstoß zur Doggerbank im Januar 1915. MSM

Gefechtsskizze (links unten) der Seeschlacht zwischen der deutschen Hochseeflotte und der englischen Grand Fleet am 31. Mai/1. Juni 1916 vor dem Skagerrak. MGFA

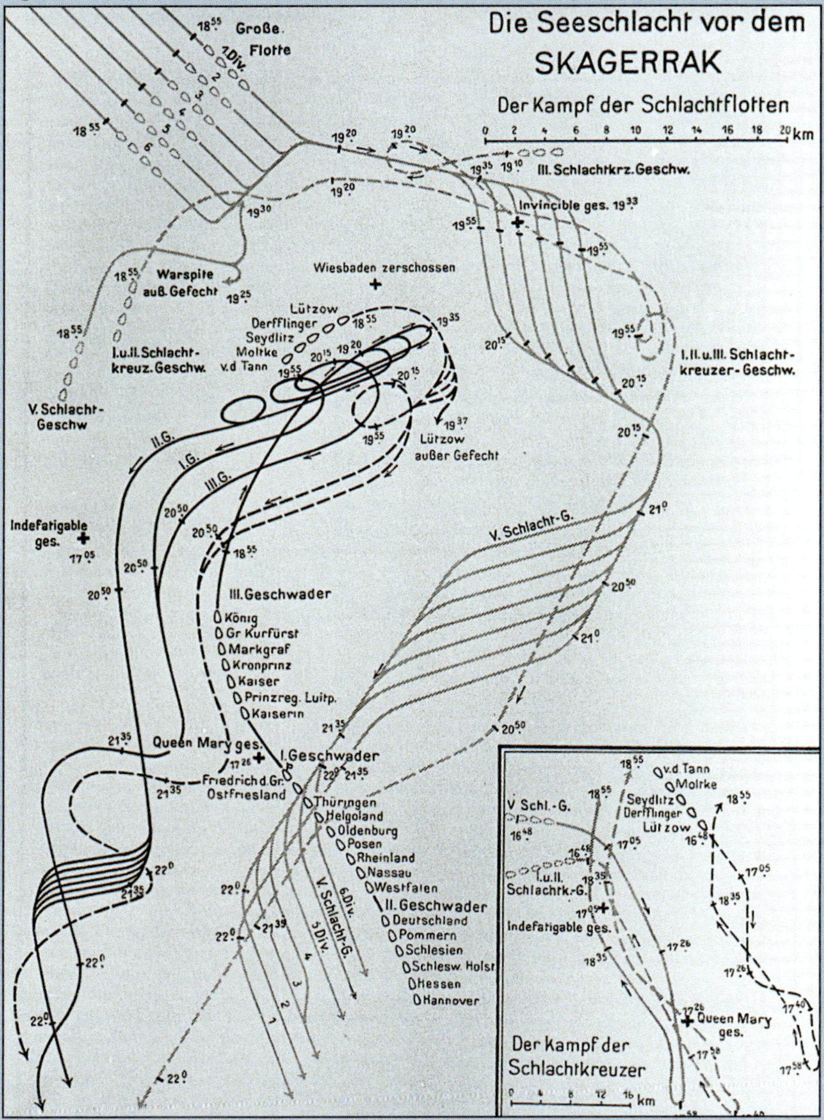

Hochseeflotte in Kiellinie. MGFA

Schwerste Treffer auf dem deutschen Schlachtkreuzer SEYDLITZ. MSM

Konteradmiral Franz von Hipper (1863–1932).

Admiral Sir John Jellicoe (1859–1935).

Viceadmiral Sir David Beatty (1871–1936).

Vizeadmiral Reinhold Scheer (1863–1928).

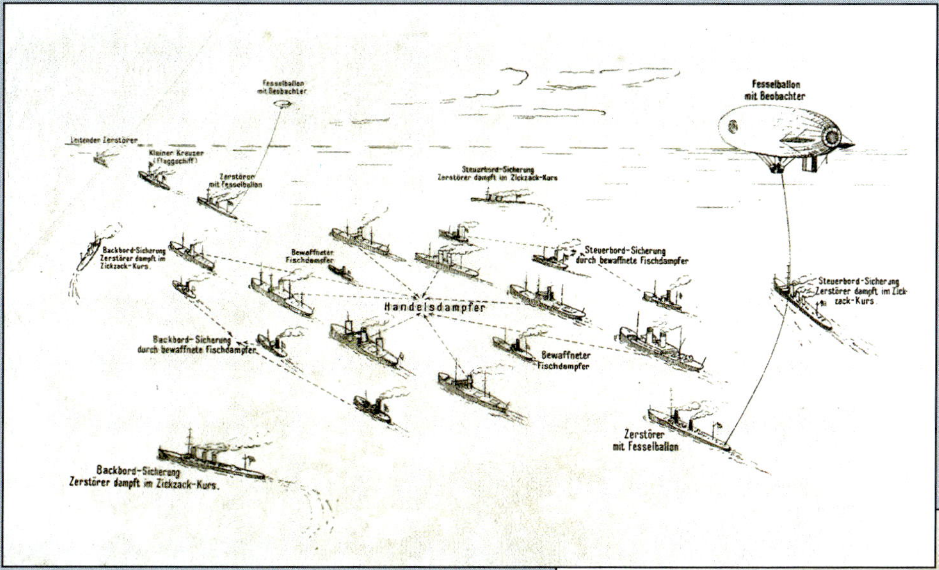

System eines Konvoys.
Duppler

Der amerikanische Passagierdampfer LUSITANIA. MSM

Kriegspropaganda »Calais-Dover«.
MGFA

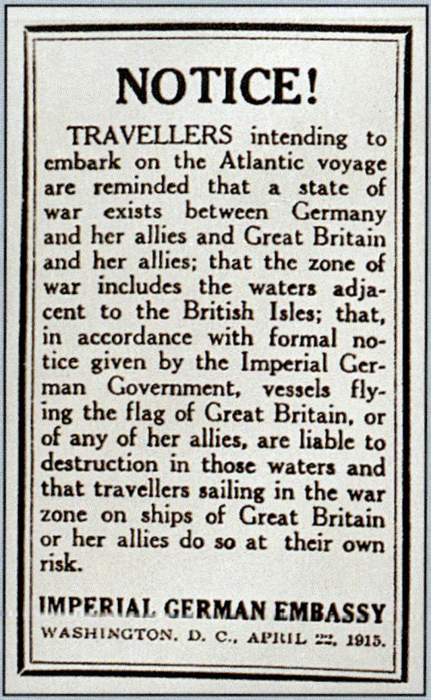

NOTICE!

TRAVELLERS intending to embark on the Atlantic voyage are reminded that a state of war exists between Germany and her allies and Great Britain and her allies; that the zone of war includes the waters adjacent to the British Isles; that, in accordance with formal notice given by the Imperial German Government, vessels flying the flag of Great Britain, or of any of her allies, are liable to destruction in those waters and that travellers sailing in the war zone on ships of Great Britain or her allies do so at their own risk.

IMPERIAL GERMAN EMBASSY
WASHINGTON, D. C., APRIL 22, 1915.

Deutsche Kriegsgebiets-Warnung in amerikanischen Zeitungen. MSM

Das von der britischen Funkaufklärung entschlüsselte Telegramm des Staatssekretärs Zimmermann vom 17. Januar 1917 zum Beginn des uneingeschränkten Uboot-Krieges beschleunigte den Kriegseintritt der USA.
National Archives, Washington

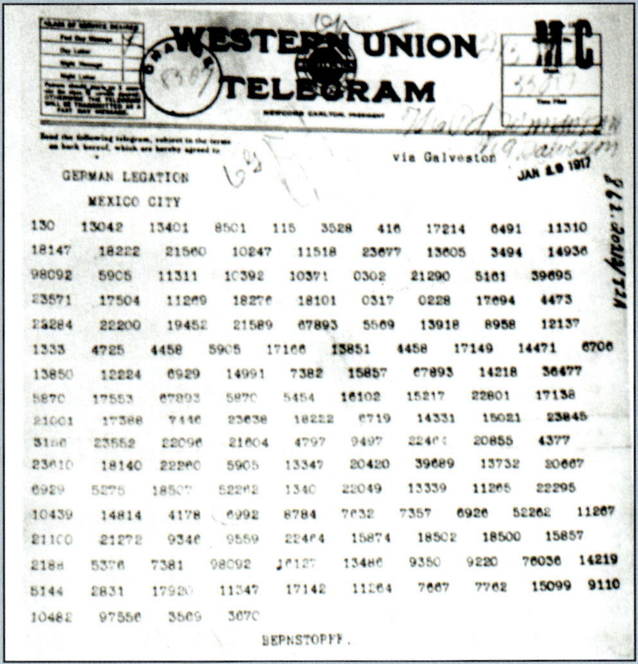
WESTERN UNION TELEGRAM

via Galveston JAN 19 1917

GERMAN LEGATION
MEXICO CITY

130 13042 13401 8501 115 3528 416 17214 6491 11310
18147 18222 21560 10247 11518 23677 13605 3494 14936
98092 5905 11311 10392 10371 0302 21290 5161 39695
23571 17504 11269 18276 18101 0317 0228 17694 4473
22284 22200 19452 21589 67893 5569 13918 8958 12137
1333 4725 4458 5905 17166 13851 4458 17149 14471 6706
13850 12224 6929 14991 7382 15857 67893 14218 36477
5870 17553 67893 5870 5454 16102 15217 22801 17138
21001 17388 7446 23638 18222 6719 14331 15021 23845
3156 23552 22096 21604 4797 9497 22464 20855 4377
23610 18140 22260 5905 13347 20420 39689 13732 20667
6929 5275 18507 52262 1340 22049 13339 11265 22295
10439 14814 4178 6992 8784 7632 7357 6926 52262 11267
21100 21272 9346 9559 22464 15874 18502 18500 15857
2188 5376 7381 98092 16127 13486 9350 9220 76036 14219
5144 2831 17920 11347 17142 11264 7667 7762 15099 9110
10482 97556 3569 3670

BERNSTORFF.

Der Kleine Kreuzer EMDEN im Indischen Ozean.
MSM

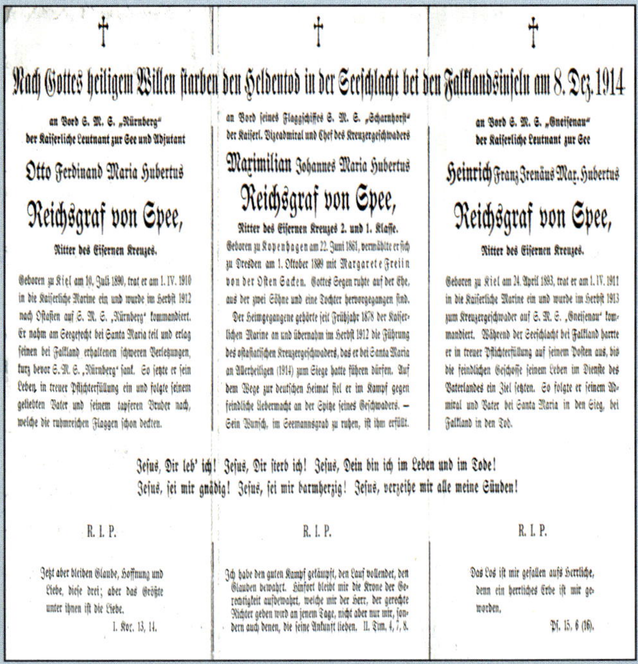
Nach Gottes heiligem Willen starben den Heldentod in der Seeschlacht bei den Falklandsinseln am 8. Dez. 1914

an Bord S. M. S. „Nürnberg"
der Kaiserliche Leutnant zur See und Adjutant
Otto Ferdinand Maria Hubertus
Reichsgraf von Spee,
Ritter des Eisernen Kreuzes.

Geboren zu Kiel am 10. Juli 1890, trat er am 1. IV. 1910 in die Kaiserliche Marine ein und wurde im Herbst 1912 nach Ostasien auf S. M. S. „Nürnberg" kommandiert. Er nahm am Seegefecht bei Santa Maria teil und erlag seinen bei Falkland erhaltenen schweren Verletzungen, kurz bevor S. M. S. „Nürnberg" sank. So setzte er sein Leben in treuer Pflichterfüllung ein und folgte seinem geliebten Vater und seinem tapferen Bruder nach, welche die ruhmreichen Flaggen schon deckten.

an Bord seines Flaggschiffes S. M. S. „Scharnhorst"
der Kaiserl. Vizeadmiral und Chef des Kreuzergeschwaders
Maximilian Johannes Maria Hubertus
Reichsgraf von Spee,
Ritter des Eisernen Kreuzes 2. und 1. Klasse.

Geboren zu Kopenhagen am 22. Juni 1861, vermählte er sich zu Dresden am 1. Oktober 1889 mit Margarete Freiin von der Osten Sacken. Gottes Segen ruhte auf der Ehe, aus der zwei Söhne und eine Tochter hervorgegangen sind.

Der Heimgegangene gehörte seit Frühjahr 1878 der Kaiserlichen Marine an und übernahm im Herbst 1912 die Führung des ostasiatischen Kreuzergeschwaders, das er bei Santa Maria an Allerheiligen (1914) zum Siege hatte führen dürfen. Auf dem Wege zur deutschen Heimat fiel er im Kampf gegen feindliche Uebermacht an der Spitze seines Geschwaders. – Sein Wunsch, im Seemannsgrab zu ruhen, ist ihm erfüllt.

an Bord S. M. S. „Gneisenau"
der Kaiserliche Leutnant zur See
Heinrich Franz Irenäus Max. Hubertus
Reichsgraf von Spee,
Ritter des Eisernen Kreuzes.

Geboren zu Kiel am 24. April 1893, trat er am 1. IV. 1911 in die Kaiserliche Marine ein und wurde im Herbst 1913 zum Kreuzergeschwader auf S. M. S. „Gneisenau" kommandiert. Während der Seeschlacht bei Falkland harrte er in treuer Pflichterfüllung auf seinem Posten aus, bis die feindlichen Geschosse seinem Leben im Dienste des Vaterlandes ein Ziel setzten. So folgte er seinem Admiral und Vater bei Santa Maria in den Sieg, bei Falkland in den Tod.

Jesus, Dir leb' ich! Jesus, Dir sterb ich! Jesus, Dein bin ich im Leben und im Tode!
Jesus, sei mir gnädig! Jesus, sei mir barmherzig! Jesus, verzeihe mir alle meine Sünden!

R. I. P.

Jetzt aber bleiben Glaube, Hoffnung und Liebe, diese drei; aber das Größte unter ihnen ist die Liebe.
1. Kor. 13, 14.

R. I. P.

Ich habe den guten Kampf gekämpft, den Lauf vollendet, den Glauben bewahrt. Hinfort bleibt mir die Krone der Gerechtigkeit aufbewahrt, welche mir der Herr, der gerechte Richter geben wird an jenem Tage, nicht aber nur mir, sondern auch denen, die seine Ankunft lieben. II. Tim. 4, 7, 8.

R. I. P.

Das Los ist mir gefallen aufs Herrliche, denn ein herrliches Erbe ist mir geworden.
Ps. 15, 6 (16).

Todesanzeige für Vizeadmiral Graf Spee und seine beiden ebenfalls vor den Falkland Inseln gefallenen Söhne.
MSM

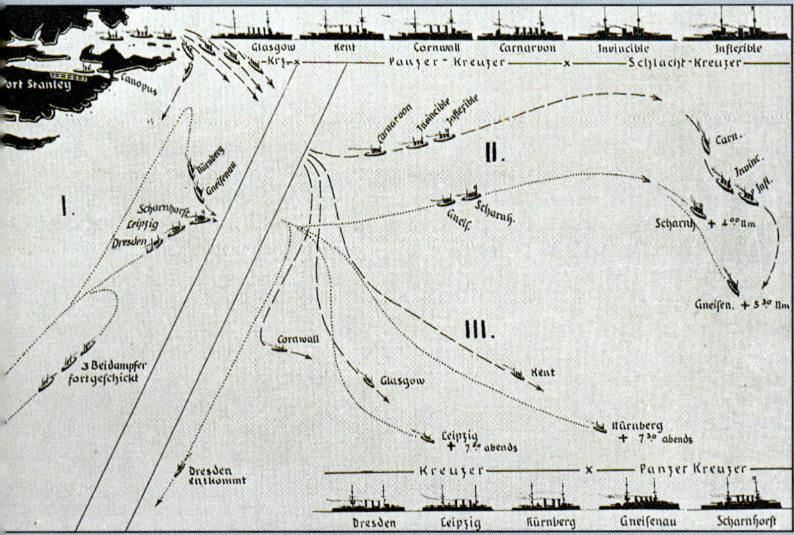

Karte vom Verlauf des Gefechts bei den Falkland-Inseln am 8. Dezember 1914.
MGFA

Ein Segelschiff als Hilfskreuzer: SEEADLER unter Kapitänleutnant Graf von Luckner (1881–1976). MSM

Die Besetzung der Baltischen Inseln im Jahre 1917 – erstmals gleichzeitiger Einsatz von See-, Luft- und Landstreitkräften. MSM

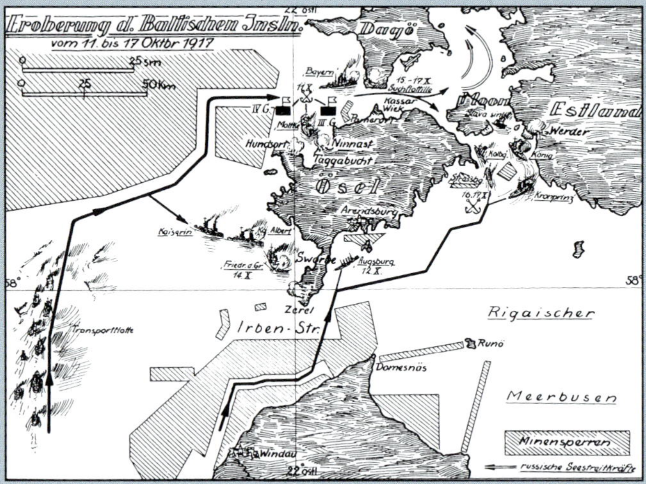

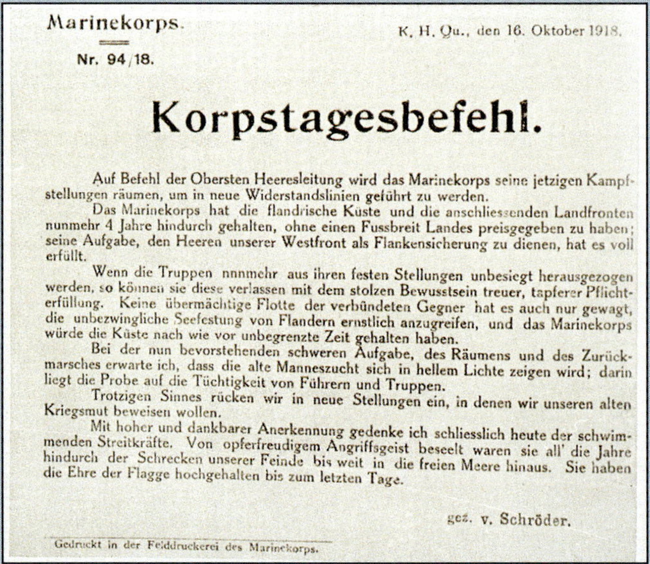

Marinekorps.

Nr. 94/18.

K. H. Qu., den 16. Oktober 1918.

Korpstagesbefehl.

Auf Befehl der Obersten Heeresleitung wird das Marinekorps seine jetzigen Kampfstellungen räumen, um in neue Widerstandslinien geführt zu werden.

Das Marinekorps hat die flandrische Küste und die anschliessenden Landfronten nunmehr 4 Jahre hindurch gehalten, ohne einen Fussbreit Landes preisgegeben zu haben; seine Aufgabe, den Heeren unserer Westfront als Flankensicherung zu dienen, hat es voll erfüllt.

Wenn die Truppen nnnmehr aus ihren festen Stellungen unbesiegt herausgezogen werden, so können sie diese verlassen mit dem stolzen Bewusstsein treuer, tapferer Pflichterfüllung. Keine übermächtige Flotte der verbündeten Gegner hat es auch nur gewagt, die unbezwingliche Seefestung von Flandern ernstlich anzugreifen, und das Marinekorps würde die Küste nach wie vor unbegrenzte Zeit gehalten haben.

Bei der nun bevorstehenden schweren Aufgabe, des Räumens und des Zurückmarsches erwarte ich, dass die alte Manneszucht sich in hellem Lichte zeigen wird; darin liegt die Probe auf die Tüchtigkeit von Führern und Truppen.

Trotzigen Sinnes rücken wir in neue Stellungen ein, in denen wir unseren alten Kriegsmut beweisen wollen.

Mit hoher und dankbarer Anerkennung gedenke ich schliesslich heute der schwimmenden Streitkräfte. Von opferfreudigem Angriffsgeist beseelt waren sie all' die Jahre hindurch der Schrecken unserer Feinde bis weit in die freien Meere hinaus. Sie haben die Ehre der Flagge hochgehalten bis zum letzten Tage.

gez. v. Schröder.

Gedruckt in der Felddruckerei des Marinekorps.

Tagesbefehl des Chefs des Marinekorps, Admiral Ludwig von Schröder (1854–1933) zum Kriegsende 1918. MSM

Das Marinekorps (»Marine-Infanterie«) in Flandern. MSM

Karte für Kriegsgefangene aus Scapa Flow.
MSM

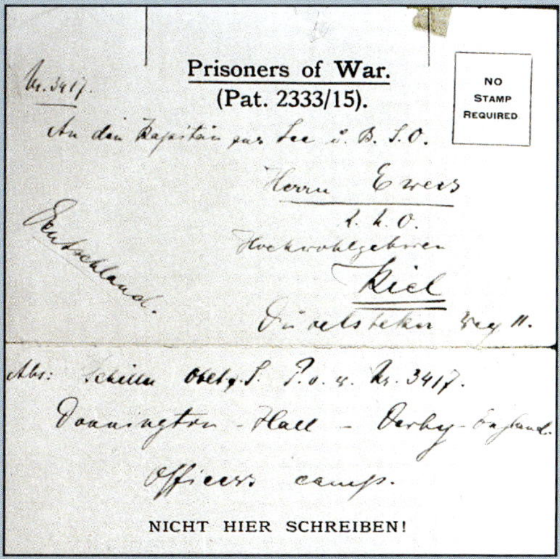
Nr. 3417

Prisoners of War.
(Pat. 2333/15).

NO STAMP REQUIRED

Herrn Ewers

Kiel

Deutschland.

Abs: Nr. 3417.

Donington Hall - Derby - England.

Officers camp.

NICHT HIER SCHREIBEN!

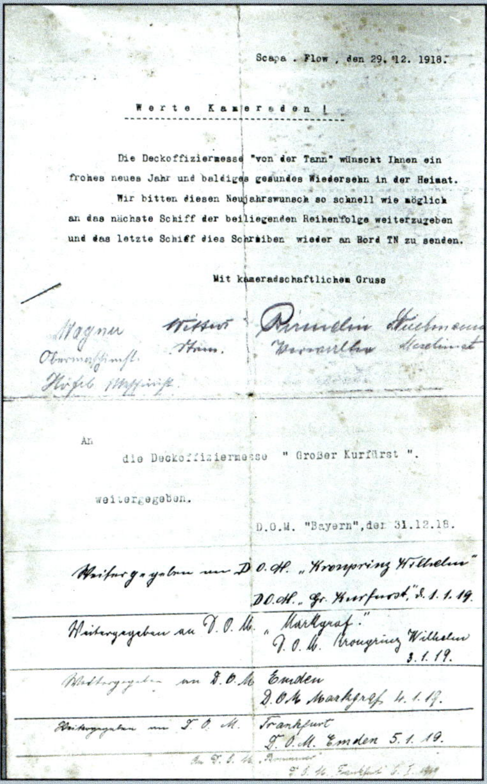
Scapa . Flow , den 29. 12. 1918.

Werte Kameraden !

Die Deckoffiziermesse "von der Tann" wünscht Ihnen ein frohes neues Jahr und baldiges gesundes Wiedersehn in der Heimat.

Wir bitten diesen Neujahrswunsch so schnell wie möglich an das nächste Schiff der beiliegenden Reihenfolge weiterzugeben und das letzte Schiff dies Schreiben wieder an Bord TN zu senden.

Mit kameradschaftlichem Gruss

Wagner

An die Deckoffiziermesse " Großer Kurfürst ".

weitergegeben.

D.O.M. "Bayern", den 31.12.18.

Weitergegeben an D.O.M. „Kronprinz Wilhelm"

D.O.M. Gr. Kurfürst, 1. 1. 19.

Weitergegeben an D.O.M. „Markgraf."

D.O.M. Kronprinz Wilhelm

3. 1. 19.

Weitergegeben an D.O.M. Emden

D.O.M. Markgraf 4. 1. 19.

Weitergegeben an D.O.M. Frankfurt

D.O.M. Emden 5. 1. 19.

Weihnachtskarte in Scapa Flow.
MSM

Gedenkblatt mit den Schiffsverlusten der Kaiserlichen Marine.
MSM

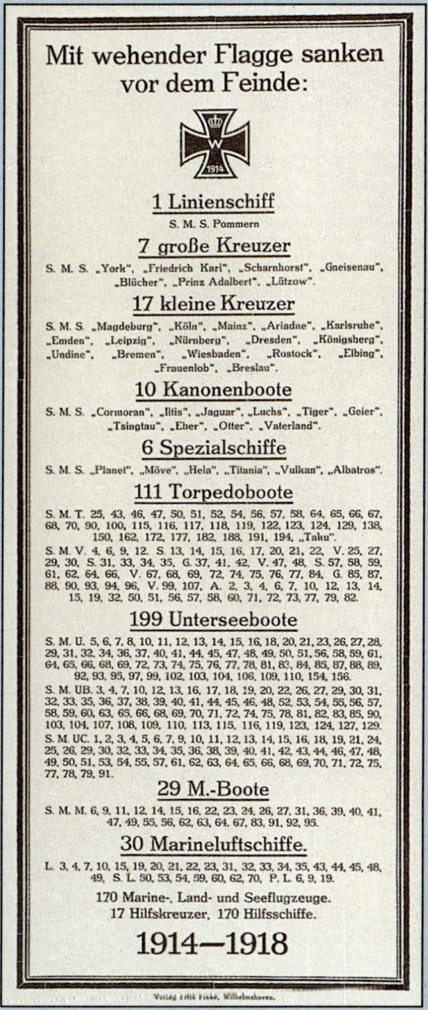
Mit wehender Flagge sanken vor dem Feinde:

1 Linienschiff

S. M. S. Pommern

7 große Kreuzer

S. M. S. „York", „Friedrich Karl", „Scharnhorst", „Gneisenau", „Blücher", „Prinz Adalbert", „Lützow".

17 kleine Kreuzer

S. M. S. „Magdeburg", „Köln", „Mainz", „Ariadne", „Karlsruhe", „Emden", „Leipzig", „Nürnberg", „Dresden", „Königsberg", „Undine", „Bremen", „Wiesbaden", „Rostock", „Elbing", „Frauenlob", „Breslau".

10 Kanonenboote

S. M. S. „Cormoran", „Iltis", „Jaguar", „Luchs", „Tiger", „Geier", „Tsingtau", „Eber", „Otter", „Vaterland".

6 Spezialschiffe

S. M. S. „Planet", „Möve", „Hela", „Titania", „Vulkan", „Albatros".

111 Torpedoboote

S. M. T. 25, 43, 46, 47, 50, 51, 52, 54, 56, 57, 58, 64, 65, 66, 67, 68, 70, 90, 100, 115, 116, 117, 118, 119, 122, 123, 124, 129, 138, 150, 162, 172, 177, 182, 188, 191, 194, „Taku".

S. M. V. 4, 6, 9, 12. S. 13, 14, 15, 16, 17, 20, 21, 22, V. 25, 27, 29, 30, S. 31, 33, 34, 35, G. 37, 41, 42, V. 47, 48, S. 57, 58, 59, 61, 62, 64, 66, V. 67, 68, 69, 72, 74, 75, 76, 77, 84, G. 85, 87, 88, 90, 93, 94, 96, V. 99, 107, A. 2, 3, 4, 6, 7, 10, 12, 13, 14, 15, 19, 32, 50, 51, 56, 57, 58, 60, 71, 72, 73, 77, 79, 82.

199 Unterseeboote

S. M. U. 5, 6, 7, 8, 10, 11, 12, 13, 14, 15, 16, 18, 20, 21, 23, 26, 27, 28, 29, 31, 32, 34, 36, 37, 40, 41, 44, 45, 47, 48, 49, 50, 51, 56, 58, 59, 61, 64, 65, 66, 68, 69, 72, 73, 74, 75, 76, 77, 78, 81, 83, 84, 85, 87, 88, 89, 92, 93, 95, 97, 99, 102, 103, 104, 106, 109, 110, 154, 156.

S. M. UB. 3, 4, 7, 10, 12, 13, 16, 17, 18, 19, 20, 22, 26, 27, 29, 30, 31, 32, 33, 35, 36, 37, 38, 39, 40, 41, 44, 45, 46, 48, 52, 53, 54, 55, 56, 57, 58, 59, 60, 63, 65, 66, 68, 69, 70, 71, 72, 74, 75, 78, 81, 82, 83, 85, 90, 103, 104, 107, 108, 109, 110, 113, 115, 116, 119, 123, 124, 127, 129.

S. M. UC. 1, 2, 3, 4, 5, 6, 7, 9, 10, 11, 12, 13, 14, 15, 16, 18, 19, 21, 24, 25, 26, 29, 30, 32, 33, 34, 35, 36, 38, 39, 40, 41, 42, 43, 44, 46, 47, 48, 49, 50, 51, 53, 54, 55, 57, 61, 62, 63, 64, 65, 66, 68, 69, 70, 71, 72, 75, 77, 78, 79, 91.

29 M.-Boote

S. M. M. 6, 9, 11, 12, 14, 15, 16, 22, 23, 24, 26, 27, 31, 36, 39, 40, 41, 47, 49, 55, 56, 62, 63, 64, 67, 83, 91, 92, 95.

30 Marineluftschiffe.

L. 3, 4, 7, 10, 15, 19, 20, 21, 22, 23, 31, 32, 33, 34, 35, 43, 44, 45, 48, 49, S. L. 50, 53, 54, 59, 60, 62, 70, P. L. 6, 9, 19.

170 Marine-, Land- und Seeflugzeuge.
17 Hilfskreuzer, 170 Hilfsschiffe.

1914—1918

Die Selbstversenkung der in Scapa Flow internierten Flotte durch Konteradmiral Ludwig von Reuter (1869–1943) am 21. Juni 1919.
MSM

Heizer an Bord des Linienschiffes PRINZREGENT LUITPOLD im Jahre 1917. (Links im Bild Albin Köbis.)

MSM

Menschenführung und Meuterei

Im Sommer 1917 kam es an Bord von Schiffen der untätig im Hafen liegenden Hochseeflotte zu Gehorsamsverweigerungen, deren Ursachen von der Marineführung zwar untersucht, jedoch nicht beseitigt wurden. Vielmehr glaubte man, mit der Hinrichtung des Obermatrosen Max Reichpietsch und des Heizers Albin Köbis, die als Haupträdelsführer ausgemacht worden waren, das Problem gelöst zu haben. Daß dies nicht der Fall war, zeigten die Vorfälle im Oktober 1918, als es erneut zu Gehorsamsverweigerungen kam, die schließlich zur Revolution und zum Zusammenbruch des Kaiserreiches mit beitrugen. Äußere Anlässe waren Mängel in den Lebensumständen an Bord, wie unzureichende Verpflegung, plötzliche Dienstplanänderungen und die unbegründete Ablehnung von Urlaubsanträgen. Die Hintergründe und Ursachen lagen jedoch tiefer und sind zunächst in der Menschenführung zu suchen. Bis zur Einführung der riesigen Linienschiffe (DREADNOUGHTS) – also in den ersten 60 Jahren der deutschen Marinegeschichte – spielte sich das Leben an Bord mehr oder weniger an Oberdeck ab. Die Vorgesetzten hatten ihr Augenmerk in erster Linie nur auf die seemännische Handhabung des Schiffes zu richten, und die Arbeit der Besatzung spielte sich in der Takelage oder den Batteriedecks gut sichtbar für alle ab. Technik war zwar seit der Einführung von Schiffsmaschinen bereits Bestandteil des Bordlebens, aber erst mit dem »DREADNOUGHT-Sprung« der neuartigen Technologie beim Schiffsantrieb und den Großgeschützen tauchten Probleme in der Menschenführung auf. Die Besatzungsstärke der Schiffe stieg sprunghaft an, und waren es in den Batteriedecks bisher nur wenige Besatzungsmitglieder, welche die Geschütze abfeuerten, so benötigte man für die Bedienung eines ein-

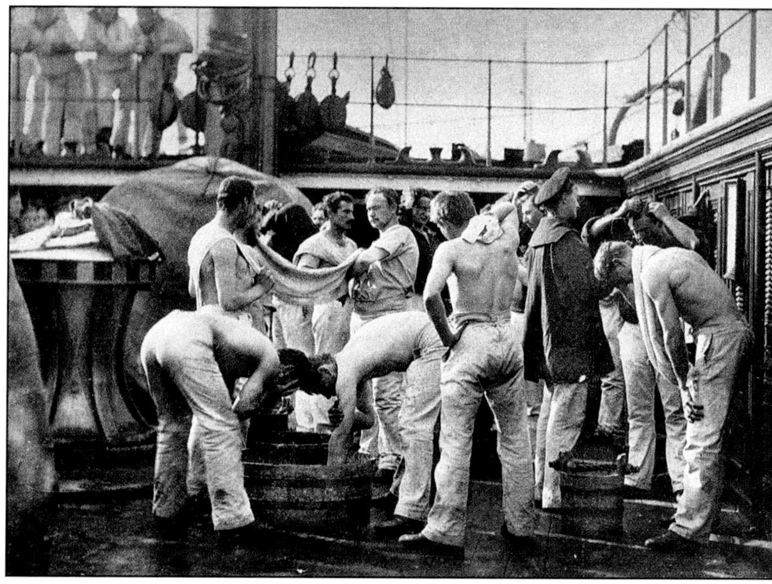

»Mannschaft bei der Morgentoilette« an Bord SMS STOSCH um 1880.
MSM

Besatzung von SMS FRIEDRICH DER GROSSE um 1910. MSM

Heizer im Kesselraum eines Linienschiffes. MSM

zigen 30,5 cm Geschützes 30–40 Mann. Der einzelne wurde damit zum Rädchen im Gesamtsystem, der von den fachlich sicherlich gut ausgebildeten Vorgesetzten als Individuum nicht mehr wahrgenommen wurde. Die Maxime des ersten Chefs der Kaiserlichen Admiralität, General von Stosch (1872–1883), daß »nicht Schiffe, sondern Menschen kämpfen«, wurde ins Gegenteil verkehrt. Die Untätigkeit der Hochseeflotte nach der als Sieg empfundenen Skagerrak-Schlacht, der stumpfsinnige Dienst an Bord, die sich stetig verschlechternden Lebensbedingungen und die Versetzung der meisten jungen Offiziere auf Uboote und andere kleine Einsatzfahrzeuge taten ein übriges, um die Stimmung auf den Großkampfschiffen auf den Nullpunkt zu bringen. Während die Offiziere ihre Verpflegung aus eigener Tasche bezahlten und damit gut versorgt waren, vegetierten die Mannschaften

Im Geschützturm. MSM

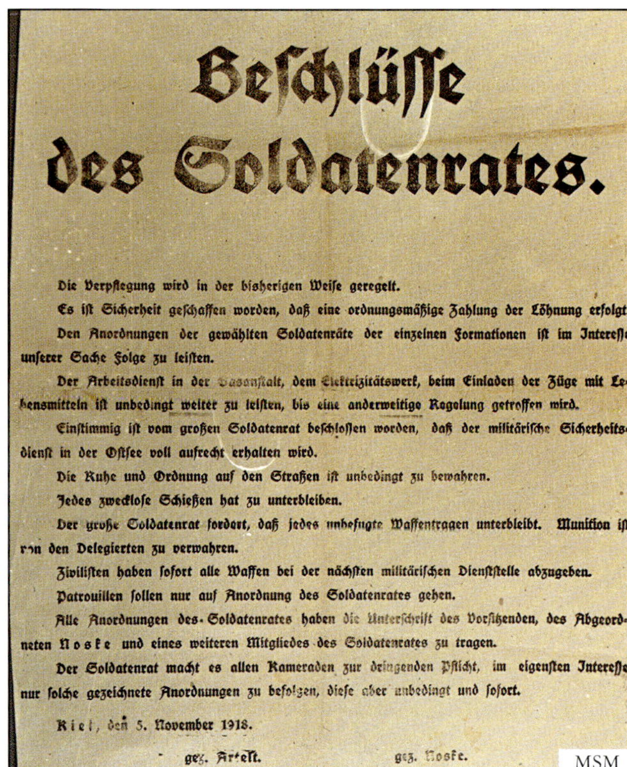

Beschlüsse des Soldatenrates.

Die Verpflegung wird in der bisherigen Weise geregelt.

Es ist Sicherheit geschaffen worden, daß eine ordnungsmäßige Zahlung der Löhnung erfolgt.

Den Anordnungen der gewählten Soldatenräte der einzelnen Formationen ist im Interesse unserer Sache Folge zu leisten.

Der Arbeitsdienst in der Gasanstalt, dem Elektrizitätswerk, beim Einladen der Züge mit Lebensmitteln ist unbedingt weiter zu leisten, bis eine anderweitige Regelung getroffen wird.

Einstimmig ist vom großen Soldatenrat beschlossen worden, daß der militärische Sicherheitsdienst in der Ostsee voll aufrecht erhalten wird.

Die Ruhe und Ordnung auf den Straßen ist unbedingt zu bewahren.

Jedes zwecklose Schießen hat zu unterbleiben.

Der große Soldatenrat fordert, daß jedes unbefugte Waffentragen unterbleibt. Munition ist von den Delegierten zu verwahren.

Zivilisten haben sofort alle Waffen bei der nächsten militärischen Dienststelle abzugeben.

Patrouillen sollen nur auf Anordnung des Soldatenrates gehen.

Alle Anordnungen des Soldatenrates haben die Unterschrift des Vorsitzenden, des Abgeordneten Noske und eines weiteren Mitgliedes des Soldatenrates zu tragen.

Der Soldatenrat macht es allen Kameraden zur dringenden Pflicht, im eigensten Interesse nur solche gezeichnete Anordnungen zu befolgen, diese aber unbedingt und sofort.

Kiel, den 5. November 1918.

gez. Artelt. gez. Noske.

MSM

bei immer schmaler werdenden Rationen und ohne ausreichende Betreuungsmaßnahmen und Fürsorge dahin. Der Ausbruch der Unruhen von 1917 ist somit nicht auf Unbotmäßigkeit gegen Vorgesetzte, sondern auf die Verweigerung der Essensannahme zurückzuführen. Bezeichnenderweise hat es auf den kleinen Einheiten der Flotte, die Tag für Tag im aufreibenden Vorpostendienst standen und auf denen es für alle dieselbe Verpflegung gab, diese Ausfälle nicht gegeben. Von den Offizieren wurde hier noch nach jenem Kernsatz des Prinzen Adalbert aus dem Jahre 1852 gelebt, in welchem er gefordert hatte: »Die Disciplin der Marine ist aber die ihrer Officiere«.

In der Schlußphase des Ersten Weltkrieges plante die Marineleitung eine größere Flottenoperation. Dieser »letzte Einsatz« stand in keinem Verhältnis zur politischen und militärischen Lage des Reiches und sollte hauptsächlich zur Rechtfertigung der Marine dienen. Auch glaubten die Mannschaften, die Offiziere hätten diese Operation gegen England nur beschlossen, um ihre Ehre zu retten. So kam es im Oktober 1918 erneut zu Gehorsamsverweigerungen, da die Mannschaften unter dem Eindruck des baldigen Kriegsendes nicht bereit waren, in letzter Stunde den Heldentod zu sterben. Der Marineführung gelang es nicht, die sich ausweitende Revolte in den Griff zu bekommen, zumal auch das Offizierkorps auf derartige Fälle nicht vorbereitet war. Im Zusammenbruch des Reiches verlor sie völlig die Kontrolle, Soldatenräte übernahmen die Führung in den Stützpunkten, und was als Meuterei der Matrosen in Kiel und Wilhelmshaven begonnen hatte, endete in der Revolution und im Zusammenbruch des Kaiserreiches.

Der Allgemeine Marinebefehl Nr. 1 vom 22. November 1852: »Die Disciplin der Marine ist aber die ihrer Officiere«. MSM

Allgemeiner Marine-Befehl Nr. 1.

Berlin, den 22. November 1852.

Den Dienst betreffende Bestimmungen ꝛc.

1. Disciplin der Officiere.

Ich habe Veranlassung, die Officiere der Marine dringend darauf aufmerksam zu machen, wie der wahrhaft militairische Gehorsam den entschiedensten Willen der pünktlichen Ausführung der Befehle ohne Gedanken des Vorbehalts, der spitzfindigen Klügelei, die Verbannung jeder Lauigkeit verlangt; andrerseits ihre Pflicht als Officiere durchaus erheischt: sich mit dem G e i st der ihnen ertheilten Befehle und Instructionen vertraut zu machen, damit sie ihnen einen Anhalt für nicht darin vorgesehene Fälle gewähren. Das Streben, nur Verantwortlichkeiten von sich abzulehnen, ob auch das allgemeine und Marine-Interesse dabei leide, ist eines Officiers durchaus unwürdig, läßt keine entschlossene That zu, kann keine Marine groß machen, ist mit der wahren Disciplin für den Officier nicht vereinbar. Die Disciplin der Marine ist aber die ihrer Officiere.

Erster Abschnitt.

Allgemeine Pflichten der Offiziere der Reichs-Marine.

1.

Jeder Offizier, gleichviel welchen Grad derselbe bekleidet, ist gehalten, sich mit den Gesetzen, Vorschriften und Verordnungen, welche sich auf den Dienst der Reichs-Marine beziehen, bekannt zu machen, und dieselben, so weit sie ihn betreffen, zu vollziehen und ausführen zu lassen.

2.

Jeder Offizier soll seinen Untergebenen ein Beispiel guter Sitten, der Treue gegen die Regierung und der Achtung vor der Religion sein. In allen Verhältnissen und wie gross auch die Gefahr sein mag, der er ausgesetzt wäre, hat er alles aufzubieten, um zum Ruhme der Waffen des Reichs beizutragen und die Ehre der Flagge aufrecht zu erhalten.

3.

Die Offiziere sind ihren Vorgesetzten in jeder Lage die grösste Achtung schuldig und haben mit absolutem, passiven Gehorsam die ihnen ertheilten Befehle zu befolgen.

4.

Sie haben sich eines jeden Urtheils über ihre Vorgesetzten oder deren Befehle zu enthalten und jede Unter-

1

Reichsmarine 1848: Allgemeine Pflichten der Offiziere. MGFA

Instruction

für den

Commandanten eines von S. M. Schiffen oder Fahrzeugen.

Berlin, 1872.

Verlag der Königlichen Geheimen Ober-Hofbuchdruckerei (R. v. Decker).

Präzise Handlungsanweisungen für Vorgesetzte in der »Instruction« von 1872. MSM

Straf-Instruktion auf SMS STOSCH.
MSM

»Instruction« §54: Disziplinargewalt.
MSM

Während der allgemeinen Freizeit des Abends ist innerhalb der Grenzen des Anstandes und der Sitte weder ihre Freiheit in Bezug auf Beschäftigung noch ihre Fröhlichkeit, außer, wenn dienstliche Rücksichten es gebieten, zu beschränken, derselben vielmehr Vorschub zu leisten.

§. 54.

Die richtige und gerechte Handhabung der Strafgewalt bildet eine fernere Grundlage einer guten Disciplin. Die größte Oeconomie in den Bestrafungen ist die erste Bedingung der Richtigkeit der letztern; die zweite Bedingung ist die Harmonie der Art der Bestrafung mit der Art des Vergehens und die dritte, daß die Strafe der körperlichen und geistigen Natur des Bestraften entspricht.

Der Commandant muß mit der gelindesten Strafe anfangen, nur vorsichtig steigern, da aber hart und fest strafen, wo positive Vergehen vorliegen.

Er darf mit Putzarbeit nur für Fehler in der Reinlichkeit strafen, mit Strafdienst nur für Dienstfehler, mit Entziehung des Soldes nur für unordentlichen Lebenswandel u. dergl., mit Strafwachen nur für Wachtfehler u. dergl. Ein Dienstfehler muß strenger bestraft werden wie ein socialer, der Uebermuth ist gelinder anzufassen, wie der Leichtsinn u. s. w. Ein dummer Mensch muß milder behandelt werden wie ein kluger, ein gebildeter strenger wie ein ungebildeter, ebenso ein altgedienter Mann im Vergleich mit dem Rekruten. Ein mehrfach bestraftes Subject ist, abgesehen von der gebotenen Steigerung, strenger zu behandeln wie ein gut gedienter Mann, Capitalvergehen, wie Trunk, Herumtreiben u. s. w. müssen von Anfang an unnachsichtig behandelt werden. Unverbesserliche Leute müssen, dem §. 38 des Militair-Strafgesetzbuchs entsprechend, in die zweite Klasse des Soldatenstandes gebracht werden, und wenn die dann anzuwendenden Strafen nicht helfen, der Arbeiter-Abtheilung zugeführt werden.

Instruction ꝛc. 2

§. 52.

Eine genaue Kenntniß des Personals an Bord, eine gesetzliche und würdige Behandlung, ein regelrechter Dienstgang, eine anregende, nicht erschlaffende Beschäftigung, ein guter Gesundheitszustand und geregelte Verpflegung sind die besten Stützen einer guten Disciplin. Die gute Disciplin aber ist das Fundament der Zuverlässigkeit in der Gefahr. Die Sicherheit in der Gefahr aber ist die Basis jeder seemännischen und militairischen Leistung. Das beste Mittel zur Uebung der Disciplin ist alle Art von Exercitium, wo der Untergebene an den Lippen des Commandirenden hängt, um sofort nach ausgesprochenem Commando, mit allen seinen Kräften und so rasch wie möglich, dem gegebenen Befehl zu genügen, wo der Untergebene in der Richtigkeit und Schnelle der kurz und bestimmt gegebenen Erklärungen und Verbesserungen das Uebergewicht und die Kenntnisse seines Vorgesetzten erkennt, sich rasch und ganz in die Hand desselben giebt.

Es ist deshalb von der höchsten Wichtigkeit, daß der Commandant dieses beste Mittel der Disciplin nicht ganz seinem ersten Offizier überläßt, sondern selbst übt, bis er Herr seiner Leute ist und diese seine Sprache verstehen. Das lehrende und bis zur vollen Ermüdung gehende Exercitium überlasse der Commandant seinen untergebenen Offizieren, das übende aber nehme er selbst und führe es bis zur höchsten Anspannung aller Kräfte, aber nie bis zur Erschlaffung der letzteren, damit sich kein nothwendiger Widerstand entwickele.

Das vom Commandanten geleitete Exercitium muß vehement, aber kurz sein.

§. 53.

Andererseits muß der Commandant aber auch dafür Sorge tragen, daß die Mannschaft während ihrer Freizeit

»Instruction« § 52/53: Kenntnis des Personals/Freizeit.
MSM

Kleiden eines Endes.

Blöcke versehen.

Schiemannen.

Schiffs-Schmiede.

Aufriß des Panzerschiffes »Arminius« (um 1870).
Kieler Schiffahrtsmuseum

Mittagessen in der Mannschaftsmesse – Kriegsmarine.
MSM

Mittagessen in der Mannschaftsmesse – Kaiserliche Marine. MSM

Batteriedeck von SMS STOSCH um 1880.
MSM

Der dem Chef der Hochseestreitkräfte übermittelte Befehl zum Schlagen – vom 22.Oktober 1918.

Eurer Excellenz habe ich von Admiral S c h e e r folgenden Befehl der Seekriegsleitung zu überbringen: „Die Hochseeflotte erhält die Weisung baldigst zum Angriff auf die englische Flotte vorzugehen." – Dazu können alle verfügbaren Streitkräfte der Kaiserlichen Marine herangezogen werden.

Einsatzbefehl für die »letzte Fahrt« der Hochseeflotte vom 23. Oktober 1918.
BA/MA

Der auf dem anliegenden – meinem Notizbuch entstammenden – Zettel enthaltene Befehl an Admiral von H i p p e r zum Schlagen ist der einzige Befehl, den es darüber gibt, eine Abschrift ist nicht angefertigt worden.

Ich habe den Befehl Admiral von Hipper in der Fassung mündlich am 22.Oktober übermittelt.

v. Levetzow

"Besonders schwer ist der Dienst des Heizers, wenn mit den Maschinen manövriert wird, etwa beim Einlaufen in einen Hafen; dann wechseln die Kommandos "Mehr Dampf!" und "Weniger Dampf!" fortwährend. Wenn das Schiff nun erst geankert hat und "Feuer aus!" befohlen wird, dann werden sämtliche Feuer zugleich herausgerissen. Die Luft, die durch das Ausgießen der herausgerissenen Glut entsteht, ist einfach unerträglich. Man glaubt gar nicht, wie lange im Heizraum vier Stunden dauern können, und mit welcher Ungeduld die Ablösung erwartet wird!

Brief über die Tätigkeit als Heizer an Bord.
MSM

Richard Stumpf, Matrose auf SMS »Helgoland« und 1926 Gutachter im Parlaments-Ausschuß zur Frage »Warum die Flotte zerbrach«.
MSM

"Die Schlemmerei war so, daß ich es nicht aushalten konnte und gewöhnlich bei festlichen Gelegenheiten freiwillig die Wache nahm. Das spielte sich vor den Augen der ganzen Mannschaft ab. Die Folgen waren unausbleiblich. Als ich einmal den Vorschlag machte (nach den Vorfällen von 1917), wir wollten in der Messe auch Mannschaftskost essen, fand ich nur einen anderen, der dafür war, die allgemeine Meinung sah darin ein feiges Zurückweichen vor der Mannschaft.
Ich nenne das Mangel an Vaterlandsliebe und außerdem ganz einfach Dummheit...."

aus: Das Werk des Untersuchungsausschusses 1919 - 1928
hrsg. im Auftrage des Deutschen Reichstages
Berlin 1928, Band IX ,1, S.420 f

Bericht über die Ursachen des Zusammenbruches von 1918 (Bd. IX,1, S.420).
MGFA

Zuteilung von 30g Haferflocken für einen Kranken im Lazarett.
MSM

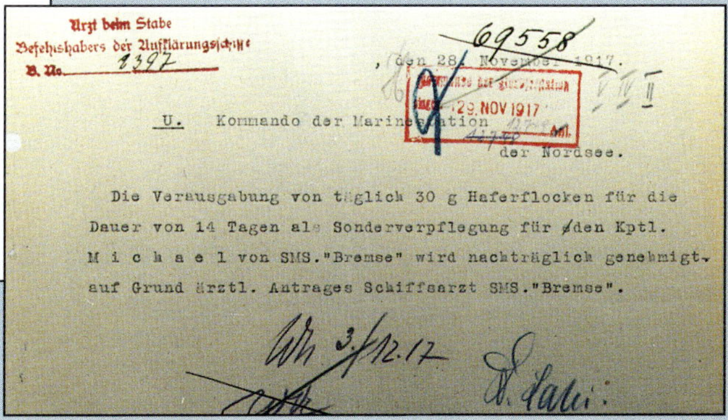
Arzt beim Stabe
Befehlshabers der Aufklärungsschiffe
B. No. 2397

, den 28. November 1917.

29. NOV 1917

U. Kommando der Marinestation
der Nordsee.

Die Verausgabung von täglich 30 g Haferflocken für die Dauer von 14 Tagen als Sonderverpflegung für den Kptl. M i c h a e l von SMS."Bremse" wird nachträglich genehmigt. auf Grund ärztl. Antrages Schiffsarzt SMS."Bremse".

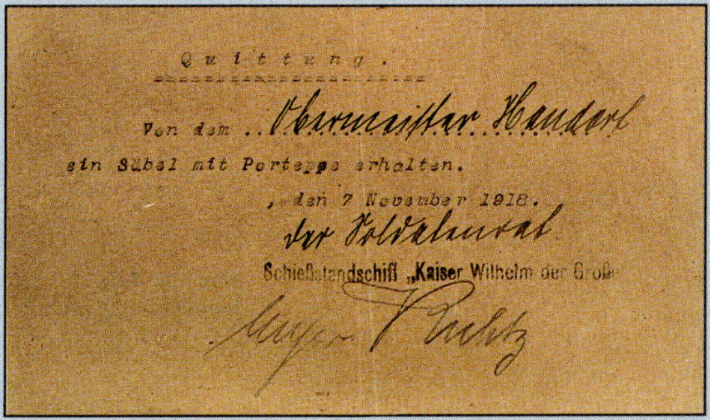
Q u i t t u n g .

Von dem ....
ein Säbel mit Porteppe erhalten.
, den 7 November 1918.

Schießstandschiff „Kaiser Wilhelm der Große"

Quittung des Soldatenrates für die Abgabe eine Säbels.
MSM

Meuterei auf Linienschiff THÜRINGEN.
MSM

Flottenpropaganda der Reichsmarine in den zwanziger Jahren.
MSM

Zwischenkriegszeit

Die Niederlage von 1918 und die Folgen des Versailler Vertrages bestimmten den Umfang und das innere Gefüge der Reichsmarine der Weimarer Republik. Die kaiserliche Flotte war im November 1918 personell und materiell abgerüstet und unter alliierter Bedeckung gemäß den Waffenstillstandsverhandlungen in der Bucht von Scapa Flow interniert worden. Da Unklarheit herrschte über den Stand der Friedensverhandlungen, die nichts Gutes erwarten ließen, und um eine endgültige Übergabe der Flotte an die Royal Navy und das damit verbundene Niederholen der Kriegsflagge zu verhindern, gab der Befehlshaber des Internierungsverbandes, Konteradmiral von Reuter, am 21. Juni 1919 den Befehl zur Selbstversenkung. Die Bedingungen des Versailler Vertrages waren aus Sicht der Marine in der Tat sehr hart: Das Personal wurde auf 15.000 Mann reduziert, der Umfang der Flotte belief sich auf sechs ältere Linienschiffe, sechs Leichte Kreuzer sowie insgesamt 24 Zerstörer und Torpedoboote. Außerdem waren die Fristen für Ersatzbauten auf 20 Jahre festgelegt und der Besitz von Ubooten, Flugzeugen und Luftschiffen verboten. Der Marineleitung ging es nach dem Abschluß des als »schmachvoll« empfundenen Vertrages von vornherein um zweierlei: Zum einen um die interne, innenpolitische Rechtfertigung für den Erhalt von Seestreitkräften und zum anderen langfristig um die Revision des Vertrages und damit um die Beseitigung seiner strengen Beschränkungen. Außerdem galt es, das »Trauma« von 1918 zu bewältigen, ein schwieriges Unterfangen, da das Seeoffizierkorps der Reichs-

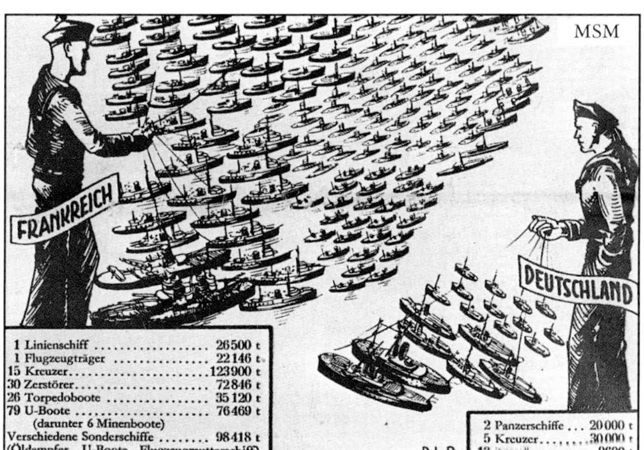

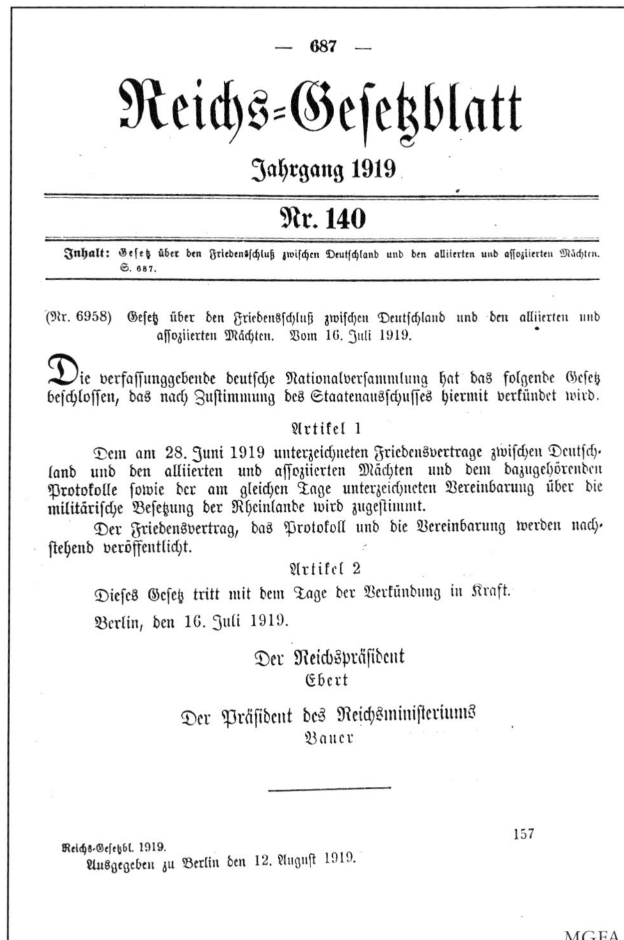

— 687 —

Reichs-Gesetzblatt

Jahrgang 1919

Nr. 140

Inhalt: Gesetz über den Friedensschluß zwischen Deutschland und den alliierten und assoziierten Mächten. S. 687.

(Nr. 6958) Gesetz über den Friedensschluß zwischen Deutschland und den alliierten und assoziierten Mächten. Vom 16. Juli 1919.

Die verfassunggebende deutsche Nationalversammlung hat das folgende Gesetz beschlossen, das nach Zustimmung des Staatenausschusses hiermit verkündet wird.

Artikel 1

Dem am 28. Juni 1919 unterzeichneten Friedensvertrage zwischen Deutschland und den alliierten und assoziierten Mächten und dem dazugehörenden Protokolle sowie der am gleichen Tage unterzeichneten Vereinbarung über die militärische Besetzung der Rheinlande wird zugestimmt.

Der Friedensvertrag, das Protokoll und die Vereinbarung werden nachstehend veröffentlicht.

Artikel 2

Dieses Gesetz tritt mit dem Tage der Verkündung in Kraft.

Berlin, den 16. Juli 1919.

Der Reichspräsident
Ebert

Der Präsident des Reichsministeriums
Bauer

Reichs-Gesetzbl. 1919. 157
Ausgegeben zu Berlin den 12. August 1919.

MGFA

Linienschiff SCHLESIEN schießt zu Ehren des Reichspräsidenten am 30. Mai 1927 im Kieler Hafen Salut.

Kieler Schiffahrtsmuseum

marine immer noch kaiserlich und wenig republikanisch ausgerichtet war. So ist es nicht verwunderlich, daß einige Offiziere, wie der Korvettenkapitän Ehrhardt, sich in den rechtsradikalen Freikorps einen zweifelhaften Ruf erwarben. Immerhin gelang es der Marineleitung, bis 1928 – dem Jahr, in welchem auch der parlamentarische Untersuchungsbericht zu den Unruhen von 1917/18 abgeschlossen wurde –, die »Erziehungsfragen in der Reichsmarine« zu

Mit dem Stapellauf des Panzerschiffes »A« (DEUTSCHLAND) am 19. Mai 1931 in Kiel wird ein neuer, den Bestimmungen des Versailler Vertrages weitgehend entsprechender Schiffstyp in die Marine eingeführt: Das »Pockett-Battle-Ship« ist stärker bewaffnet als schnellere Gegner und schneller als stärker bewaffnete Gegner.

MSM

beantworten und das Verhältnis zwischen Offizier und Matrose auf eine vernünftige Grundlage zu stellen. Ebenfalls 1928 wurden die »Kriegsaufgaben der Reichsmarine« formuliert, die den Mitteln entsprachen: Unmittelbarer Küstenschutz und Verhinderung von Landungen; Behauptung der Seeherrschaft in der Ostsee und Aufrechterhaltung der Seeverbindungen mit Ostpreußen und Skandinavien sowie Schutz einzelner Überseetransporte. Unverändert strebte man nach der Revision des Versailler Vertrages: einerseits indem illegale Rüstungen betrieben wurden, die durch die sogenannte »Lohmann-Affäre« 1927 ans Licht kamen, andererseits, indem im Zuge legaler Ersatzbauten neuartige Schiffe wie das »Panzerschiff A«, dessen Bau zu heftigen parlamentarischen Auseinandersetzungen führte, die im Vertrag auferlegten Beschränkungen mildern sollten. Zu Beginn der nationalsozialistischen Machtübernahme war die Frage, ob man den Vertrag revidieren solle, längst beantwortet. Es ging nur noch darum, wie man den »Flottenumbau« ohne politischen Schaden bewerkstelligen könne. Am 18. Juni 1935 sorgte das deutsch-britische Flottenabkommen dafür, daß die deutsche Marine einen Umfang von 35 Prozent der britischen Marine annehmen durfte. Dies bedeutete die Gleichstellung mit Frankreich und Italien, deren Marinen im Washingtoner Flottenabkommen von 1922 auf denselben Stand festgelegt worden waren. Damit hatte England als Signatarmacht des Versailler Vertrages dem deutschen Reich die Möglichkeit gegeben, diesen ohne Rechtsbruch zu umgehen und legal aufzurüsten. »Hitlers glücklichster Tag« hielt nicht lange vor, denn das Flottenabkommen wurde von ihm im Frühjahr 1939 gekündigt. Zu diesem Zeitpunkt hatte sich die Marineführung bereits gedanklich mit der »Seekriegführung gegen England und die sich daraus ergebenden Forderungen für die strategische Zielsetzung und den Aufbau der Kriegsmarine« (sogenannte »Heye-Denkschrift«) befaßt. In diese Zeit fällt der Einsatz der Kriegsmarine im Rahmen der internationalen Seeüberwachung in den spanischen Gewässern. Als einzi-

Panzerschiffe in Kiellinie. MOV

Die Rückführung der im Rahmen der internationalen Seeüberwachung am 26. Mai 1937 an Bord des Panzerschiffes DEUTSCHLAND nach einem Fliegerangriff spanischer Rotarmisten vor Ibiza gefallenen deutschen Besatzungsangehörigen. MSM

Stapellauf des Flugzeugträgers GRAF ZEPPELIN am 8. Dezember 1938. BfZG

ger der nichtkriegführenden Staaten wurde Deutschland am 29. Mai 1937 durch einen Fliegerangriff spanischer Rotarmisten auf das Panzerschiff DEUTSCHLAND in Kampfhandlungen verwickelt, dem als Vergeltung am 31. Mai 1937 die Beschießung von Almeria durch das Panzerschiff ADMIRAL SCHEER folgte.
Der Ausbruch des Zweiten Weltkrieges, für den die Marine bei weitem nicht gerüstet war, verhinderte den Ausbau der Flotte nach dem »Z-Plan« (u.a. acht Großkampfschiffe, vier Flugzugträger und 250 Uboote), durch den die Kriegsmarine zu einem ernstzunehmenden Gegner der Royal Navy geworden wäre.

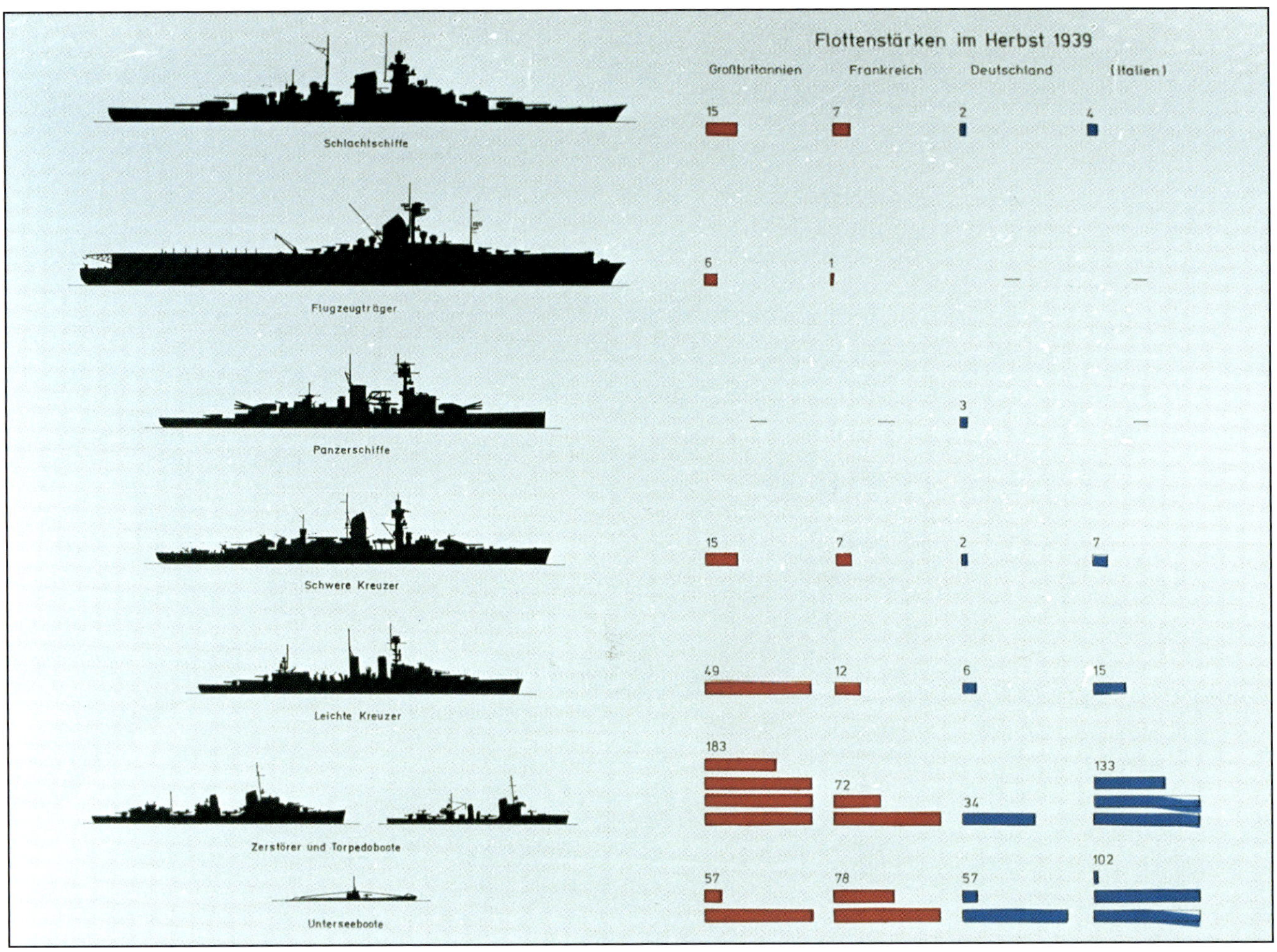

Flaggenwechsel an Bord eines Panzerschiffes am 7. November 1935.
MSM

Kleiner Kreuzer »Berlin« als Schulschiff auf Auslandsreise
MSM

Der im Versailler Vertrag vom 28. Juni 1919 festgelegte Umfang der deutschen Marine.
MGFA

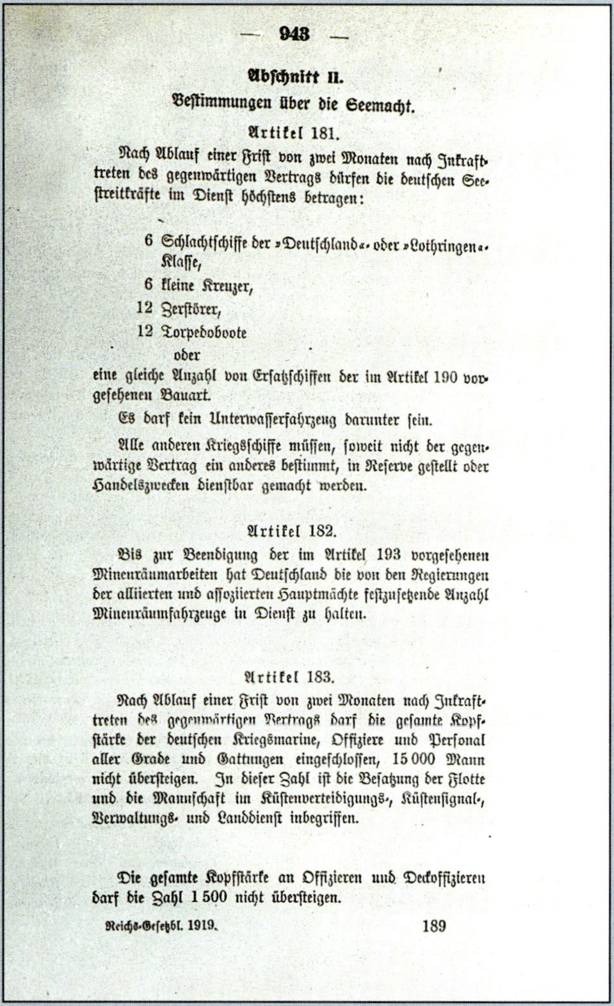

— 943 —

Abschnitt II.

Bestimmungen über die Seemacht.

Artikel 181.

Nach Ablauf einer Frist von zwei Monaten nach Inkrafttreten des gegenwärtigen Vertrags dürfen die deutschen Seestreitkräfte im Dienst höchstens betragen:

6 Schlachtschiffe der »Deutschland«- oder »Lothringen«-Klasse,
6 kleine Kreuzer,
12 Zerstörer,
12 Torpedoboote
oder
eine gleiche Anzahl von Ersatzschiffen der im Artikel 190 vorgesehenen Bauart.

Es darf kein Unterwasserfahrzeug darunter sein.

Alle anderen Kriegsschiffe müssen, soweit nicht der gegenwärtige Vertrag ein anderes bestimmt, in Reserve gestellt oder Handelszwecken dienstbar gemacht werden.

Artikel 182.

Bis zur Beendigung der im Artikel 193 vorgesehenen Minenräumarbeiten hat Deutschland die von den Regierungen der alliierten und assoziierten Hauptmächte festzusetzende Anzahl Minenräumfahrzeuge in Dienst zu halten.

Artikel 183.

Nach Ablauf einer Frist von zwei Monaten nach Inkrafttreten des gegenwärtigen Vertrags darf die gesamte Kopfstärke der deutschen Kriegsmarine, Offiziere und Personal aller Grade und Gattungen eingeschlossen, 15 000 Mann nicht übersteigen. In dieser Zahl ist die Besatzung der Flotte und die Mannschaft im Küstenverteidigungs-, Küstensignal-, Verwaltungs- und Landdienst inbegriffen.

Die gesamte Kopfstärke an Offizieren und Deckoffizieren darf die Zahl 1 500 nicht übersteigen.

Reichs-Gesetzbl. 1919. 189

Der Chef der Marineleitung, Admiral Hans Zenker (1870–1932).
MSM

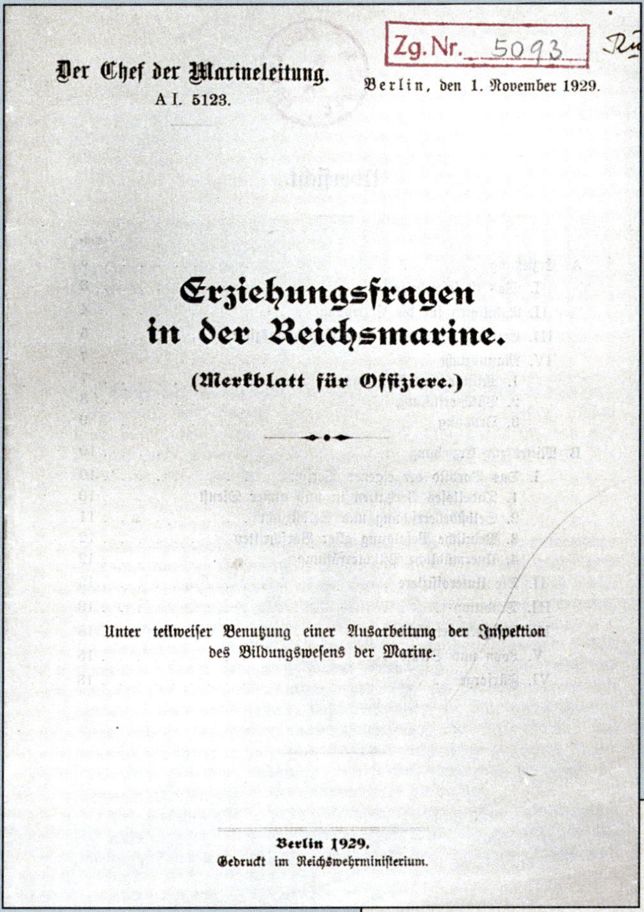

Zg. Nr. 5093

Der Chef der Marineleitung.
A I. 5123.

Berlin, den 1. November 1929.

Erziehungsfragen in der Reichsmarine.

(Merkblatt für Offiziere.)

Unter teilweiser Benutzung einer Ausarbeitung der Inspektion des Bildungswesens der Marine.

Berlin 1929.
Gedruckt im Reichswehrministerium.

Steckbrief.

Der Angeklagte Korvettenkapitän a. D. **Hermann Ehrhardt**, gegen den die Untersuchungshaft wegen Hochverrats, Meineids und Beihilfe zum Meineid verhängt ist, ist am 13. Juli 1923, nachm. 5 Uhr, aus dem Untersuchungsgefängnis in Leipzig entwichen.

Auf Grund des gerichtlich gegen ihn erlassenen Steckbriefs ersuche ich, den Flüchtigen zu verhaften, in das nächste Gefängnis abzuliefern und zu den hiesigen Akten C 21/20 telegraphische Mitteilung zu machen.

Die Reichsregierung hat eine

Belohnung von 25 Millionen Mark

für denjenigen ausgesetzt, der durch sachdienliche Angaben oder andere geeignete Mitwirkung zur Ergreifung des flüchtigen Angeklagten beiträgt.

Personalbeschreibung des flüchtigen Angeklagten Ehrhardt:

1. Familienname: Ehrhardt, 2. Vorname: Georg Hellmut Hermann, 3. Geburtsort: Diersburg in Baden, 4. Alter: geboren 29. 11. 81, 5. Größe: 1 Meter 70 bis 72 Zentimeter, 6. Haare: dunkelblond, grau meliert, kurz geschnitten, wenig Scheitel, etwas gelichtet, 7. Stirn: hoch, 8. Augenbrauen: grau meliert, 9. Augen: blau, grau, 10. Nase: mittel, gerade, 11. Mund: energisch, mittel, 12. Bart: glatt rasiert, kurz geschnittener Schnurrbart, 13. Zähne: vollständig, 14. Kinn: rund, 15. Gesichtsbildung: oval, 16. Gesichtsfarbe: frisch, 17. Gestalt: aufrechter militärischer Gang und Haltung, 18. Sprache: hochdeutsch, 19. Bekleidung bei der Flucht: graues Jakett, graue Hose, keine Weste, Oberhemd mit Einsatz, weicher Kragen, braune Halbschuhe, ohne Kopfbedeckung. (ob

Leipzig, den 14. Juli 1923.
Der Oberreichsanwalt.

Steckbrief des Oberreichsanwalts in Leipzig vom 23. Juli 1923 für den Putschisten Korvettenkapitän Hermann Erhardt (1881–1971).
MSM

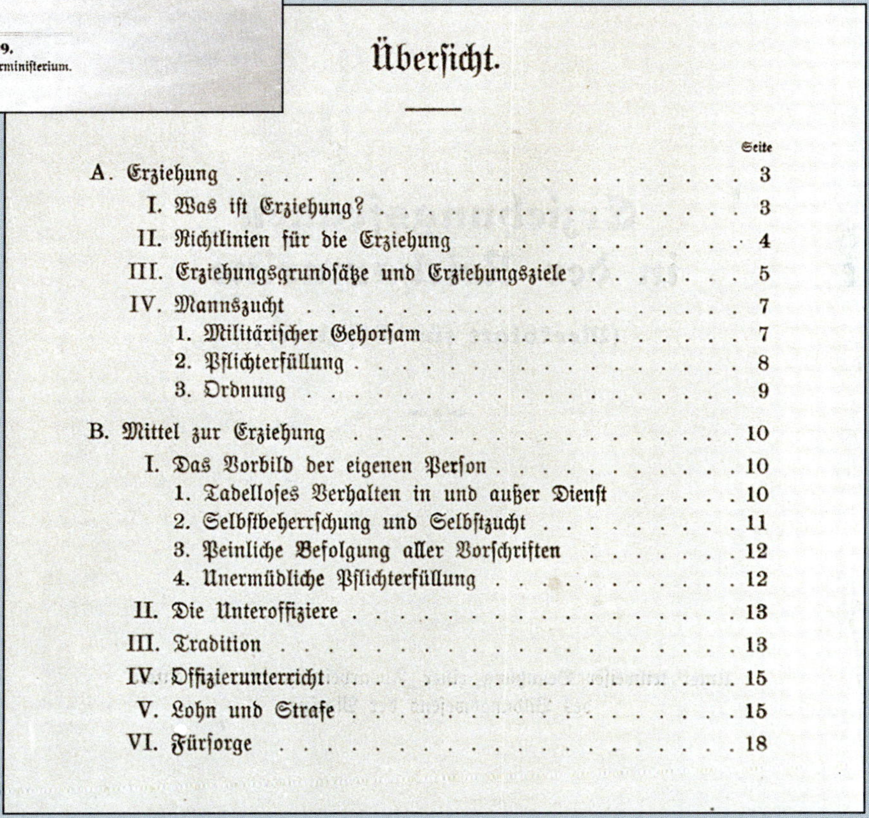

Übersicht.

»Erziehungsfragen in der Reichsmarine« (1928): Ein weiterer Schritt zur Bewältigung des »Traumas von 1918« Deckblatt und Inhaltsverzeichnis.
MSM

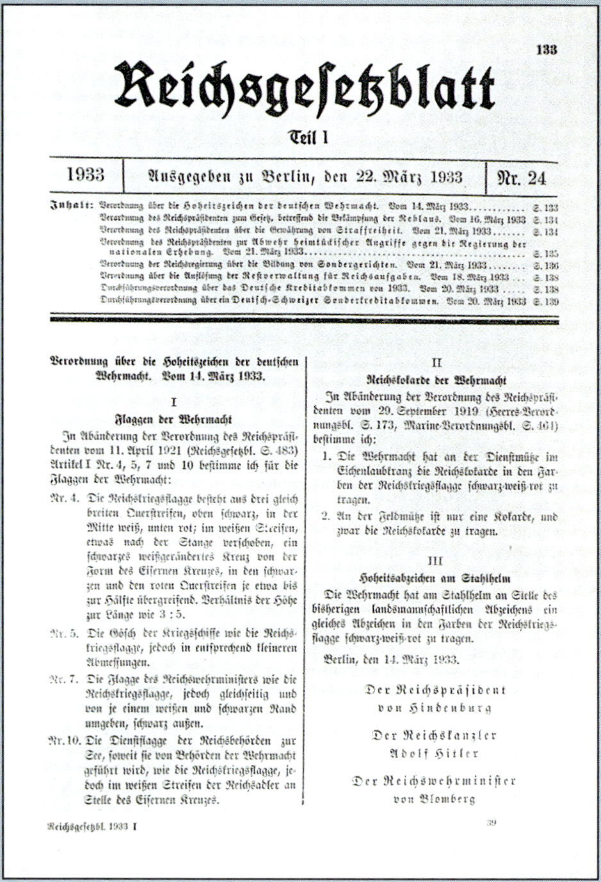

133

Reichsgesetzblatt

Teil I

1933	Ausgegeben zu Berlin, den 22. März 1933	Nr. 24

Verordnung über die Hoheitszeichen der deutschen Wehrmacht. Vom 14. März 1933.

I

Flaggen der Wehrmacht

In Abänderung der Verordnung des Reichspräsidenten vom 11. April 1921 (Reichsgesetzbl. S. 483) Artikel I Nr. 4, 5, 7 und 10 bestimme ich für die Flaggen der Wehrmacht:

Nr. 4. Die Reichskriegsflagge besteht aus drei gleich breiten Querstreifen, oben schwarz, in der Mitte weiß, unten rot; im weißen Streifen, etwas nach der Stange verschoben, ein schwarzes weißgerändertes Kreuz von der Form des Eisernen Kreuzes, in den schwarzen und den roten Querstreifen je etwa bis zur Hälfte übergreifend. Verhältnis der Höhe zur Länge wie 3 : 5.

Nr. 5. Die Gösch der Kriegsschiffe wie die Reichskriegsflagge, jedoch in entsprechend kleineren Abmessungen.

Nr. 7. Die Flagge des Reichswehrministers wie die Reichskriegsflagge, jedoch gleichseitig und von je einem weißen und schwarzen Rand umgeben, schwarz außen.

Nr. 10. Die Dienstflagge der Reichsbehörden zur See, soweit sie von Behörden der Wehrmacht geführt wird, wie die Reichskriegsflagge, jedoch im weißen Streifen der Reichsadler an Stelle des Eisernen Kreuzes.

II

Reichskokarde der Wehrmacht

In Abänderung der Verordnung des Reichspräsidenten vom 29. September 1919 (Heeres-Verordnungsbl. S. 173, Marine-Verordnungsbl. S. 461) bestimme ich:

1. Die Wehrmacht hat an der Dienstmütze im Eichenlaubkranz die Reichskokarde in den Farben der Reichskriegsflagge schwarz-weiß-rot zu tragen.
2. An der Feldmütze ist nur eine Kokarde, und zwar die Reichskokarde zu tragen.

III

Hoheitsabzeichen am Stahlhelm

Die Wehrmacht hat am Stahlhelm an Stelle des bisherigen landsmannschaftlichen Abzeichens ein gleiches Abzeichen in den Farben der Reichskriegsflagge schwarz-weiß-rot zu tragen.

Berlin, den 14. März 1933.

Der Reichspräsident
von Hindenburg

Der Reichskanzler
Adolf Hitler

Der Reichswehrminister
von Blomberg

Reichsgesetzbl. 1933 I

39

Änderung der Kriegsflagge durch Reichsgesetzblatt vom 22. März 1933.
MGFA

Stärkevergleich des französischen Kreuzers DUNKERQUE mit dem Panzerschiff DEUTSCHLAND.
MSM

Kriegsflagge der deutschen Reiches 1922–1933. MGFA

Kriegsflagge der deutschen Reiches 1933–1935. MGFA

Reichskriegsflagge 1935–1945. MGFA

Uboot »U 8«:
Gemäß Versailler Vertrag ein verbotener Schiffstyp.
MOV

Flaggenwechsel zur Kriegsmarine gemäß Reichsgesetzblatt vom 7. November 1935.
MGFA

Morgenausgabe

Nr. 543 A 275 45. Jahrgang

Vorwärts

Berliner Volksblatt

Zentralorgan der Sozialdemokratischen Partei Deutschlands

Freitag 16. November 1928

Groß-Berlin 10 Pf. Auswärts 15 Pf.

Vorwärts-Verlag G.m.b.H.

Kampf um den Panzerkreuzer.

Genosse Otto Wels begründet den sozialdemokratischen Antrag. Groener für den Panzerkreuzer. – Heute Abstimmung.

Im Kampf um den Panzerkreuzer A fällt heute die Entscheidung. Gestern hat Genosse Otto Wels die Forderung der Sozialdemokratie, den Panzerbau einzustellen, begründet. Seine Rede hat allen Parteien, außer der Sozialdemokratie, nicht wohl in den Ohren geklungen. Die Stimme der schonungslosen Wahrheit und der Mahnung zur Verantwortlichkeit wird niemals gern gehört.

Der Kampf im Reichstag.

Abg. Wels (Soz.):

Die Demokraten zur Panzerschiff-Frage.

Die Haltung des Zentrums.

Das Parlament ist frei!

Wissell im Kampfgebiet.

Die öffentliche und parlamentarische Debatte um das Panzerschiff »A«.

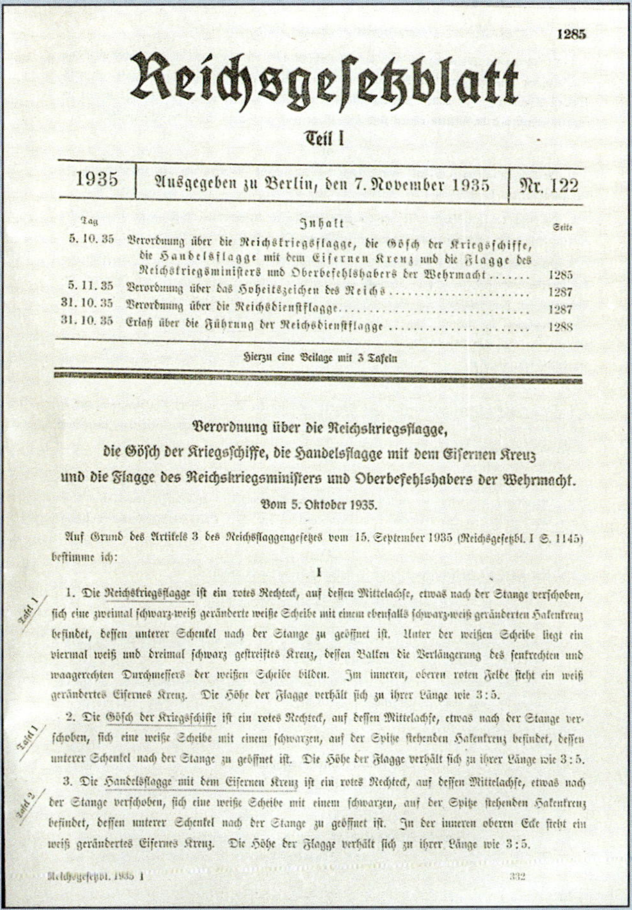

1285

Reichsgesetzblatt

Teil I

1935	Ausgegeben zu Berlin, den 7. November 1935	Nr. 122

Inhalt

Tag		Seite
5. 10. 35	Verordnung über die Reichskriegsflagge, die Gösch der Kriegsschiffe, die Handelsflagge mit dem Eisernen Kreuz und die Flagge des Reichskriegsministers und Oberbefehlshabers der Wehrmacht	1285
5. 11. 35	Verordnung über das Hoheitszeichen des Reichs	1287
31. 10. 35	Verordnung über die Reichsdienstflagge	1287
31. 10. 35	Erlaß über die Führung der Reichsdienstflagge	1288

Hierzu eine Beilage mit 3 Tafeln

Verordnung über die Reichskriegsflagge, die Gösch der Kriegsschiffe, die Handelsflagge mit dem Eisernen Kreuz und die Flagge des Reichskriegsministers und Oberbefehlshabers der Wehrmacht.

Vom 5. Oktober 1935.

Auf Grund des Artikels 3 des Reichsflaggengesetzes vom 15. September 1935 (Reichsgesetzbl. I S. 1145) bestimme ich:

I

Tafel 1 1. Die Reichskriegsflagge ist ein rotes Rechteck, auf dessen Mittelachse, etwas nach der Stange verschoben, sich eine zweimal schwarz-weiß geränderte weiße Scheibe mit einem ebenfalls schwarz-weiß geränderten Hakenkreuz befindet, dessen unterer Schenkel nach der Stange zu geöffnet ist. Unter der weißen Scheibe liegt ein viermal weiß und dreimal schwarz gestreiftes Kreuz, dessen Balken die Verlängerung des senkrechten und waagerechten Durchmessers der weißen Scheibe bilden. Im inneren, oberen roten Felde steht ein weiß geränderte Eisernes Kreuz. Die Höhe der Flagge verhält sich zu ihrer Länge wie 3 : 5.

Tafel 1 2. Die Gösch der Kriegsschiffe ist ein rotes Rechteck, auf dessen Mittelachse, etwas nach der Stange verschoben, sich eine weiße Scheibe mit einem schwarzen, auf der Spitze stehenden Hakenkreuz befindet, dessen unterer Schenkel nach der Stange zu geöffnet ist. Die Höhe der Flagge verhält sich zu ihrer Länge wie 3 : 5.

Tafel 2 3. Die Handelsflagge mit dem Eisernen Kreuz ist ein rotes Rechteck, auf dessen Mittelachse, etwas nach der Stange verschoben, sich eine weiße Scheibe mit einem schwarzen, auf der Spitze stehenden Hakenkreuz befindet, dessen unterer Schenkel nach der Stange zu geöffnet ist. In der inneren oberen Ecke steht ein weiß geränderte Eisernes Kreuz. Die Höhe der Flagge verhält sich zu ihrer Länge wie 3 : 5.

Reichsgesetzbl. 1935 I 332

»Die unheimliche See. Hitler und die Kriegsmarine« – Erinnerungen des Marineadjutanten von Hitler, Konteradmiral a. D. Karl Jesko von Puttkamer. Duppler

Das deutsch-englische Flottenabkommen vom 18. Juni 1935: Deutschlands Marine darf 35 Prozent der englischen Flottenstärke erreichen und wird damit mit den Flotten Frankreichs und Italiens (Washingtoner Flottenabkommen von 1922) gleichgestellt. Duppler

Hitler und Generaladmiral Dr. h.c. Erich Raeder (1876–1960) 1936 in Kiel. MGFA

Uboote vom Typ II B bei Tauchübungen.
MSM

Ausgabe Groß-Berlin — Einzelpreis 10 Pfennig

Deutsche Allgemeine Zeitung

Berlin, 31. Mai 1937 (Montag Abend) — 76. Jahrgang — Nr. 247

DAZ

Almeria von deutschen Seestreitkräften bombardiert

23 Tote

Vergeltung für Panzerschiff „Deutschland"

Amtlich wird soeben mitgeteilt:

Zur Vergeltung des verbrecherischen Anschlags roter Bombenflugzeuge auf das vor Anker liegende Panzerschiff „Deutschland" wurde am Montag in den Morgenstunden von deutschen Seestreitkräften der befestigte Seehafen von Almeria beschossen.

Nachdem die Hafenanlagen zerstört und die gegnerischen roten Batterien zum Schweigen gebracht worden sind, wurde die Vergeltungsaktion abgebrochen und beendet.

Verstärkung der deutschen Seestreitkräfte

Wie amtlich mitgeteilt wird, werden sofort weitere Schiffe der deutschen Kriegsmarine zur Verstärkung unserer Streitkräfte in den spanischen Gewässern in See gehen.

Waffengebrauch angeordnet

Bei Annäherung roter Streitkräfte Mitarbeit am Kontrollsystem eingestellt

DNB meldet:

Der deutsche Vertreter im Nichteinmischungsausschuß hat die Weisung erhalten, den Vorsitzenden des Ausschusses den amtlich festgestellten Tatbestand des verbrecherischen Ueberfalls in Ibiza mitzuteilen und ihm dabei folgenden Beschluß der Reichsregierung zu notifizieren:

Die Reichsregierung wird sich an dem Kontrollsystem und an den Beratungen des Nichteinmischungsausschusses solange nicht mehr beteiligen, als ihr nicht sichere Gewähr gegen eine Wiederholung derartiger Vorkommnisse verschafft worden ist. Die gegenüber den roten Machthabern als Antwort auf den unerhört tückischen Ueberfall zu ergreifenden Maßnahmen wird die Reichsregierung selbstverständlich nach ihrem eigenen Ermessen beschließen. Sie hat außerdem für die Dauer dieses Zustandes ihre Kriegsschiffe angewiesen, jedes sich nähernde rote spanische Flugzeug oder Kriegsschiff mit der Waffe abzuwehren.

Italien mit jeder deutschen Maßnahme solidarisch

Von unserem Berichterstatter

Die Ereignisse vom Sonnabend bis Montag

Flaggen drei Tage auf halbmast

Zeitungsbericht zum Vergeltungsangriff des Panzerschiffes ADMIRAL SCHEER am 31. Mai 1937 gegen den Hafen Almeria.
MSM

Kriegspropaganda im April 1943
kurz vor dem Zusammenbruch des Ubootkrieges im Altlantik.
MSM

Die Marine im Zweiten Weltkrieg

Die Lage des Deutschen Reiches war zu Beginn des Zweiten Weltkrieges ungünstiger als im Jahre 1914. Erneut stand man einem Bündnis von Seemächten gegenüber, und obwohl sich durch Japan und Italien die geostrategische Ausgangslage des Reiches scheinbar verbessert hatte, war die Marine im September 1939 keinesfalls kriegsbereit. Das deutsch-englische Flottenabkommen von 1935 hatte Deutschland zwar analog zum Washingtoner Abkommen von 1922 dieselbe Flottenstärke wie Frankreich und Italien zugebilligt, die Rüstungsplanungen waren jedoch trotz »Z-Plan« noch nicht umgesetzt. Fast prophetisch für den Ausgang des Krieges muten die Gedanken des Oberbefehlshabers der Kriegsmarine, Großadmiral Raeder, in der ersten Eintragung in das Kriegstagebuch vom 3. September 1939 an: »*Die Überwasserstreitkräfte sind aber noch so gering an Zahl und Stärke gegenüber der englischen Flotte, daß sie – vollen Einsatz vorausgesetzt – nur zeigen können, daß sie mit Anstand zu sterben verstehen und damit die Grundlage für einen späteren Wiederaufbau zu schaffen gewillt sind.*« Ein Grund, daß Hitler den Krieg gegen Polen begann, obwohl dieses Land – wie übrigens schon Belgien im Jahre 1914 – mit England verbündet war, lag in der Fehleinschätzung der Reaktion Englands. Hitler war lange Zeit der irrigen Annahme, daß man sich mit England dahingehend arrangieren könne, daß Deutschland die Hegemonie auf dem Kontinent und Großbritannien in Übersee wahrnehmen würden. Aufgrund dieser Einschätzung und der nicht ausreichenden Seekriegsmittel gab es zu Beginn des Krieges nur ein großes seestrategisches Ziel: »Die Kriegsmarine führt Handelskrieg mit dem Schwerpunkt gegen England.« Um hierfür die Ausgangslage zu schaffen, sollte mit der Besetzung Norwegens (»Weserübung«) die eigene geostrategische Position erweitert werden. Dieses kurzfristig angeordnete Ziel, das unter Inkaufnahme des Verlustes der gesamten deutschen Flotte erreicht wurde, verbesserte in der Tat, ebenso wie die nach dem Sieg über Frankreich gewonnene Atlantikküste, die Einsatzmöglichkeiten der Kriegsmarine erheblich, so daß sich im Sommer 1940 folgende erweiterten strategischen

Beschießung der Westerplatte durch das Linienschiff SCHLESWIG-HOLSTEIN am 1. September 1939. *BfZG*

Admiral Karl Dönitz (1891–1980) als Befehlshaber der Uboote. MSM

te trotz bemerkenswerter Erfolge keine Wende im Seekrieg und bei der Entlastung im Osten herbeiführen: Nur etwa sieben Prozent der für Rußland bestimmten Transportschiffe fielen den Torpedos der Uboote und den Bomben der Luftwaffe zum Opfer. Der Neubau von Handelsschiffen sowie der verstärkte Einsatz von Sicherungsfahrzeugen glichen diese alliierten Verluste bei weitem und immer schneller aus. Es ist müßig, darüber zu raisonieren, ob ein von Anfang an konsequent geführter Tonnagekrieg mit einer ausreichenden Anzahl von Ubooten den Seekrieg und damit den Verlauf des Zweiten Weltkrieges anders beeinflußt hätten: Die Kriegsmarine war von Anfang an weder für den Überwasserkrieg noch für den Handelskrieg mit Ubooten ausreichend gerüstet. Auch konnten die zwischenzeitlichen Erfolge von 1941 und 1942 aufgrund des Kriegseintritts der USA nicht zu einer dauerhaften Offensive gegen die alliierten Seeverbindungen genutzt werden. Die Erfolge der Uboote mit 14 Mio BRT versenkten Schiffsraums bei hohen eigenen Verlusten reichten hierfür nicht aus, und die Erfolge der Schnellboote mit 1 Mio BRT und der schweren Überwassereinheiten und Hilfskreuzer mit 0,5 Mio BRT können bei dieser Bilanz fast vernachlässigt werden. Wie schon im Ersten Weltkrieg war die Landmacht Deutschland den wirtschaftlich und materiell weit überlegenen Seemächten auch im Zweiten Weltkrieg nicht gewachsen, und noch vernichtender als 1918 war die Niederlage im Mai 1945: Die Wehrmacht kapitulierte bedingungslos, und die Verfügungsgewalt über das besiegte Deutschland ging auf die alliierten Siegermächte über. Als letzter Einsatz im Zweiten Weltkrieg blieb der Kriegmarine die Rettung von über zwei Millionen Menschen über See.

Die »Rettung über See« durch die Kriegsmarine brachte in der Zeit von Januar bis Mai 1945 über zwei Millionen Menschen in den Westen. MSM

Das Marine-Ehrenmal in Laboe.

Hamburger Fremdenblatt

2. Ausgabe

Nr. 241 Freitag, 1. September 1939 **Abend-Ausgabe** 111. Jahrgang 3. Vierteljahr 15 Pf.

Der Kampf hat begonnen

Gegenangriff über alle deutsch-polnischen Grenzen

Des Führers Appell an sein Volk

Die Erprobung

dnb. Berlin, 1. September

Das Oberkommando der Wehrmacht gibt bekannt:

Auf Befehl des Führers und Obersten Befehlshabers hat die Wehrmacht den aktiven Schutz des Reiches übernommen. In Erfüllung ihres Auftrages, der polnischen Gewalt Einhalt zu gebieten, sind Truppen des deutschen Heeres heute früh über alle deutsch-polnischen Grenzen zum Gegenangriff angetreten. Gleichzeitig sind Geschwader der Luftwaffe zum Niederkämpfen militärischer Ziele in Polen ge-

Historische Stunde

Zeitungsmeldung zum Kriegsausbruch am 1. September 1939.
MSM

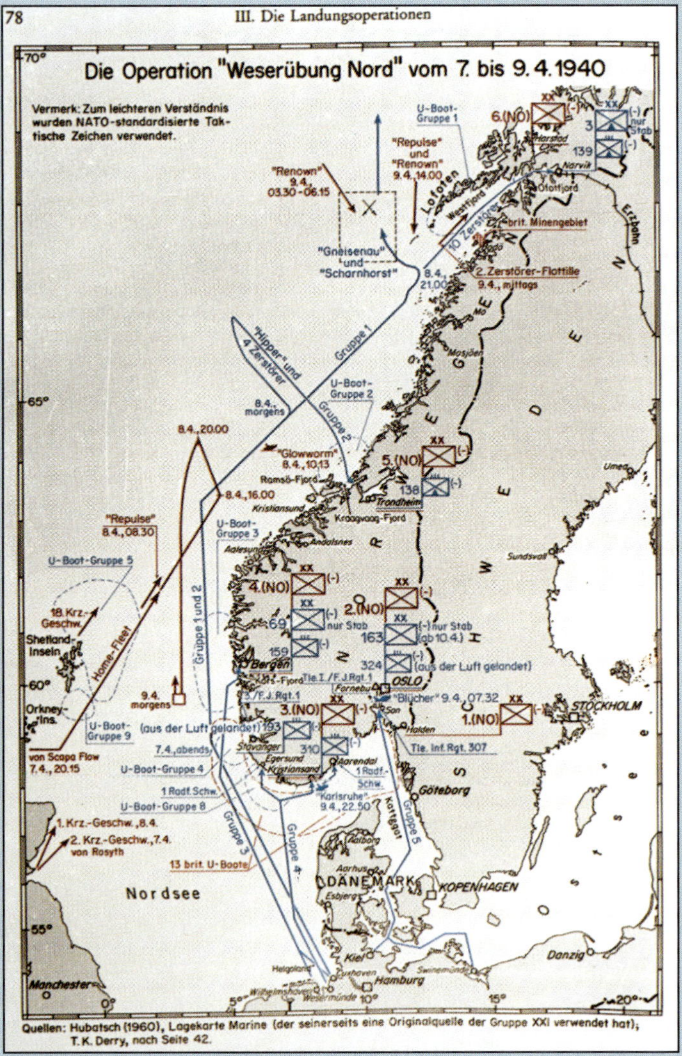

Operation »Weserübung« im April 1940.
Die Besetzung Dänemarks und Norwegens verbesserte die geostrategische Position der Kriegsmarine.
MGFA

Landungsfahrzeuge für die Operation »Seelöwe« – die geplante, aber nicht ausgeführte Landung in England.
BfZG

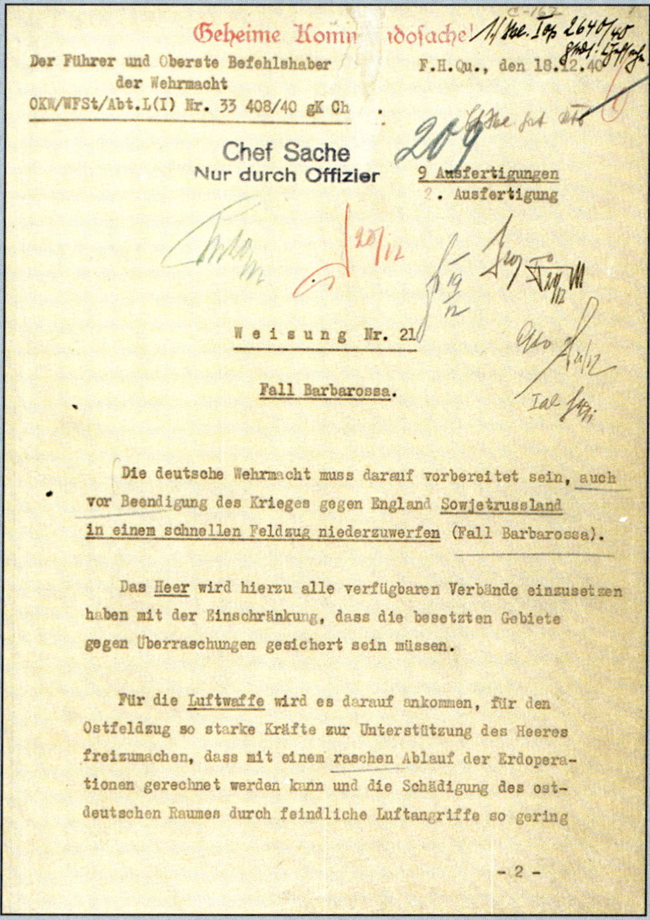

Geheime Kommandosache!

Der Führer und Oberste Befehlshaber der Wehrmacht
OKW/WFSt/Abt.L(I) Nr. 33 408/40 gK Ch

F.H.Qu., den 18.12.40

Chef Sache
Nur durch Offizier

9 Ausfertigungen
2. Ausfertigung

Weisung Nr. 21

Fall Barbarossa.

Die deutsche Wehrmacht muss darauf vorbereitet sein, auch vor Beendigung des Krieges gegen England Sowjetrussland in einem schnellen Feldzug niederzuwerfen (Fall Barbarossa).

Das Heer wird hierzu alle verfügbaren Verbände einzusetzen haben mit der Einschränkung, dass die besetzten Gebiete gegen Überraschungen gesichert sein müssen.

Für die Luftwaffe wird es darauf ankommen, für den Ostfeldzug so starke Kräfte zur Unterstützung des Heeres freizumachen, dass mit einem raschen Ablauf der Erdoperationen gerechnet werden kann und die Schädigung des ostdeutschen Raumes durch feindliche Luftangriffe so gering

- 2 -

Die Aufgabe der Kriegsmarine für den Angriff auf Rußland (»Barbarossa«) am 22. Juni 1941.
BA/MA

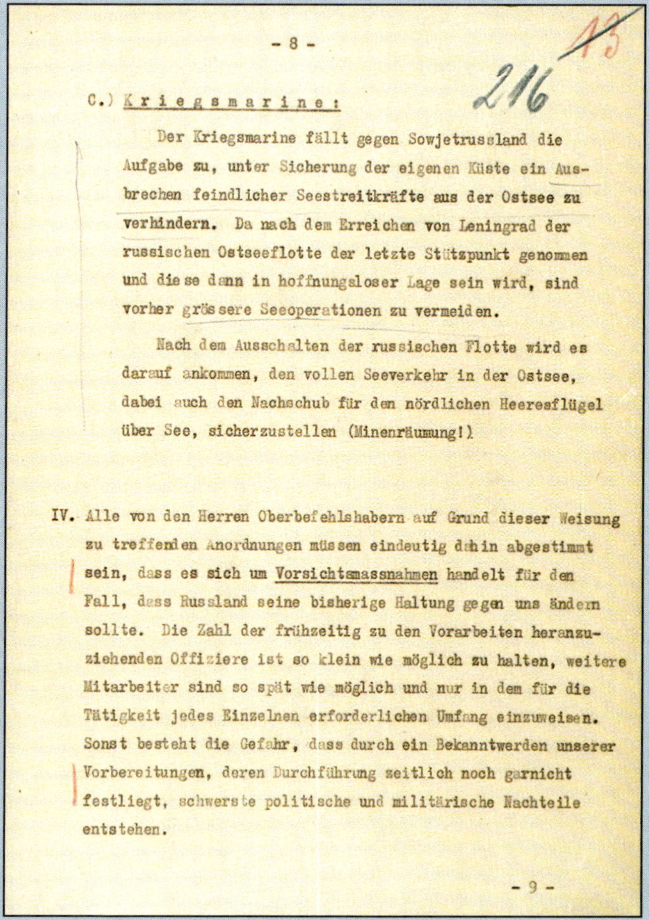

- 8 -

C.) Kriegsmarine:

Der Kriegsmarine fällt gegen Sowjetrussland die Aufgabe zu, unter Sicherung der eigenen Küste ein Ausbrechen feindlicher Seestreitkräfte aus der Ostsee zu verhindern. Da nach dem Erreichen von Leningrad der russischen Ostseeflotte der letzte Stützpunkt genommen und diese dann in hoffnungsloser Lage sein wird, sind vorher grössere Seeoperationen zu vermeiden.

Nach dem Ausschalten der russischen Flotte wird es darauf ankommen, den vollen Seeverkehr in der Ostsee, dabei auch den Nachschub für den nördlichen Heeresflügel über See, sicherzustellen (Minenräumung!).

IV. Alle von den Herren Oberbefehlshabern auf Grund dieser Weisung zu treffenden Anordnungen müssen eindeutig dahin abgestimmt sein, dass es sich um Vorsichtsmassnahmen handelt für den Fall, dass Russland seine bisherige Haltung gegen uns ändern sollte. Die Zahl der frühzeitig zu den Vorarbeiten heranzuziehenden Offiziere ist so klein wie möglich zu halten, weitere Mitarbeiter sind so spät wie möglich und nur in dem für die Tätigkeit jedes Einzelnen erforderlichen Umfang einzuweisen. Sonst besteht die Gefahr, dass durch ein Bekanntwerden unserer Vorbereitungen, deren Durchführung zeitlich noch garnicht festliegt, schwerste politische und militärische Nachteile entstehen.

- 9 -

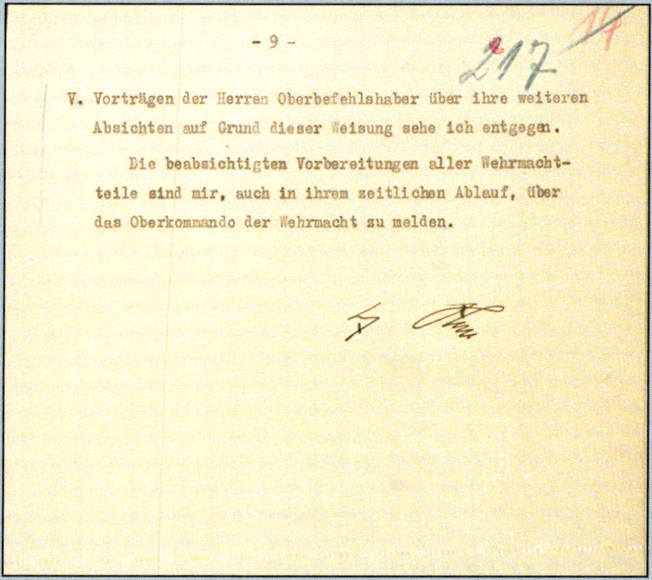

- 9 -

V. Vorträgen der Herren Oberbefehlshaber über ihre weiteren Absichten auf Grund dieser Weisung sehe ich entgegen.

Die beabsichtigten Vorbereitungen aller Wehrmachtteile sind mir, auch in ihrem zeitlichen Ablauf, über das Oberkommando der Wehrmacht zu melden.

Die Selbstversenkung des Panzerschiffes ADMIRAL GRAF SPEE *am 17. Dezember 1939 in der La Plata-Mündung.* MSM

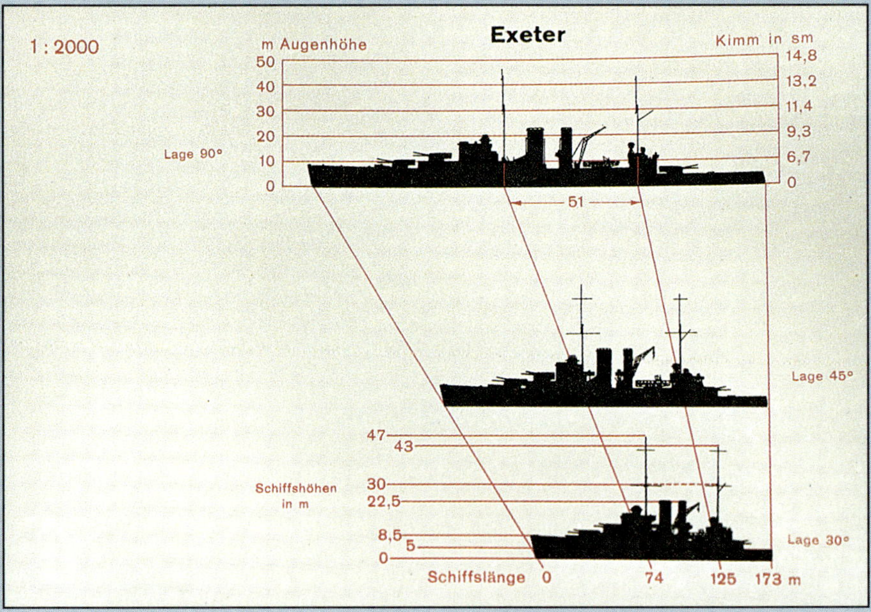

Schiffserkennung: Schattenriß des englischen Kreuzers EXETER. MSM

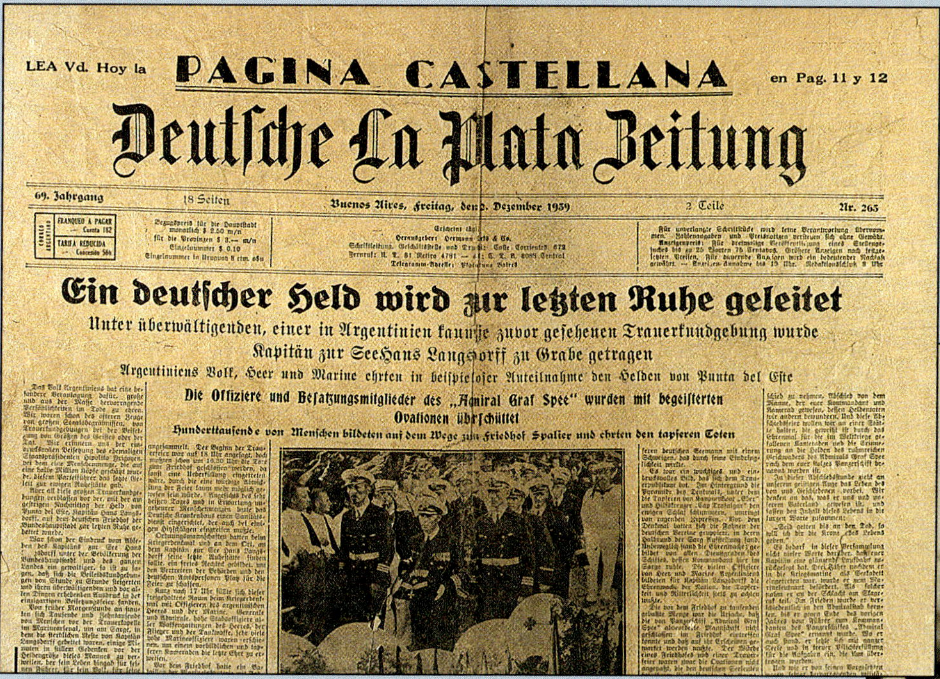

LEA Vd. Hoy la **PAGINA CASTELLANA** en Pag. 11 y 12

Deutsche La Plata Zeitung

69. Jahrgang | 18 Seiten | Buenos Aires, Freitag, den 22. Dezember 1939 | 2 Teile | Nr. 265

Ein deutscher Held wird zur letzten Ruhe geleitet

Unter überwältigenden, einer in Argentinien kaum je zuvor gesehenen Trauerkundgebung wurde Kapitän zur See Hans Langsdorff zu Grabe getragen

Argentiniens Volk, Heer und Marine ehrten in beispielloser Anteilnahme den Helden von Punta del Este

Die Offiziere und Besatzungsmitglieder des „Admiral Graf Spee" wurden mit begeisterten Ovationen überschüttet

Hunderttausende von Menschen bildeten auf dem Wege zum Friedhof Spalier und ehrten den tapferen Toten

Bericht über die Beerdigung des Kommandanten der ADMIRAL GRAF SPEE.
MSM

Kapitän zur See Hans Langsdorff (1894–1939), Kommandant des Panzerschiffes ADMIRAL GRAF SPEE
MSM

Plakat aus den fünfziger Jahren zum Film über das Gefecht zwischen ADMIRAL GRAF SPEE, AJAX, ACHILLES *und* EXETER *am 13. Dezember 1939.*
MOV

Befehl für den Einsatz des Schlachtschiffes BISMARCK und des Schweren Kreuzers PRINZ EUGEN im Handelskrieg im Atlantik im Mai 1941 (Operation »Rheinübung«).
BA/MA

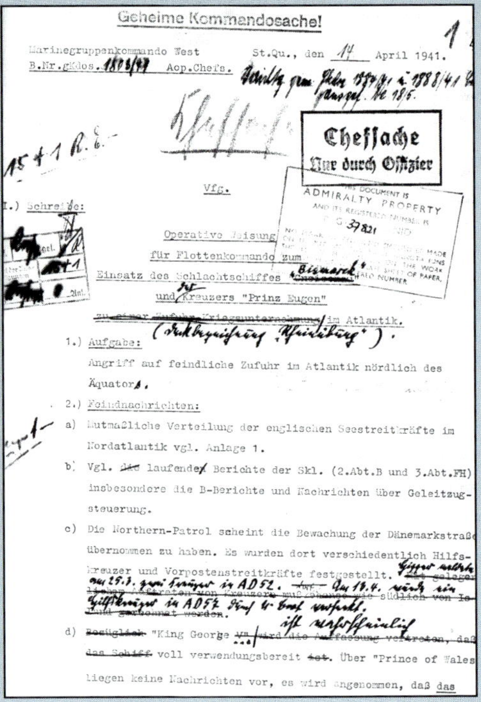
Geheime Kommandosache!

Marinegruppenkommando West — St.Qu., den 14 April 1941.
B.Nr.gKdos. 1808/41 Aop.Chefs.

Chefsache
Nur durch Offizier

ADMIRALTY PROPERTY

Vfg.

I.) Schreibe:

Operative Weisung
für Flottenkommando zum
Einsatz des Schlachtschiffes "Bismarck"
und des Kreuzers "Prinz Eugen"
~~zu einer Zufuhr-Kriegsunternehmung~~ im Atlantik.

1.) Aufgabe:
Angriff auf feindliche Zufuhr im Atlantik nördlich des Äquators.

2.) Feindnachrichten:
a) Mutmaßliche Verteilung der englischen Seestreitkräfte im Nordatlantik vgl. Anlage 1.
b) Vgl. ~~die~~ laufende Berichte der Skl. (2.Abt.B und 3.Abt.FH) insbesondere die B-Berichte und Nachrichten über Geleitzugsteuerung.
c) Die Northern-Patrol scheint die Bewachung der Dänemarkstraße übernommen zu haben. Es wurden dort verschiedentlich Hilfskreuzer und Vorpostenstreitkräfte festgestellt.
d) ~~Bezüglich~~ "King George ~~VII~~" ~~wird die Auffassung vertreten, daß das Schiff~~ voll verwendungsbereit ~~ist~~. Über "Prince of Wales" liegen keine Nachrichten vor, es wird angenommen, daß das

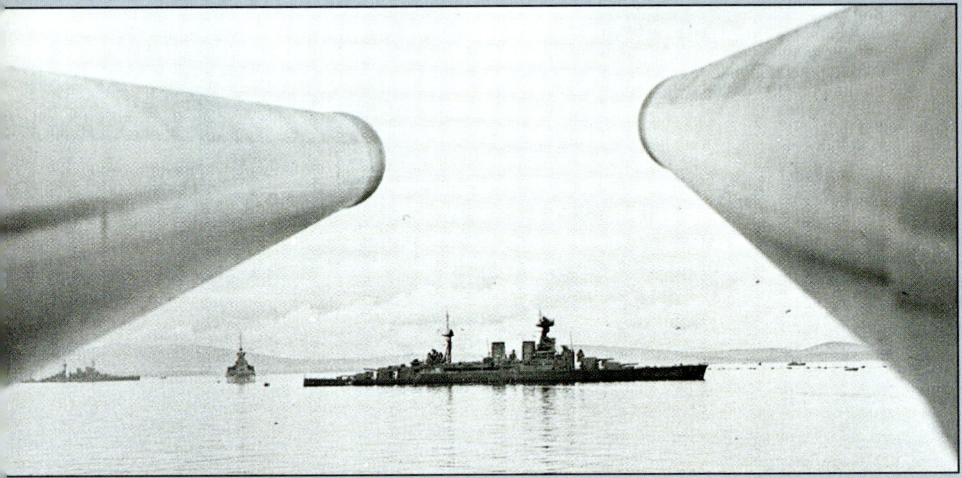

Der englische Schlachtkreuzer HOOD, gesunken am 24. Mai 1941 im Gefecht mit der BISMARCK in der Dänemark-Straße.
MSM

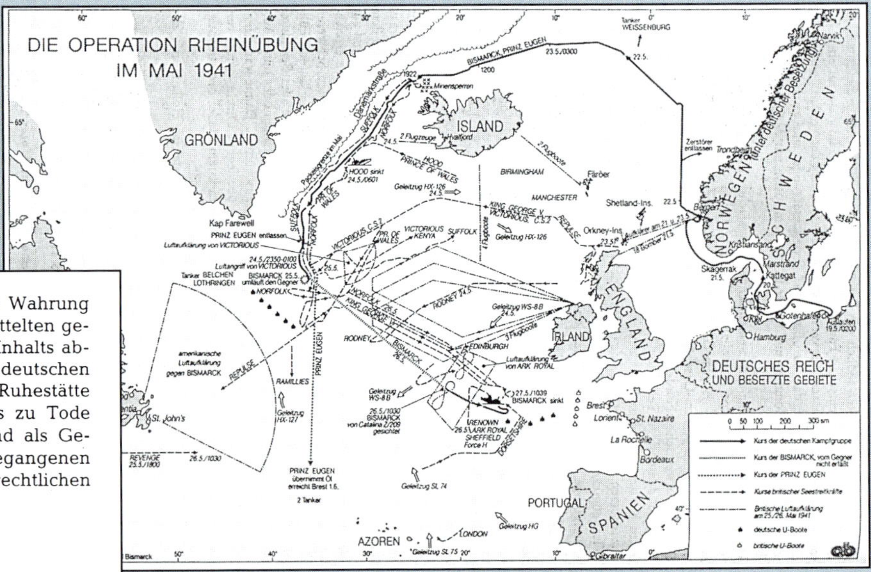

Gefechtsskizze zum Einsatz und Untergang der BISMARCK.
MGFA

2. Abgeordneter **Dr. Köhler (Wolfsburg)** (CDU/CSU)

Ist die Bundesregierung bereit, unter Wahrung der Geheimhaltung des unlängst ermittelten genauen Lageortes eine Erklärung des Inhalts abzugeben, daß sie das Wrack des deutschen Schlachtschiffes „Bismarck" als letzte Ruhestätte der bei dem Untergang des Schiffes zu Tode gekommenen Soldaten betrachtet und als Gedenkstätte für alle Opfer des vorausgegangenen Kampfes unter entsprechenden rechtlichen Schutz stellen will?

Antwort des Staatssekretärs Dr. Sudhoff vom 30. Juli 1989

Die Bundesrepublik Deutschland betrachtet sich als Eigentümer des ehemaligen reichseigenen Schlachtschiffes Bismarck. Tauchgänge in das Innere des Wracks sowie Bergungsversuche bedürfen der Zustimmung der Bundesregierung. Diese wird, wie in anderen Fällen gesunkener Schiffe aus den Weltkriegen, bei denen mit Toten im Wrack gerechnet werden muß, grundsätzlich nicht erteilt.

Die Bundesregierung fühlt sich den beim Untergang des Schiffes zu Tode gekommenen Seeleuten verpflichtet. Gemäß internationalen Gepflogenheiten sieht sie das Wrack der „Bismarck" als Seemannsgrab an, das entsprechend zu respektieren ist.

Erklärung der Untergangsstelle der BISMARCK zum Kriegsgrab.
Auswärtiges Amt

Mit dem Rückzug der schweren Einheiten aus Brest kam der deutsche Überwasser-Seekrieg im Atlantik zum Erliegen.
MGFA

Die 36 Überlebenden (oben rechts) des Schlachtkreuzers SCHARNHORST. Beim Untergang des Schiffes im Gefecht mit englischen Seestreitkräften am 26. Dezember 1943 im Nordmeer verloren mehr als 1.800 Mann ihr Leben. BfZG

Schlachtschiff TIRPITZ – bis zu seinem Untergang am 12. November 1944 in Tromsö das letzte deutsche Großkampfschiff außerhalb der Ostsee.
MSM

Der deutsche Hilfskreuzer KORMORAN versenkt am 19. November 1941 vor der Westküste Australiens den australischen Kreuzer SYDNEY. Das Schiff wurde anschließend wegen eigener Beschädigungen aufgegeben. MSM

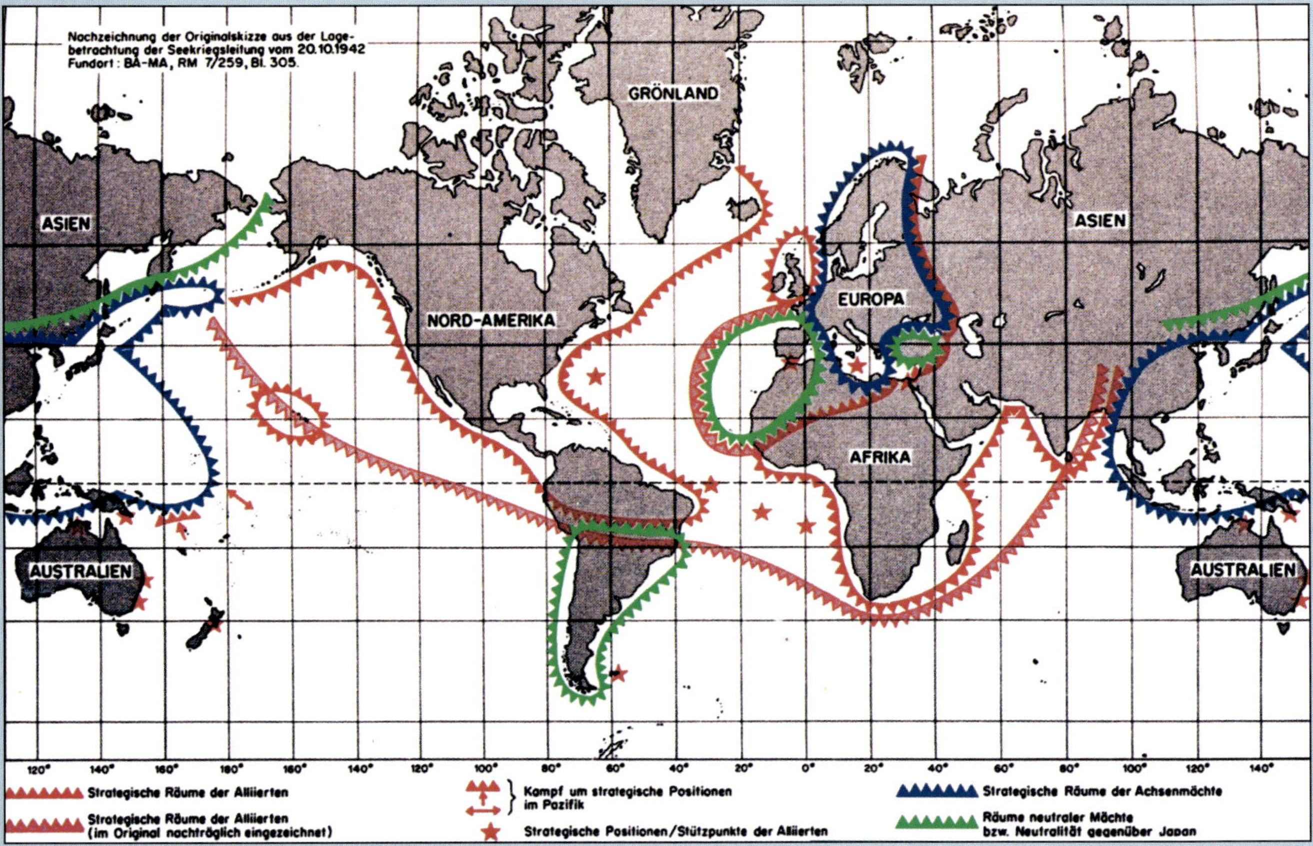

Die global-strategische Lage der Achsenmächte im Oktober 1942.
MGFA

Der Einsatz von Minen beeinflußte in erheblichem Maße die Seekriegführung.
MSM

Der Einsatz der Seeflieger erfolgte
unter der Führung der deutschen Luftwaffe.
MSM

Schnellboote – bei hohen Verlusten nach den Ubooten das erfolgreichste Seekriegsmittel der Kriegsmarine im Handelskrieg.
MSM

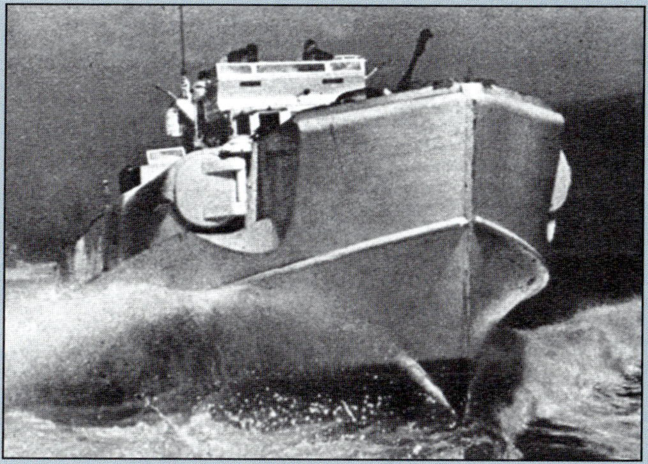

Krankentransport auf das Lazarettschiff GRAZ.
MOV

Am 14. Oktober 1939 versenkte »U 47« unter Kapitänleutnant Prien (1908–1941) unbemerkt in der Bucht von Scapa Flow das englische Schlachtschiff ROYAL OAK. In Erinnerung an das Jahr 1919 hatte dies auf beiden Seiten große moralische Wirkung.
Der Stern [fünfziger Jahre]

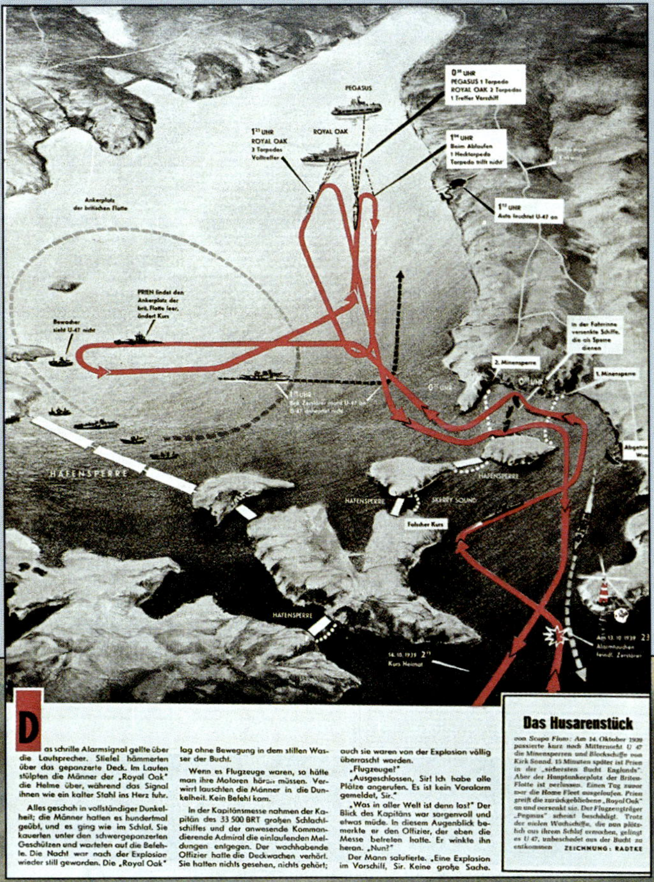

Das schrille Alarmsignal gellte über die Lautsprecher. Stiefel hämmerten über das gepanzerte Deck. Im Laufen stülpten die Männer der „Royal Oak" die Helme über, während das Signal ihnen wie ein kalter Stahl ins Herz fuhr.

Alles geschah in vollständiger Dunkelheit; die Männer hatten es hundertmal geübt, und es ging wie im Schlaf. Sie kauerten unter den schwergepanzerten Geschützen und warteten auf die Befehle. Die Nacht war nach der Explosion wieder still geworden. Die „Royal Oak" lag ohne Bewegung in dem stillen Wasser der Bucht.

Wenn es Flugzeuge waren, so hätte man ihre Motoren hören müssen. Verwirrt lauschten die Männer in die Dunkelheit. Kein Befehl kam.

In der Kapitänsmesse nahmen der Kapitän des 33 500 BRT großen Schlachtschiffes und der anwesende Kommandierende Admiral die einlaufenden Meldungen entgegen. Der wachhabende Offizier hatte die Deckwachen verhört. Sie hatten nichts gesehen, nichts gehört; auch sie waren von der Explosion völlig überrascht worden.

„Flugzeuge?"

„Ausgeschlossen, Sir! Ich habe alle Plätze angerufen. Es ist kein Voralarm gemeldet, Sir."

„Was in aller Welt ist denn los?" Der Blick des Kapitäns war sorgenvoll und etwas müde. In diesem Augenblick bemerkte er den Offizier, der eben die Messe betreten hatte. Er winkte ihn heran. „Nun?"

Der Mann salutierte. „Eine Explosion im Vorschiff, Sir. Keine große Sache.

Das Husarenstück

von Scapa Flow: Am 14. Oktober 1939 passierte kurz nach Mitternacht U 47 die Minensperren und Blockschiffe von Kirk Sound. 15 Minuten später ist Prien in der „sichersten Bucht Englands". Aber der Hauptankerplatz der Briten-Flotte ist verlassen. Einen Tag zuvor war die Home Fleet ausgelaufen. Prien greift die zurückgebliebene „Royal Oak" an und versenkt sie. Der Flugzeugträger „Pegasus" scheint beschädigt. Trotz der vielen Wachschiffe, die nun plötzlich aus ihrem Schlaf erwachen, gelingt es U 47, unbeschadet aus der Bucht zu entkommen. ZEICHNUNG: RADTKE

Uboot der Klasse VII C im Atlantik.
Kriegsmalerei von Siegfried Duppler

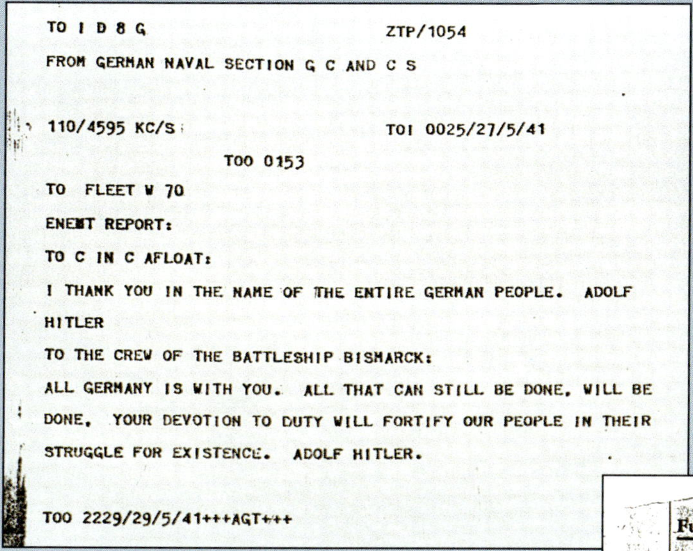

TO I D 8 G ZTP/1054

FROM GERMAN NAVAL SECTION G C AND C S

110/4595 KC/S TOI 0025/27/5/41

TOO 0153

TO FLEET W 70

ENEMT REPORT:

TO C IN C AFLOAT:

I THANK YOU IN THE NAME OF THE ENTIRE GERMAN PEOPLE. ADOLF HITLER

TO THE CREW OF THE BATTLESHIP BISMARCK:

ALL GERMANY IS WITH YOU. ALL THAT CAN STILL BE DONE, WILL BE DONE. YOUR DEVOTION TO DUTY WILL FORTIFY OUR PEOPLE IN THEIR STRUGGLE FOR EXISTENCE. ADOLF HITLER.

TOO 2229/29/5/41+++AGT+++

Das deutsche Schlüsselgerät »Enigma« (oben rechts).
Marinefernmeldeschule

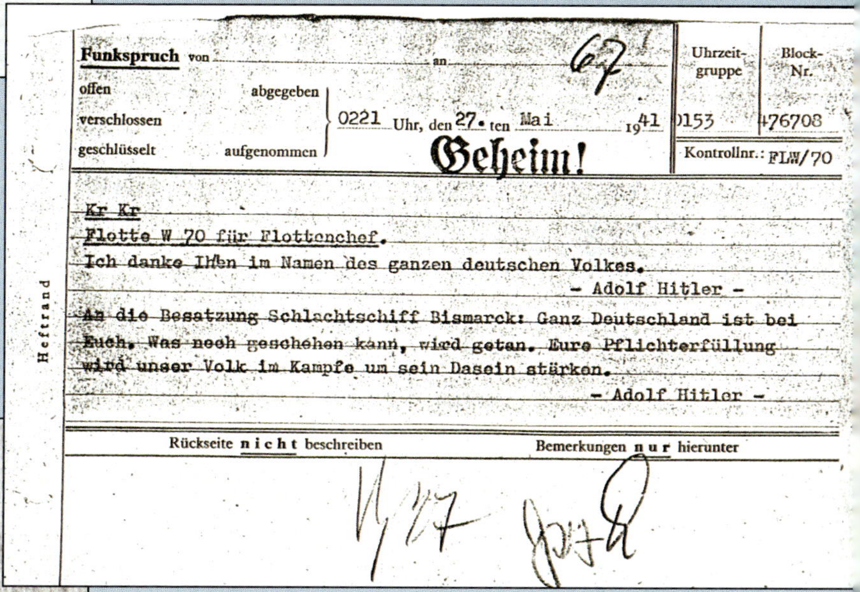

Funkspruch von ... an ... 67

offen / verschlossen / geschlüsselt — abgegeben / aufgenommen: 0221 Uhr, den 27. ten Mai 1941

Uhrzeitgruppe: 0153 — Block-Nr.: 476708 — Kontrollnr.: FLW/70

Geheim!

Heftrand

Kr Kr

Flotte W 70 für Flottenchef.

Ich danke Ihnen im Namen des ganzen deutschen Volkes.

– Adolf Hitler –

An die Besatzung Schlachtschiff Bismarck: Ganz Deutschland ist bei Euch. Was noch geschehen kann, wird getan. Eure Pflichterfüllung wird unser Volk im Kampfe um sein Dasein stärken.

– Adolf Hitler –

Rückseite nicht beschreiben — Bemerkungen nur hierunter

Erfolgreiche Dechiffrierung deutscher Funksprüche durch die englische Funkaufklärung (»Ultra«) am Beispiel der BISMARCK. Das unbemerkte Einbrechen in den deutschen Funkschlüssel hatte entscheidende Auswirkungen auf den Verlauf des Ubootkrieges bis hin zu seinem Abbruch im Mai 1943.
Peter Tamm

Enge an Bord eines Ubootes
MSM

Torpedotreffer auf einem im Konvoi fahrenden Transportschiff.
BfZG

Sinkendes Transport-Schiff.
BfZG

Treffer durch Wasserbomben auf einem deutschen Uboot.
MSM

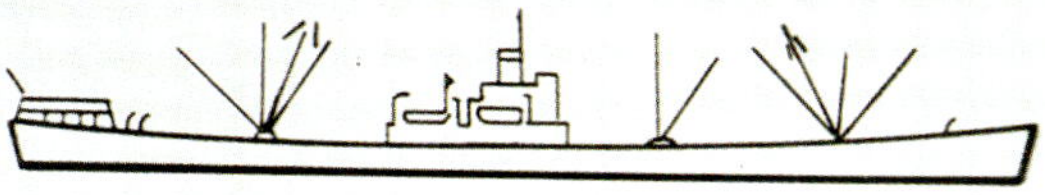

US-Frachter Typ EC-2 „Liberty" 1942-1945
7176 BRT, 10807 t dw, 2500 PS, 11 Kn.
(Tragfähigkeit = 720 Güterwagen a 15t)
Konnte transportieren:
~ 14 000t Getreide, Kaffee oder Zucker
oder ~ 10 000t Fett
oder ~ 7000t Fleisch
oder an Kriegsmaterial : 20 Bomber + 150 L. Panzer
+ 60 schw. Panzer
oder ~ 10 000t Rohoel, d.h.:
2 sechsstündige Flüge von 500 Bombern
oder 400 Einsätze von Jagdflugzeugen
oder 60 300-Km-Fahrten von 250 Panzern
oder 10 1000-sm-Fahrten von 5 Zerstörern

Die innerhalb einer Woche gebauten einheitlichen LIBERTY-Schiffe: Hoher Anteil an der Versorgung der alliierten Streitkräfte in Europa.
MSM

Seemannsbegräbnis für einen deutschen Ubootfahrer auf einem amerikanischen Zerstörer.
MSM

Kriegspropaganda im August 1943.
MSM

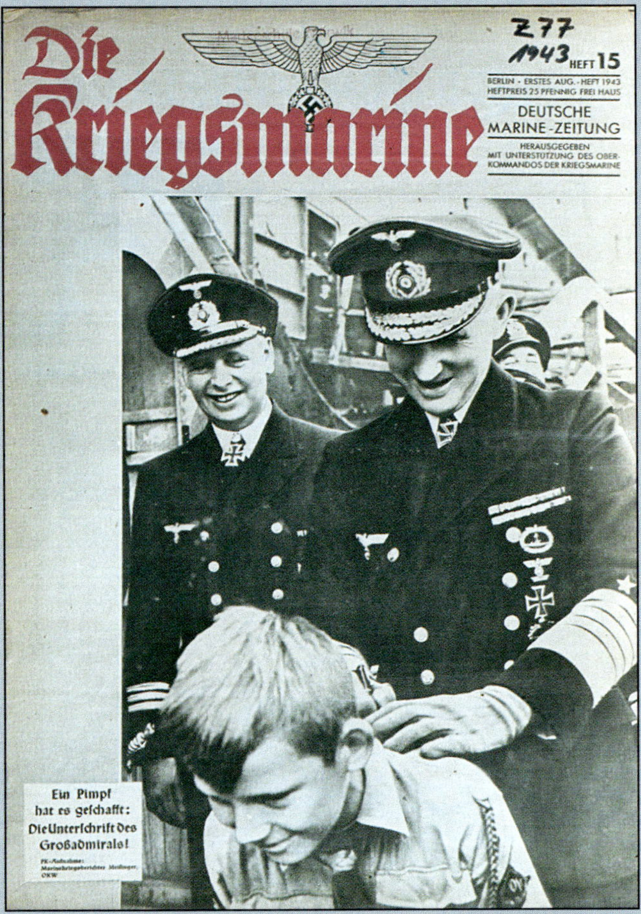

Der »Führer« auf dem Leichten Kreuzer KÖLN (1934).
MSM

Die Einbindung der Marine in das NS-System: Marineabteilung auf einem Nürnberger Reichsparteitag.
MSM

Korvettenkapitän Alfred Kranzfelder

geb. 10.2.1908 gest. 10.8.1944

Crew 27

Korvettenkapitän Alfred Kranzfelder (1908) – einer der wenigen Marineoffiziere, die aktiv am Widerstand gegen Hitler und das NS-System beteiligt waren. Er wurde am 10. August 1944 hingerichtet. Der Marine-Hafen von Eckernförde trägt heute seinen Namen.*

MSM

Ostseetagesbefehl

(O. T. B.)

Marineoberkommando Ostsee

1944	**Kiel,** Sonnabend, den 29. Juli 1944	Nr. 98

I. Tagesbefehl des Führers.

Soldaten des Heeres!

Ein kleiner Kreis gewissenloser Offiziere hat auf mich und den Stab der Wehrmachtführung einen Mordanschlag verübt, um die Staatsgewalt an sich reißen zu können. Die Vorsehung hat das Verbrechen mißglücken lassen. Durch das sofortige tatkräftige Eingreifen treuer Offiziere und Soldaten des Heeres in der Heimat wurde die Verräterclique in wenigen Stunden ausgelöscht oder festgenommen. Ich habe das nicht anders erwartet. Ich weiß, daß ihr wie bisher in vorbildlichem Gehorsam und treuer Pflichterfüllung tapfer kämpft, bis am Ende der Sieg trotz allem unser sein wird.

Der Führer
Adolf Hitler.

Führerhauptquartier, 21. Juli 1944.

(O.K.M. 1/Skl. Icd 27806 (Koralle) vom 23. 7. 44.)

— 12002 PIII —

Tagesbefehl von Großadmiral Dönitz zum Attentat auf Hitler am 20. Juli 1944.

Gedenkstätte Deutscher Widerstand

*Untergang des Minenschiffes »26«
am 27. Oktober 1944 nach einem Flugzeugangriff.*
MSM

*Rettung Schiffsbrüchiger
im Ubootkrieg.*
BfZG

Mißbrauch des schwerverwundeten Steuermannsmaaten Fischer für Propagandazwecke.
MSM

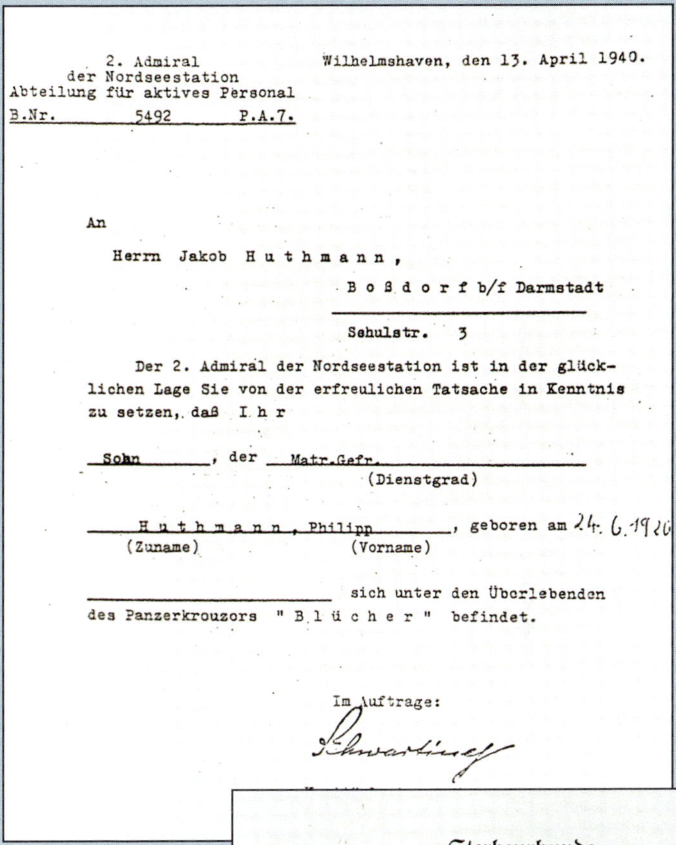

2. Admiral
der Nordseestation
Abteilung für aktives Personal
B.Nr. 5492 P.A.7.

Wilhelmshaven, den 13. April 1940.

An

Herrn Jakob H u t h m a n n ,

B o ß d o r f b/f Darmstadt

Schulstr. 3

Der 2. Admiral der Nordseestation ist in der glücklichen Lage Sie von der erfreulichen Tatsache in Kenntnis zu setzen, daß I h r

Sohn, der Matr.Gefr.
(Dienstgrad)

H u t h m a n n , Philipp, geboren am 24. 6. 1920
(Zuname) (Vorname)

sich unter den Überlebenden des Panzerkreuzers " B l ü c h e r " befindet.

Im Auftrage:
Schwartinck

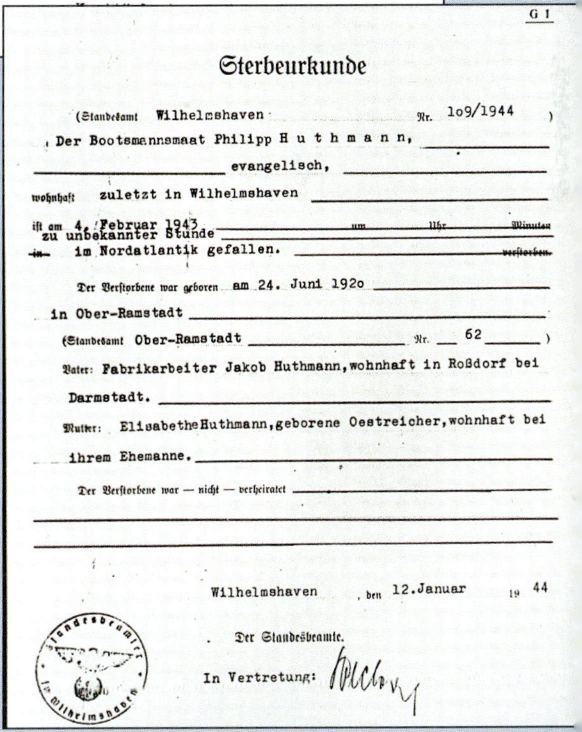

G 1

Sterbeurkunde

(Standesamt Wilhelmshaven Nr. 109/1944)

Der Bootsmannsmaat Philipp H u t h m a n n,
evangelisch,
wohnhaft zuletzt in Wilhelmshaven
ist am 4. Februar 1943 ~~um Uhr Minuten~~
zu unbekannter Stunde
~~in~~ im Nordatlantik gefallen. ~~verstorben.~~

Der Verstorbene war geboren am 24. Juni 1920
in Ober-Ramstadt
(Standesamt Ober-Ramstadt Nr. 62)

Vater: Fabrikarbeiter Jakob Huthmann, wohnhaft in Roßdorf bei Darmstadt.

Mutter: Elisabethe Huthmann, geborene Oestreicher, wohnhaft bei ihrem Ehemanne.

Der Verstorbene war — nicht — verheiratet

Wilhelmshaven, den 12. Januar 1944

Der Standesbeamte.
In Vertretung: [signature]

Ein Lebenszeichen: Mitteilung an die Eltern über die Rettung ihres Sohnes, des Matrosengefreiten Philip Huthmann (1920–1943) und Sterbeurkunde über dessen Tod.
MSM

Das britische Schlachtschiff BARHAM explodiert am 25. November 1941 im Mittelmeer nach Torpedotreffer durch »U 331«.
BfZG

Schreiben des Chefs der 4. Zerstörerflottille, Kapitän zur See Johannesson, an den Chef des Marinepersonalamtes, Vizeadmiral Baltzer, vom 11.8.1944:

" Lieber Baltzer!

Haben Sie herzlichen Dank für Ihre Glückwünsche zu meinem Geburtstage. Erhalte ich von Ihnen einen Gruß, so steht immer unsere schöne W.O. Zeit auf der 2. Torp.Halbflottille mir vor Augen.
In diesen Tagen sprechen die Kanonen das letzte Wort darüber, ob wir damals mit Recht an die Auferstehung Deutschlands geglaubt haben und unser Leben und unsere Arbeit richtig eingeschätzt haben. Dies wird zugleich entschieden werden mit der Frage, ob Adolf Hitler ein Segen für Deutschland und ein Unheil für die Engländer, Amerikaner und Russen ist oder ob er ein Fluch für Deutschland und ein Heil für Engländer, Amerikaner und Russen wird.

Gott schütze unser Vaterland!
Ihr getreuer Rolf Johannesson"

(Zitiert nach Rolf Johannesson, Offizier in kritischer Zeit, Herford und Bonn 1989, S. 105-107.)

Nachdenkliche Worte: Brief von Kapitän zur See Rolf Johannesson, später erster Flottenchef der neuen deutschen Marine, aus dem Jahre 1944.
MSM

Zerstörer GEORG THIELE – Kriegswrack vor Narvik.
MSM

Flensburger Nachrichten-Blatt

DER MILITÄRREGIERUNG

UNENTGELTLICH — FREITAG, DEN 25. MAI 1945 — Nr. 11

„Schluß mit einem gefährlichen Ränkespiel"

Wie Dönitz verhaftet wurde

Bei den alliierten Generalen auf der „Patria" / Unter den Verhafteten 420 hohe Offiziere und Staatsbeamte

Die Verhaftung

OKW nun endgültig aufgelöst

ENGLANDS AUFGABE IN DEUTSCHLAND

Selbstmord Himmlers

Bombenhagel auf Tokio

Nach London und Moskau

Kurs, aber wichtig

Militärregierung eingesetzt

Das Lager der vier Millionen Ermordeten

Frankreich ehrt Montgomery

Eisenhower Ehrenbürger Londons

Vor Reformen in Frankreich

Amtliche Bekanntmachungen

Von 22.15 bis 6.00 Uhr

Das endgültige Ende des »Dritten Reiches« am 23. Mai 1945 durch die Verhaftung der Regierung Dönitz.
MSM

Geburtsort laut Geburtsurkunde vom 29. Januar 1945: 55° 9,1' Nord, 017° 32' Ost.
MSM

Das Exempel von Sonderburg

Rostocker Rolf Grümmert (69) erlebte am 5. Mai 1945 Exekution der 11 Matrosen von M 612

Von DIETER FLOHR

Ex-Kommandant: Hatte Befehl auszuführen

Der Fall des Minensuchbootes M612.

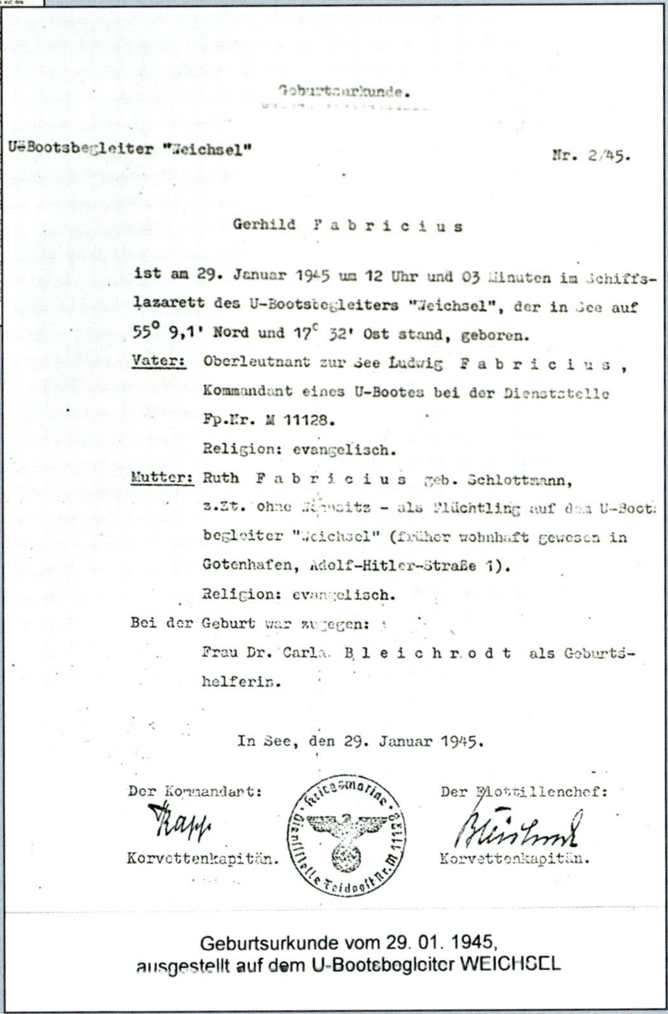

Geburtsurkunde.

U-Bootsbegleiter "Weichsel" Nr. 2/45.

Gerhild F a b r i c i u s

ist am 29. Januar 1945 um 12 Uhr und 03 Minuten im Schiffslazarett des U-Bootsbegleiters "Weichsel", der in See auf 55° 9,1' Nord und 17° 32' Ost stand, geboren.

Vater: Oberleutnant zur See Ludwig F a b r i c i u s ,
Kommandant eines U-Bootes bei der Dienststelle Fp.Nr. M 11128.
Religion: evangelisch.

Mutter: Ruth F a b r i c i u s geb. Schlottmann,
z.Zt. ohne Wohnsitz - als Flüchtling auf dem U-Bootbegleiter "Weichsel" (früher wohnhaft gewesen in Gotenhafen, Adolf-Hitler-Straße 1).
Religion: evangelisch.

Bei der Geburt war zugegen:
Frau Dr. Carla B l e i c h r o d t als Geburtshelferin.

In See, den 29. Januar 1945.

Der Kommandant: Der Flottillenchef:
Korvettenkapitän. Korvettenkapitän.

Geburtsurkunde vom 29. 01. 1945,
ausgestellt auf dem U-Bootsbegleiter WEICHSEL

Luftbild des zerstörten Kieler Hafens im April 1945.
(Unten das am 8. April 1945 nach Bombentreffern gekenterte
Panzerschiff ADMIRAL SCHEER.) Kieler Schiffahrtsmuseum

Der Neuaufbau der Marine nach 1945

Die Allianz der Siegermächte zerbrach nach 1945 sehr schnell. Europa wurde in zwei Lager gespalten, und der »Kalte Krieg« bestimmte die politischen und militärischen Verhältnisse vor allem in Mitteleuropa. Schon bald war klar, daß auch Deutschland, und zwar beide Teile, in die sicherheitspolitischen Überlegungen ihrer Schutzmächte einbezogen werden würde und einen entsprechenden militärischen Beitrag würde leisten müssen. Schon direkt nach Kriegsende wurden ehemalige Angehörige der Kriegsmarine mit ihren Fahrzeugen im Minenräumdienst in Nord- und Ostsee unter alliiertem Kommando eingesetzt. Nach Gründung der NATO im April 1949 folgten die ersten Überlegungen über die Aufstellung eines deutschen Marinekontingents, zunächst im Rahmen einer zu schaffenden europäischen Verteidigungsgemeinschaft, nach deren Scheitern innerhalb der NATO. Die Voraussetzungen für den Aufbau einer deutschen Marine waren zu diesem Zeitpunkt erheblich günstiger als 100 Jahre zuvor: Es gab genügend erfahrenes Personal, und vor allem die Angehörigen des für die Amerikaner arbeitenden Naval Historical Teams mit den späteren Bundesmarineadmiralen Ruge und Wagner hatten sich durch ihre Auswertung der Kriegstagebücher schon frühzeitig äußerst günstige Bedingungen für die Entwicklung einer Konzeption für die neue Marine geschaffen. Anfangs stand nur eine Küstenvorfeldmarine zur Diskussion. Ihre Aufgaben resultierten aus der 1950 für die geheime Tagung im Kloster Himmerod erstellten Analyse der seestrategischen Verhältnisse in der Ostsee. Aufgrund der Einschätzung, daß Schweden neutral sei und Dänemark nur über unzureichende Seekriegsmittel verfüge, sei *»eine wesentliche Vermehrung der leichten Seestreitkräfte in der Westlichen Ostsee erforderlich. Ein deutsches Kontingent erscheint in diesem Rahmen notwendig, denn es bringt genaue Ortskenntnis und eingehende Kenntnis des Gegners«*. Diese auf die Ostsee beschränkten Vorstellungen ziehen sich wie ein roter Faden durch die EVG-Verhandlungen in Paris Anfang der fünfziger Jahre. Der Auftrag für ein deutsches Marinekontingent sah demnach *»Küstenverteidigung in Schleswig-Holstein, Sicherung der Seewege, insbesondere Minenabwehr in der Deutschen Bucht, Sicherung der deutschen Nordseehäfen und Flußmündungen«* vor.

Musterung der deutschen Besatzung eines LSU-Bootes durch einen amerikanischen Admiral (um 1950). MSM

Das Kloster Himmerod in der Eifel – im Oktober 1950 geheimer Tagungsort für die Planung neuer deutscher Streitkräfte. Himmeroder Abtei

Nach dem Scheitern der EVG, über das die maritimen Vordenker aufgrund ihrer Präferenz für eine atlantische Lösung »nicht gerade unglücklich« waren, folgte zügig der Aufbau westdeutscher Seestreitkräfte im Rahmen der NATO. Aus der Erfahrung zweier verlorener Kriege konnte hiernach das Konzept nur ein Konzept der strategischen Defensive sein. Außerdem erforderte die geographische Lage der Bundesrepublik Deutschland zwingend, daß das Heer größte Teilstreitkraft sein würde. Eine deutsche Marine konnte deshalb innerhalb eines Bündnisses mit den Seemächten nur begrenzte Aufgaben erfüllen.

Aus diesen begrenzten Aufgaben entwickelte sich 1955 in Abstimmung mit dem NATO-Hauptquartier und im Rahmen der Strategie der »Massiven Vergeltung« folgender Auftrag für die neue deutsche Marine: Sicherung der Ostseezugänge; Bekämpfung feindlichen Schiffsverkehrs in der Ostsee; Unterstützung des Heeres durch amphibische Operationen sowie Sicherung der Seeverbindungen in den heimischen Gewässern in Zusammenarbeit vor allem mit dänischen und norwegischen Seestreitkräften.
Parallel zum Eintritt der Bundesrepublik in das westliche Bündnis vollzog sich auch die Einbindung der

Gewehrexerzieren von Matrosen der Volkspolizei/See um 1953. MGFA

DDR in den Warschauer Pakt. Die ostdeutsche Marine, die spätere Volksmarine, entwickelte sich allerdings aus der bereits 1946 aufgestellten Volkspolizei See, so daß die DDR 1956 am Vorabend der Schaffung der Nationalen Volksarmee bereits über Seestreitkräfte, die den Charakter leichter Sicherungskräfte trugen, verfügte. Die Entwicklung zur offensiven Randmeermarine vollzog sich in den sechziger und siebziger Jahren, der Auftrag blieb im Verbund mit den Vereinten Ostseeflotten bis in die achtziger Jahre fast unverändert: Erringung der Seeherrschaft in der Ostsee sowie Durchbruch in die Nordsee, wobei zur operativen Unterstützung die Durchführung einer Luft-See-Landeoperation zur Einnahme der Inseln im Sund und in den Belten so früh wie möglich erfolgen sollte. Durch die friedliche Herstellung der Einheit Deutschlands im Jahre 1990 brauchten diese beiden antagonistischen deutschen Marinen allerdings nie ihre Kampfkraft gegeneinander unter Beweis zu stellen.

Kräftevergleich Ost/West von 1950. MGFA

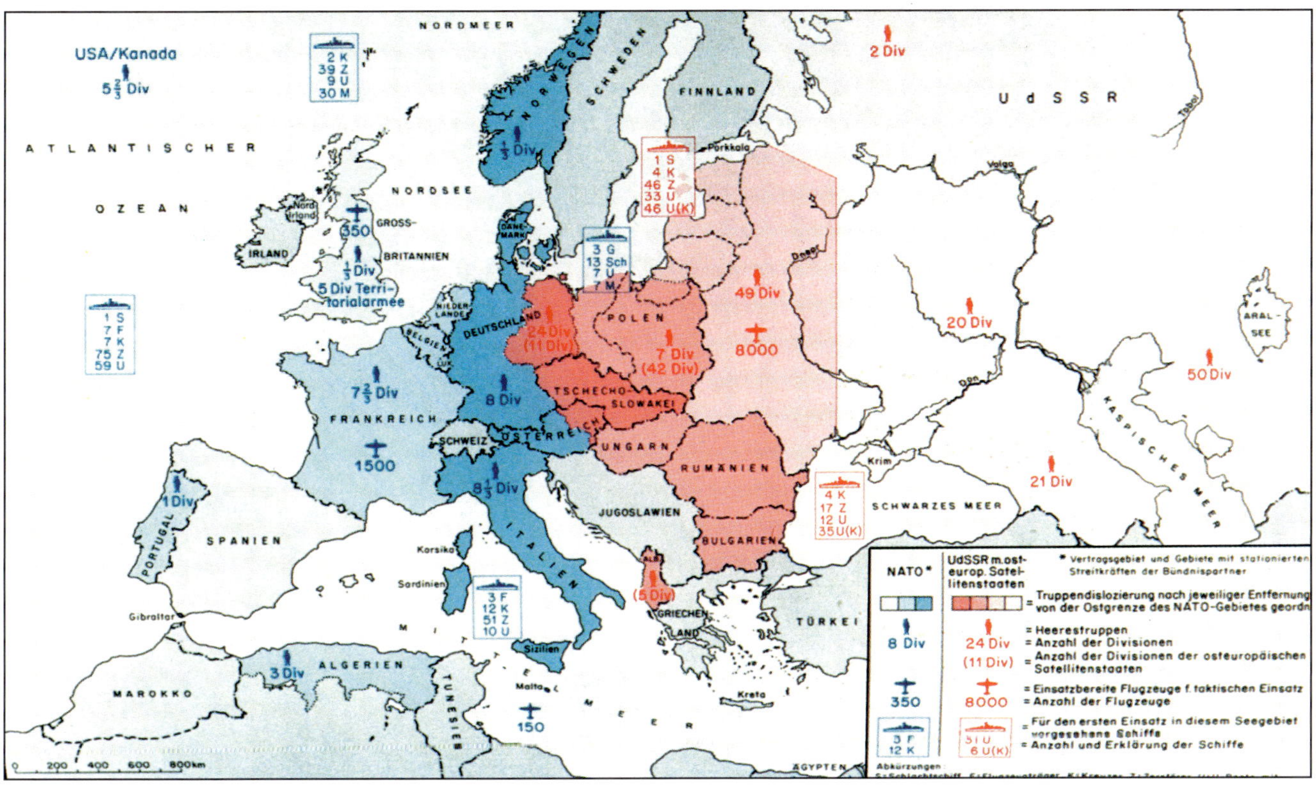

Kopenhagen (Freihafen). Schulboot und KfKs der 38. MSFltl. beim Ablegen zur Fahrt nach Swinemünde zwecks Übergabe an die UDSSR.

Großer VES-Sperrbrecher beim Räumen im Kattegat.

Die Flagge »C« des internationalen Signalbuches als Doppelstander Flagge der GMSA.

alle MSM

Drei große VES-Sperrbrecher vor Anker. Klar für die nächste Räumaufgabe im Kattegat.

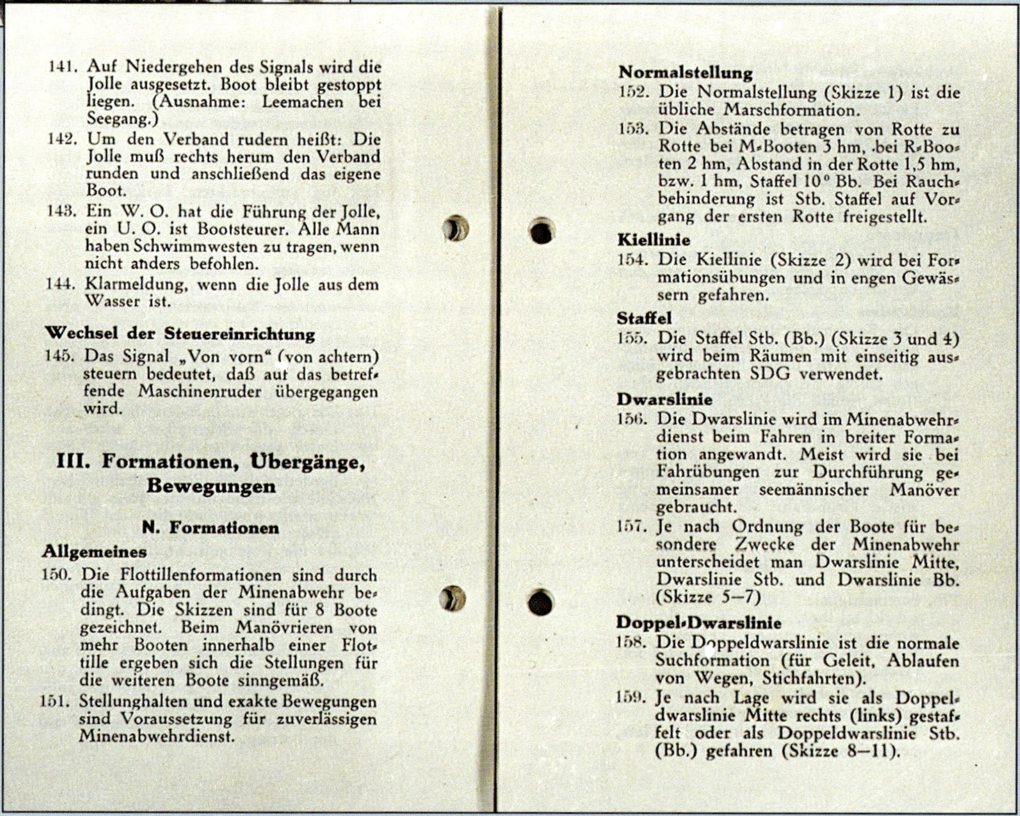

141. Auf Niedergehen des Signals wird die Jolle ausgesetzt. Boot bleibt gestoppt liegen. (Ausnahme: Leemachen bei Seegang.)
142. Um den Verband rudern heißt: Die Jolle muß rechts herum den Verband runden und anschließend das eigene Boot.
143. Ein W. O. hat die Führung der Jolle, ein U. O. ist Bootsteurer. Alle Mann haben Schwimmwesten zu tragen, wenn nicht anders befohlen.
144. Klarmeldung, wenn die Jolle aus dem Wasser ist.

Wechsel der Steuereinrichtung

145. Das Signal „Von vorn“ (von achtern) steuern bedeutet, daß auf das betreffende Maschinenruder übergegangen wird.

III. Formationen, Übergänge, Bewegungen

N. Formationen

Allgemeines

150. Die Flottillenformationen sind durch die Aufgaben der Minenabwehr bedingt. Die Skizzen sind für 8 Boote gezeichnet. Beim Manövrieren von mehr Booten innerhalb einer Flottille ergeben sich die Stellungen für die weiteren Boote sinngemäß.
151. Stellunghalten und exakte Bewegungen sind Voraussetzung für zuverlässigen Minenabwehrdienst.

Normalstellung

152. Die Normalstellung (Skizze 1) ist die übliche Marschformation.
153. Die Abstände betragen von Rotte zu Rotte bei M-Booten 3 hm, bei R-Booten 2 hm, Abstand in der Rotte 1,5 hm, bzw. 1 hm, Staffel 10° Bb. Bei Rauchbehinderung ist Stb. Staffel auf Vorgang der ersten Rotte freigestellt.

Kiellinie

154. Die Kiellinie (Skizze 2) wird bei Formationsübungen und in engen Gewässern gefahren.

Staffel

155. Die Staffel Stb. (Bb.) (Skizze 3 und 4) wird beim Räumen mit einseitig ausgebrachten SDG verwendet.

Dwarslinie

156. Die Dwarslinie wird im Minenabwehrdienst beim Fahren in breiter Formation angewandt. Meist wird sie bei Fahrübungen zur Durchführung gemeinsamer seemännischer Manöver gebraucht.
157. Je nach Ordnung der Boote für besondere Zwecke der Minenabwehr unterscheidet man Dwarslinie Mitte, Dwarslinie Stb. und Dwarslinie Bb. (Skizze 5–7)

Doppel-Dwarslinie

158. Die Doppeldwarslinie ist die normale Suchformation (für Geleit, Ablaufen von Wegen, Stichfahrten).
159. Je nach Lage wird sie als Doppeldwarslinie Mitte rechts (links) gestaffelt oder als Doppeldwarslinie Stb. (Bb.) gefahren (Skizze 8–11).

Seefahrt nach neuer »Fahrvorschrift«.

MSM

Ehemalige Boote der Kriegsmarine im Räumdienst.
MSM

Die deutsche Besatzung eines GMSA-Räumbootes.
MSM

Die aus der Haft in Spandau entlassenen Großadmirale Raeder und Dönitz 1957 in Wilhelmshaven. MOV

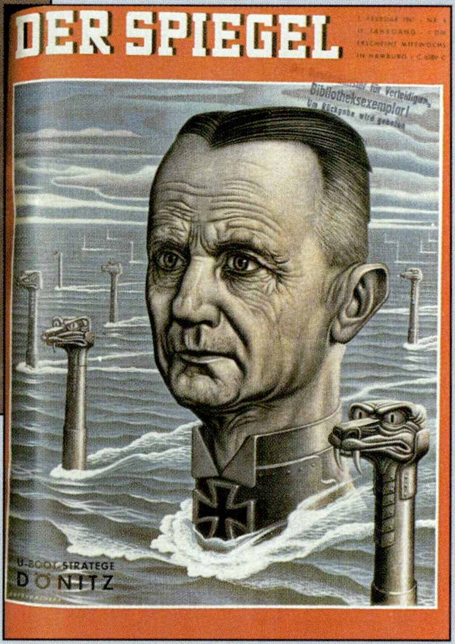

Großadmiral a. D. Dönitz auf dem Titelblatt des »Spiegel«.
Der Spiegel

Trauerfeier

für Herrn Großadmiral

Dr. h.c. ERICH RAEDER

in der Petrus-Kirche, Kiel-Wik,
am Freitag, dem 11. November 1960, um 13.30 Uhr
Beisetzung auf dem Nordfriedhof um 15.30 Uhr

»Vater unser im Himmelreich« von Johann Sebastian Bach (Orgel)

Es spricht: Pastor Hagge

»Air« von Johann Sebastian Bach (Streichquartett)

Es spricht: Marinedekan Ronneberger

»Harre meine Seele« (Orgel)

Es spricht: Vize-Admiral Ruge

»Vor Deinen Thron trete ich hiermit« (Streichquartett)

Es spricht: Großadmiral Dönitz

Aussegnung: Pastor Hagge

»Ich hatt' einen Kameraden« (Streichquartett)

Kränze und Blumenspenden werden geschlossen zum Nordfriedhof befördert.

Omnibusse zur Fahrt zum Nordfriedhof für ältere
und gehbehinderte Teilnehmer stehen am Eingang der Kasernenanlagen bereit.

Einladungskarte zur Trauerfeier für Großadmiral a.D. Raeder am 11. November 1960 in Kiel.
MSM

Berichterstattung über die Gründung der neuen deutschen Marine.
Wilhelmshavener Zeitung

Wilhelmshavener Zeitung

und „Wilhelmshavener Tageblatt", Tageszeitung für alle Bevölkerungskreise in Wilhelmshaven und Umgebung

Die Wilhelmshavener Zeitung erscheint täglich, mit Ausnahme der Sonn- u. Feiertage. Bezugspreis monatlich 3,80 DM einschl. 50 Pf Trägerlohn. Der Bezugspreis ist im voraus zahlbar. Verlag: Brune Verlagsges. m. b. H., Wilhelmshaven, Verlagshaus Brune, Parkstr. 8 – Telefon-Sammel-Nr. 3105 – Fernschreib-Nr. 024 364 (bruneverlagwhvn)

Anzeigenannahme in der Geschäftsstelle Verlagshaus Brune, Parkstr. 8, und in den Annahmestellen. Anzeigenpreis für die 46 mm breite mm-Zeile oder deren Raum 45 Pf. Wortanzeigen (priv. lokale) je Wort 15 Pf, fett 30 Pf, Familienanzeigen 20 Pf, im Textteil die 67 mm breite mm-Zeile 120 Pf. Preisl. Nr. 4 gültig. Gerichtsstand W'haven.

Gegründet 1874 | Wilhelmshaven, Dienstag, den 17. Januar 1956 | Nummer 14

Kommando der Seestreitkräfte wird Sitz in Wilhelmshaven haben

Vizeadmiral a. D. Ruge wird als Inspekteur genannt — im Mai sollen die ersten Fahrzeuge eintreffen — Zerstörer bilden den Kern der künftigen bundesdeutschen Marine — das sind einige der wichtigsten Stichworte um den Aufbau der künftigen Marine. Die Wilhelmshavener Zeitung veröffentlicht darüber auf Seite 2 einen ausführlichen Bericht mit vielen interessanten Einzelheiten. Im Lokalteil finden die WZ-Leser außerdem einen großen Bild- und Textbericht über den gestrigen Besuch von Verteidigungsminister Theodor Blank bei der Marine-Lehrkompanie.

•

Das nebenstehende WZ-Foto zeigt auf Wilhelmshavens KW-Brücke (v. links): Minister Blank, Oberbaurat Schwichow, Kapitän zur See Zenker und General Heusinger. Minister Blank ließ sich eingehend über Lage und Bedingungen des Hafens unterrichten. Oberbaurat Schwichow hatte [illegible]n Bonner Gast bei der vierten Einfahrt genaue fachliche Erläuterungen zu einem Wiederaufbau der Ostkammer gegeben. Dabei wies er vor allem darauf hin, wie lebenswichtig diese Einfahrt für Wilhelmshaven ist. Der Minister hielt sich 25 Minuten an der Raeder-Schleuse auf.

FOTO: PAUL GRON

IG Bau wehrt sich gegen Unterwanderung

Die Hälfte der Verwaltungsstellen in Nordrhein-Westfalen kurzerhand aufgelöst

Düsseldorf (dpa). Die Industriegewerkschaft Bau, Steine, Erden hat zu einem überraschenden Schlag gegen den kommunistischen Einfluß in ihren Reihen ausgeholt. Auf Grund eines Beschlusses des Beirates der Gewerkschaft Bau vom 14. Januar löste sie ihre Bezirksleitung Nordrhein sowie 9 von 18 Verwaltungsstellen der Gewerkschaft in Nordrhein auf, da sie — so heißt es — kommunistisch unterwandert sind.

Die Bezirksleitung und die 9 Verwaltungsstellen werden provisorisch von Mitgliedern des Beirates und von anderen Gewerkschaftsmitgliedern aus dem Bundesgebiet übernommen. Mit der Bezirksleitung und den Verwaltungsstellen sind auch alle Vorstände, Fach- und Jugendgruppen in den betroffenen Bereichen aufgelöst.

Nach dem Beschluß des Beirates beim Hauptvorstand werden Neuwahlen in den Verwaltungsstellen sowie für die Bezirksleitung erst dann stattfinden, wenn demokratisch einwandfreie Wahlen gesichert sind.

Wie der zweite Vorsitzende der IG Bau, Georg Leber, in einer Pressekonferenz in Düsseldorf mitteilte, sind die Betroffenen von dieser Aktion überrascht worden, als am [illegible]

Bezirk Nordrhein der Gewerkschaft Bau wurde in der Pressekonferenz als Hochburg der Kommunisten bezeichnet. Etwa 15 der 25 hauptamtlichen Funktionäre in der Bezirksleitung und in den 9 Verwaltungsstellen waren KPD-Mitglieder.

Die Aktion, so wurde in der Pressekonferenz betont, richte sich nicht gegen die Tatsache, daß die Funktionäre KPD-Mitglieder seien, sondern dagegen, daß sie offensichtlich und nachweisbar die Weisungen ihrer Partei zum Schaden der Gewerkschaften und der Bauarbeiter befolgten.

Am gleichen Tage, an dem die gewerkschaftliche Aktion erfolgte, wurde auch der Ausschluß von 2 Mitgliedern aus der Sozialdemokratischen Partei bekannt, die sich im kommunistischen Sinne betätigt hatten.

Mendès-France lehnt eine „Volksfront"-Regierung ab

Paris (dpa). Der frühere Ministerpräsident Mendès-France lehnte gestern auf dem „Kleinen Kongreß" der Radikalsozialisten in Paris ein Zusammengehen mit den Kommunisten in einer neuen „Volksfront" entschieden ab.

Es bestünden zwischen der Radikalsozialistischen Partei und den Kommunisten viel zu große Meinungsverschiedenheiten über die außenpolitischen Probleme, über die Nordafrikapolitik, die Verfassungsreform und andere Fragen, erklärte er.

Mitarbeiter der Bahnhofs-Mission verhaftet

„Ernste Verschärfung der kirchlichen Lage in der Sowjetzone"

Berlin (dpa). Eine große Zahl von Mitarbeitern der evangelischen Bahnhofsmission ist, wie erst jetzt bekannt wird, in der vergangenen Woche in der Sowjetzone verhaftet worden. Unter den Verhafteten, die teils aus ihren Wohnungen abgeholt und teils auch auf der Straße festgenommen wurden, sind auch mehrere Frauen.

Der Bevollmächtigte des Rates der evangelischen Kirche in Deutschland bei der Sowjetzonen-Regierung, Propst D. Heinrich Grüber, hat sich bei den Sowjetzonenbehörden um die Freilassung der Verhafteten bemüht. Über den Erfolg seiner Schritte wurde bisher nichts bekannt.

Die Verhaftung der Mitarbeiter gilt in kirchlichen Kreisen als eine ernste Verschärfung des Verhältnisses zwischen Kirche und Staat in der Sowjetzone. Bereits in den letzten Monaten war der Kirchenkampf durch die erheblich verstärkte atheistische Propaganda im Zuge der Werbung für die Jugendweihe, durch die Häufung der Beschlagnahme kirchlicher Zeitschriften und durch eine neue Kürzung der Staatsleistungen an die evangelische Kirche wiederaufgelebt.

Die Ostkirchenkonferenz, in der die Kirchenleitungen aller evangelischen Landeskirchen im sowjetisch besetzten Gebiet vertreten sind, wird sich in ihrer nächsten Sitzung am Mittwoch mit der neuen Lage befassen.

Ostberlin war Schwerpunkt

Bei der Verhaftungsaktion gegen die evangelische Bahnhofsmission wurden, wie jetzt verlautet, insgesamt 10 Mitarbeiter der Mission in Haft genommen. Die meisten Verhaftungen sollen in Ostberlin erfolgt sein. Drei in der Sowjetzone verhaftete Angehörige der Bahnhofsmission wurden inzwischen wieder entlassen.

Norwegen erhöht Geldmittel für die Atomforschung

Oslo (dpa). Norwegen will die Mittel für die Atomforschung im kommenden Finanzjahr nahezu verdreifachen. Im Haushaltsplan für 1956/57 sind 6,2 Millionen Kronen (3,7 Millionen DM) für den staatlichen „technisch-naturwissenschaftlichen Forschungsrat" vorgesehen, der sich mit der Atomforschung befaßt. 3,7 Millionen Kronen sind ferner für den Bau eines Atom-Dampfreaktors nahe der schwedischen Grenze geplant.

Blank hat jetzt 14 Generale

Fischkutter explodiert

Aushändigen der Urkunden durch Verteidigungsminister Blank.
Information für die Truppe 10/85

*Generaladmiral a.D.
Otto Schniewind (1887–1964).*

*Vizeadmiral a.D. Hellmuth Heye
(1895–1970), 1961–1964 Wehrbeauftragter
des Deutschen Bundestages.*

*Obersst a.D. Walter Gaul (1905–1994),
als Kapitän zur See 1957–1960
erster Kommandeur der Marineflieger.*

*Konteradmiral a.D. Gerhard Wagner
(1898–1987), 1956 stellvertretender Leiter
der Abteilung Marine in Bonn.*

*Konteradmiral a.D.
Eberhardt Godt (1900–1995).*

*Vizeadmiral Friedrich Ruge (1884–1985),
von 1956–1961 erster Inspekteur der Marine.*

Die »Männer der ersten Stunde« im Amt Blank:
Im Vordergrund der spätere Vizeadmiral und (zweite) Inspekteur der Marine, Kapitän zur See a.D. Zenker (1907–1998).
MOV

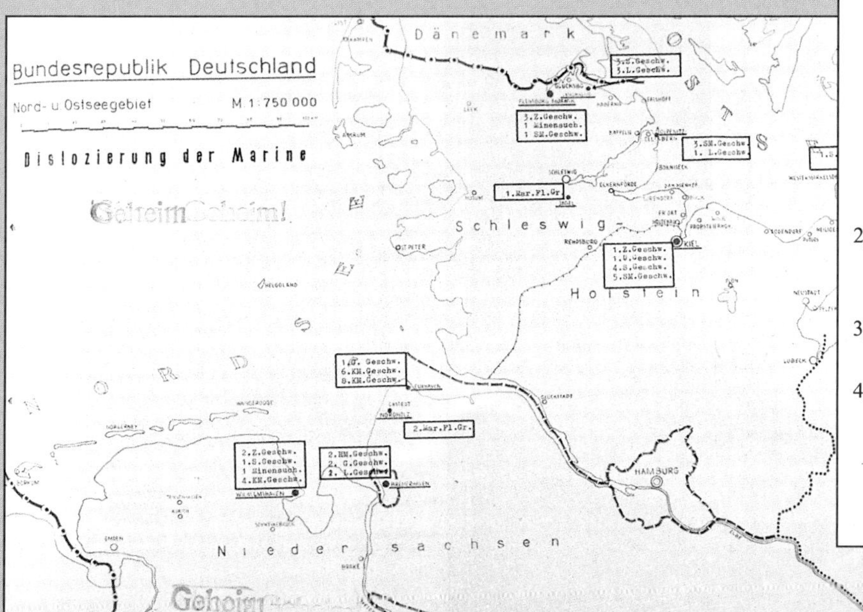

Der Bundesminister
für Verteidigung
VII–VII B–TGB.Nr. 21115/56

Abschrift
[1998]

An alle
nachgeordneten Kommandos
und Dienststellen

Bonn, den 29.5.1956

1) Nach dem gegenwärtigen Stand der Behandlung des Organisationsgesetztes durch die gesetzgebenden Körperschaften ist damit zu rechnen, daß für die Streitkräfte der Bundesrepublik folgende Bezeichnungen festgelegt werden:

   Bundeswehr

   bestehend aus

   Heer
   Luftwaffe
   Marine

2) Wird von der „Marine“ gesprochen, ohne daß im gleichen Zusammenhang von „Bundeswehr“ die Rede ist, ist sinngemäß die Bezeichnung Bundesmarine zu verwenden.
3) Alle anderen Bezeichnungen wie Kriegsmarine, Bundes-Kriegsmarine usw. sind unzulässig.
4) Endgültige Regelung erfolgt nach Verabschiedung des Organisationsgesetztes. Bis dahin ist hiernach zu verfahren.

Im Auftrag
gez. Wagner

Die Herkunft des Namens »Bundesmarine«.
FüM

Beim Untergang des Ubootes HAI am 14. September 1966 in der Nordsee wurde von 20 Mann Besatzung nur einer gerettet.
Marinerundschau

MARINE-
RUNDSCHAU

Zeitschrift für Seewesen

63. Jahrgang 1966 Heft 5

Im Gedenken an das Unterseeboot „Hai"

Auf der Fahrt von der Deutschen Bucht nach Schottland ist das Schulunterseeboot „HAI" am 14. 9. 1966 in schwerem Wetter in der Nordsee gesunken. Der Untergang ereignete sich so schnell, daß kein Notsignal abgegeben wurde. Deshalb wurde nur ein Mann nach langem Treiben von einem britischen Fischdampfer aufgenommen, obgleich die Mehrzahl der Besatzungsmitglieder noch aus dem sinkenden Boot herauskam. Der Kommandant und 18 Offiziere, Unteroffiziere und Mannschaften sind geblieben.

Wir gedenken ihrer in tiefer Trauer. Wir wissen um die Tücken der See und kennen sie aus eigener Erfahrung als ein Element, das der Seefahrer stets mit größter Wachsamkeit behandeln muß. Es gibt keine Marine, die von schweren Unfällen verschont geblieben wäre. Jetzt hat es die Bundesmarine getroffen, die in kurzer Zeit und größter Anspannung und Hingabe aufgebaut worden ist.

Wir beugen uns dem Schicksal, ohne einen billigen Ausweg in allgemeinen Anschuldigungen zu suchen. Wenn die Ursachen des Unglücks geklärt sind, werden die Folgerungen für Mensch und Material gezogen. Die Marine aber wird weiter zur See fahren, mit der gebotenen Wachsamkeit, aber auch unter erschwerten Bedingungen, um sich auf die Lagen vorzubereiten, denen sie sich gegenübergestellt sehen kann. Nur so erfüllt sie den ihr erteilten politischen Auftrag, mitzuhelfen, den Frieden wirkungsvoll zu sichern.

F. Ruge

Übergabe der Minenräumboote der LSU/B am 1. Juni 1956 in Bremerhaven an die neue deutsche Marine. MSM

Mützenbänder der sieben in England gekauften Fregatten.
MSM

Schulfregatte BROMMY, eine von sieben 1959 von England gekauften Geleitfregatten des Zweiten Weltkrieges.
MSM

Verbandsfahren mit kohlebefeuerten Hochseeminensuchbooten aus dem Zweiten Weltkrieg.
MSM

NATO-Manöver »Blue Harrier« mit Zerstörer HESSEN 1984 in Wilhelmshaven.
MSM

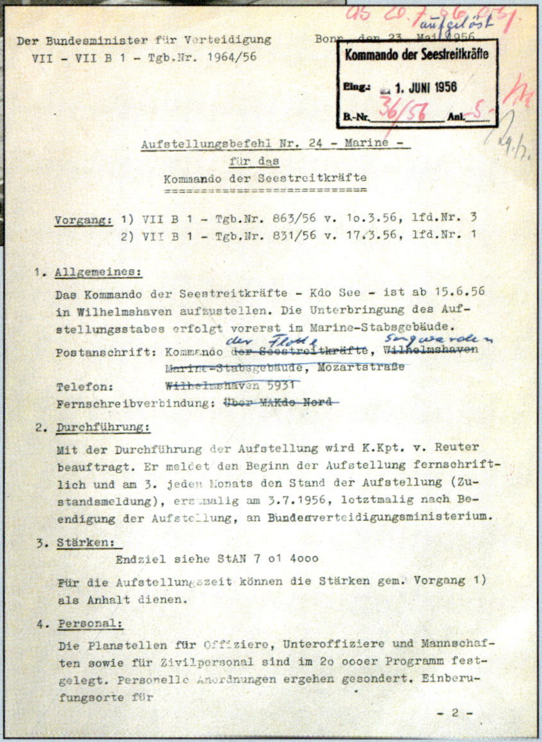

Der Bundesminister für Verteidigung
VII - VII B 1 - Tgb.Nr. 1964/56

Bonn, den 23. Mai 1956

aufgelöst

Kommando der Seestreitkräfte
Eing.: 1. JUNI 1956
B.-Nr. 36/56 Anl. -5-

Aufstellungsbefehl Nr. 24 - Marine -
für das
Kommando der Seestreitkräfte

Vorgang: 1) VII B 1 - Tgb.Nr. 863/56 v. 1o.3.56, lfd.Nr. 3
2) VII B 1 - Tgb.Nr. 831/56 v. 17.3.56, lfd.Nr. 1

1. Allgemeines:

Das Kommando der Seestreitkräfte - Kdo See - ist ab 15.6.56 in Wilhelmshaven aufzustellen. Die Unterbringung des Aufstellungsstabes erfolgt vorerst im Marine-Stabsgebäude.

Postanschrift: Kommando ~~der Seestreitkräfte~~ [der Flotte], ~~Wilhelmshaven~~ [Sengwarden]
~~Marine-Stabsgebäude, Mozartstraße~~
Telefon: ~~Wilhelmshaven 5931~~
Fernschreibverbindung: ~~Über MAKdo Nord~~

2. Durchführung:

Mit der Durchführung der Aufstellung wird K.Kpt. v. Reuter beauftragt. Er meldet den Beginn der Aufstellung fernschriftlich und am 3. jeden Monats den Stand der Aufstellung (Zustandsmeldung), erstmalig am 3.7.1956, letztmalig nach Beendigung der Aufstellung, an Bundesverteidigungsministerium.

3. Stärken:

Endziel siehe StAN 7 o1 4ooo

Für die Aufstellungszeit können die Stärken gem. Vorgang 1) als Anhalt dienen.

4. Personal:

Die Planstellen für Offiziere, Unteroffiziere und Mannschaften sowie für Zivilpersonal sind im 2o oooer Programm festgelegt. Personelle Anordnungen ergehen gesondert. Einberufungsorte für

- 2 -

Aufstellungsbefehl Nr.24 für das Flottenkommando.
FlKdo

Erster Neubau nach dem Kriege: Stapellauf des Küstenminensuchbootes LINDAU am 16. Februar 1957 in Bremen.
MSM

»Staatspolitischer Unterricht« im Rahmen der »Inneren Führung«.
MSM

Torpedo-Schnellboot der JAGUAR-Klasse: in den fünfziger und sechziger Jahren neben Marine-Jagdbombern das wichtigste Einsatzmittel zur Abschreckung in der Ostsee.
MSM

»Z 4« – einer der sechs von der amerikanischen Marine 1958–1960 übernommenen »Leih-Zerstörer« der FLETCHER-Klasse.
KdoTrV

Kommandant und Wachoffiziere des Schnellbootes ALBATROS (1971).
Duppler

Wichtige Ausbildungseinrichtungen: Marineschule Mürwik – die Alma Mater der Marine und Segelschulschiff GORCH FOCK.
MSM

Küstenschutzboote der Volkspolizei/See (1955/56).
MGFA

Tagesbefehl zur Gründung der Nationalen Volksarmee/Volksmarine 18. April 1956. MGFA

VA-01/6084 167

REGIERUNG
DER DEUTSCHEN DEMOKRATISCHEN REPUBLIK
MINISTERIUM FÜR NATIONALE VERTEIDIGUNG
- Der Minister -

T A G E S B E F E H L

aus Anlaß der Aufstellung der Verbände und Truppenteile der Seestreitkräfte der Nationalen Volksarmee der Deutschen Demokratischen Republik.

Genossen Matrosen, Maate, Offiziere und Admirale!

In Ausführung des von der Volkskammer der Deutschen Demokratischen Republik am 18. Januar 1956 beschlossenen Gesetzes über die Schaffung der Nationalen Volksarmee und des Ministeriums für Nationale Verteidigung werden die Verbände und Truppenteile der Seestreitkräfte mit Wirkung vom 30. April 1956 aufgestellt. Damit verfügt unser Arbeiter-und-Bauernstaat über Seestreitkräfte.

Sie haben im Zusammenwirken mit den anderen Teilen der Nationalen Volksarmee die Aufgabe, die friedliche Arbeit unserer Werktätigen, unseren sozialistischen Aufbau an der Küste und zur See zu schützen und damit die Basis für den Kampf um den Frieden und um ein einheitliches demokratischen Deutschland zu verteidigen.

Aus Anlaß der Aufstellung der Verbände und Truppenteile der Seestreitkräfte der Nationalen Volksarmee

B E F E H L E   I C H :

1. Die Matrosen, Maate, Offiziere und Admirale haben alle Anstrengungen zu unternehmen, um mit einem Höchstmaß an politischer Geschlossenheit, militärischem Können, persönlicher Tatkraft und Handlungsfreudigkeit an die Erfüllung ihrer Aufgabe heranzugehen.

- 2 -

2. Die Kampfausbildung der Angehörigen der Seestreitkräfte ist so zu organisieren, daß sie den modernen Anforderungen entspricht.

3. Die Matrosen, Maate, Offiziere und Admirale der Seestreitkräfte haben eine breite Initiative zur Meisterung und Wartung ihrer Schiffe, Boote, Waffen und technischen Ausrüstung zu entfalten, um in Verbindung mit den zweckmäßigsten Methoden der Kampfausbildung die ständige Einsatzbereitschaft sicherzustellen.

4. Die Angehörigen der Seestreitkräfte sind in Treue und Ergebenheit zur Partei und zum Staat der Arbeiter und Bauern, im Geist der Völkerfreundschaft und Waffenbrüderschaft mit den Armeen und Flotten des sozialistischen Lagers, zu disziplinierten, mutigen und standhaften Kämpfern zu erziehen, die jede an sie gestellte Aufgabe ehrenvoll erfüllen.

Genossen Matrosen, Maate, Offiziere und Admirale!

Ich begrüße und beglückwünsche Sie als Angehörige der Seestreitkräfte der Nationalen Volksarmee der Deutschen Demokratischen Republik.

Seien Sie eingedenk der hervorragenden, opferbereiten, revolutionären Matrosen, die am Ende des 1. Weltkrieges ihr Leben einsetzten für den Sieg der deutschen Arbeiterklasse, für ein freies, fortschrittliches Deutschland.

Ich wünsche Ihnen gute Ergebnisse bei Ihren Anstrengungen um die Stärkung der Verteidigungsbereitschaft unserer Deutschen Demokratischen Republik, die auf den Bahnen des zweiten Fünfjahrplanes neuen Erfolgen im sozialistischen Aufbau und im Kampf um den Frieden und die demokratische Wiedervereinigung entgegengeht.

VA-01/6084 - 3 - 169

Setzen Sie alle Kräfte ein, daß unsere Seestreitkräfte - vom Matrosen bis zum Admiral - für unsere ganze Nationale Volksarmee ein Vorbild werden an Treue und Ergebenheit zu unserer Arbeiter- und Bauernmacht, ein Vorbild an mustergültiger Disziplin, militärischen Leistungen und ständiger Einsatzbereitschaft.

Stoph
(S t o p h)

Torpedoschnellboot der SHERSHEN-Klasse.
Fernmeldestab 70

Gefechtsschießen.
Fernmeldestab 70

Korvette der Volksmarine.
Fernmeldestab 70

»NATO *auf Kriegskurs*« –
Mappe für den Unterricht an den Militärschulen der DDR.
Duppler

Flaggen und Wimpel der Volksmarine.
MGFA

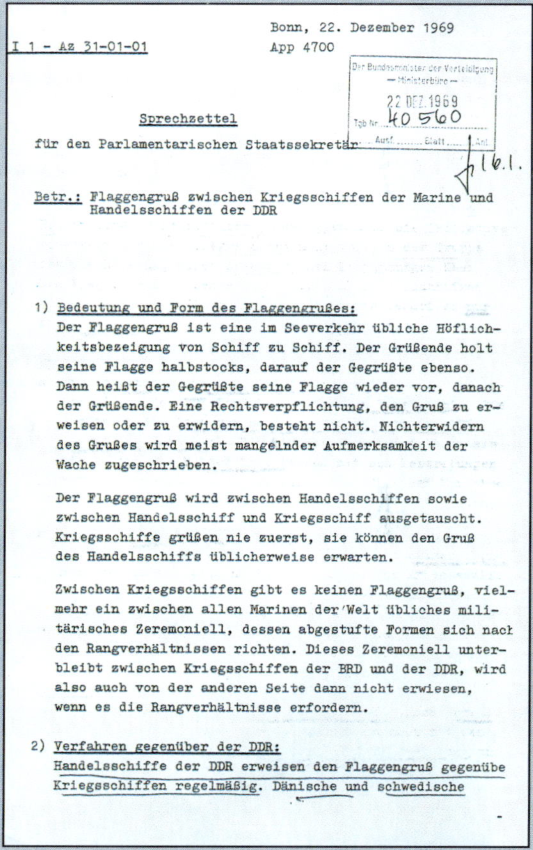
I 1 - Az 31-01-01

Bonn, 22. Dezember 1969
App 4700

Der Bundesminister der Verteidigung
— Ministerbüro —
22 DEZ. 1969
Tgb Nr. 40 560
Ausf. ...... Blatt ...... Anl.

16.1.

Sprechzettel

für den Parlamentarischen Staatssekretär

Betr.: Flaggengruß zwischen Kriegsschiffen der Marine und Handelsschiffen der DDR

1) Bedeutung und Form des Flaggengrußes:
Der Flaggengruß ist eine im Seeverkehr übliche Höflichkeitsbezeigung von Schiff zu Schiff. Der Grüßende holt seine Flagge halbstocks, darauf der Gegrüßte ebenso. Dann heißt der Gegrüßte seine Flagge wieder vor, danach der Grüßende. Eine Rechtsverpflichtung, den Gruß zu erweisen oder zu erwidern, besteht nicht. Nichterwidern des Grußes wird meist mangelnder Aufmerksamkeit der Wache zugeschrieben.

Der Flaggengruß wird zwischen Handelsschiffen sowie zwischen Handelsschiff und Kriegsschiff ausgetauscht. Kriegsschiffe grüßen nie zuerst, sie können den Gruß des Handelsschiffs üblicherweise erwarten.

Zwischen Kriegsschiffen gibt es keinen Flaggengruß, vielmehr ein zwischen allen Marinen der Welt übliches militärisches Zeremoniell, dessen abgestufte Formen sich nach den Rangverhältnissen richten. Dieses Zeremoniell unterbleibt zwischen Kriegsschiffen der BRD und der DDR, wird also auch von der anderen Seite dann nicht erwiesen, wenn es die Rangverhältnisse erfordern.

2) Verfahren gegenüber der DDR:
Handelsschiffe der DDR erweisen den Flaggengruß gegenübe Kriegsschiffen regelmäßig. Dänische und schwedische

Stellungnahme des Inspekteurs der Marine zum Flaggengruß mit DDR-Schiffen.
BA/MA

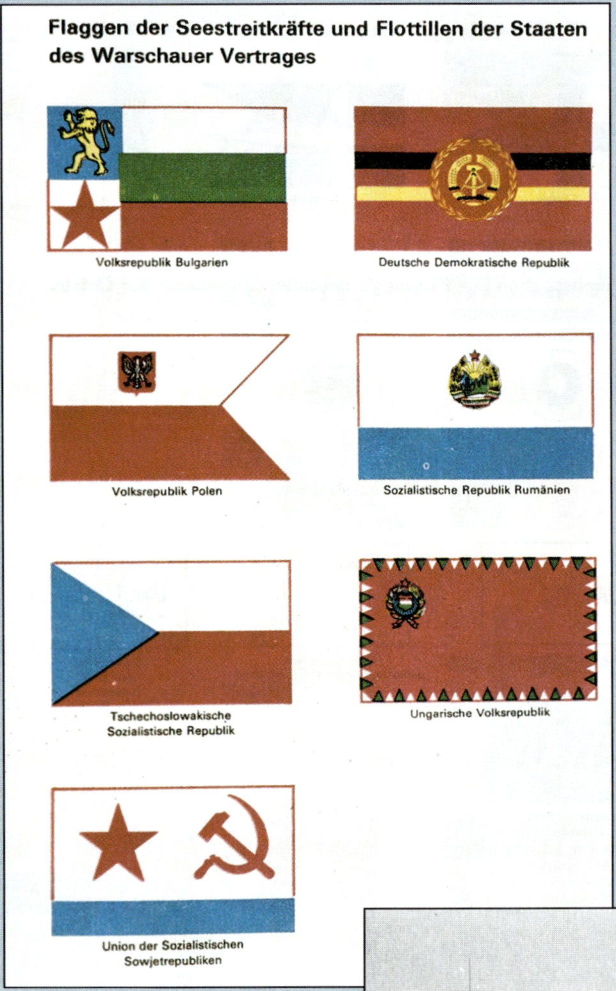

Flaggen der Warschauer-Pakt-Staaten.
MGFA

Der weitere Zusammenschluß der Kämpfer der Bruderarmeen und -flotten unter dem Banner des Marxismus-Leninismus – Grundlage der Kraft und Unbesiegbarkeit der Staaten des Warschauer Vertrages – Garant des Friedens und des Fortschritts!

„Sojus-83"

Genossen der Volksmarine!
Teilnehmer an „Sojus 83"!

Die erfolgreichen Handlungen während der gemeinsamen Kommandostabsübung **„Sojus 83"** erfüllen jeden von uns mit Stolz und Freude. Die von Ihnen in den vergangenen Stunden und Tagen vollbrachten Leistungen sind der Ausdruck eines festen Klassenstandpunktes, hoher Kampfmoral und solider militärischer Meisterschaft. In einer großen Bewährungssituation haben Sie bisher eindrucksvoll nachgewiesen, daß die Anstrengungen in der politischen und militärischen Ausbildung gute Früchte getragen haben. Schulter an Schulter handeln Sie mit den Waffenbrüdern nach einer einheitlichen Idee und erreichten bisher alle vorgegebenen Ausbildungsziele untergefechtsmäßigen Bedingungen.

Überzeugend drücken Sie Ihr internationalistisches Denken in realen militärischen Leistungen aus. Das geschieht im Bewußtsein, damit einen konkreten Beitrag für die Erfüllung des revolutionären und zutiefst humanistischen Auftrages sozialistischer Streitkräfte zu leisten.

Allen Matrosen, Maaten, Meistern, Fähnrichen, Offizieren, Admiralen und Zivilbeschäftigten möchte ich für die bis jetzt vollbrachten Leistungen Dank und Anerkennung aussprechen.

Mit Ihren Leistungen geben Sie eine eindrucksvolle Anwort auf den Kurs der totalen Konfrontationspolitik der USA-Administration und deren NATO-Verbündeten. Diese reihen sich würdig in die Ergebnisse ein, die bei **„Sojus 83"** von den beteiligten Angehörigen der Land-, Luft- und Seestreitkräfte aus vier Teilnehmerstaaten des Warschauer Vertrages erbracht wurden.

Es bleibt dabei: Niemals wieder darf es dem Imperialismus gelingen, militärische Überlegenheit gegenüber dem realen Sozialismus zu erreichen. Dazu können ihm weder Weltraumwaffen noch MX-Raketen, weder Pershing II und Flügelraketen noch verstärkte konventionelle Rüstung verhelfen. **Das unter großen materiellen Aufwand errungene militärstrategische Gleichgewicht werden wir wie unseren Augapfel hüten!**

Wir, die Angehörigen der Volksmarine, stehen einmütig hinter der Erklärung der sowjetischen Regierung vom 29. Mai 1983, die unmißverständlich und offen auf die Folgen der Stationierung neuer amerikanischer Nuklearwaffen mittlerer Reichweite in Westeuropa verweist.

Mit ihren Taten bekräftigen die Angehörigen der Volksmarine bei **„Sojus 83"**, daß sie hinter der Regierungserklärung und den konstruktiven Vorschlägen der UdSSR und des Warschauer Vertrages stehen.

Ich bin überzeugt, daß alle Genossen der Volksmarine jederzeit bereit sind, parteiverbunden, pflichtbewußt und mit hohem persönlichen Einsatz, in enger Kampfgemeinschaft mit den Angehörigen der Baltischen Flotte der UdSSR und der Polnischen Seekriegsflotte, jeden Befehl in Ehren zu erfüllen.

KLASSENBRUDER · WAFFENBRUDER · VEREINT UNBESIEGBAR

Jetzt kommt es darauf an, alle Übungsanforderungen bis zu letzten Aufgabe in hoher Qualität zu erfüllen. In den nächsten Wochen ist die Kommandostabsübung gewissenhaft auszuwerten. Die vielfältigen Erkenntnisse daraus gilt es bei der Lösung der Aufgaben des 2. Ausbildungshalbjahres und in der weiteren Arbeit zu nutzen.

Unter Anwendung aller Formen des sozialistischen Wettbewerbs, kommt es darauf an, ständig nach höchster militärischer Meisterschaft zu streben. Nur **die** Kollektive werden dabei erfolgreich sein, die ihre Aufgaben komplex angehen, diese mit hoher Effektivität und ökonomischen Einsatz der Kräfte und materiellen Mittel lösen. Dabei kommt es darauf an, daß sich alle Kommunisten an die Spitze des Ringens um die tägliche Erfüllung der Ausbildungsaufgaben stellen und weiterhin energisch den Kampf um die Beseitigung ungerechtfertigter Niveauunterschiede führen.

Genossen der Volksmarine! Noch einmal sei betont:

Mit dem Elan und den Erfahrungen der Kommandostabsübung „Sojus 83" gilt es jetzt, die bevorstehenden Höhepunkte des zweiten Ausbildungshalbjahres anzugehen.

Dafür wünsche ich uns gemeinsam viel Erfolg.

Stellvertreter des Ministers und Chef der Volksmarine — E h m, Admiral

Warschauer-Pakt-Manöver »Sojus 83«.
MGFA

Landungsmanöver mit einem Schiff der ROBBE-Klasse.
MGFA

Hissen der NATO-Flagge in Cuxhaven am 1. Januar 1957.
MSM

Die Konzeption der Marine 1963.
BA/MA

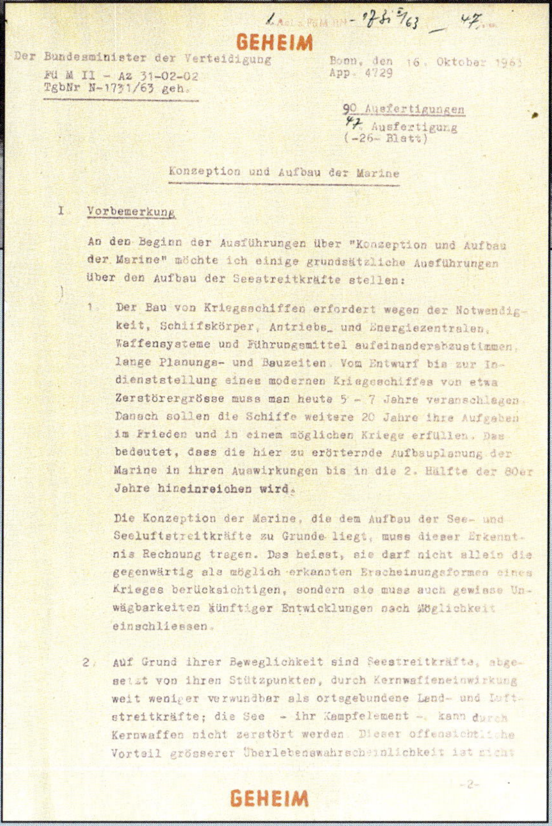

GEHEIM

Der Bundesminister der Verteidigung
Fü M II - Az 31-02-02
TgbNr N-1731/63 geh.

Bonn, den 16. Oktober 1963
App. 4729

90 Ausfertigungen
47. Ausfertigung
(-26- Blatt)

Konzeption und Aufbau der Marine

I. Vorbemerkung

An den Beginn der Ausführungen über "Konzeption und Aufbau der Marine" möchte ich einige grundsätzliche Ausführungen über den Aufbau der Seestreitkräfte stellen:

1. Der Bau von Kriegsschiffen erfordert wegen der Notwendigkeit, Schiffskörper, Antriebs_ und Energiezentralen, Waffensysteme und Führungsmittel aufeinanderabzustimmen, lange Planungs- und Bauzeiten. Vom Entwurf bis zur Indienststellung eines modernen Kriegsschiffes von etwa Zerstörergrösse muss man heute 5 - 7 Jahre veranschlagen. Danach sollen die Schiffe weitere 20 Jahre ihre Aufgaben im Frieden und in einem möglichen Kriege erfüllen. Das bedeutet, dass die hier zu erörternde Aufbauplanung der Marine in ihren Auswirkungen bis in die 2. Hälfte der 80er Jahre hineinreichen wird.

Die Konzeption der Marine, die dem Aufbau der See- und Seeluftstreitkräfte zu Grunde liegt, muss dieser Erkenntnis Rechnung tragen. Das heisst, sie darf nicht allein die gegenwärtig als möglich erkannten Erscheinungsformen eines Krieges berücksichtigen, sondern sie muss auch gewisse Unwägbarkeiten künftiger Entwicklungen nach Möglichkeit einschliessen.

2. Auf Grund ihrer Beweglichkeit sind Seestreitkräfte, abgesetzt von ihren Stützpunkten, durch Kernwaffeneinwirkung weit weniger verwundbar als ortsgebundene Land- und Luftstreitkräfte; die See - ihr Kampfelement -, kann durch Kernwaffen nicht zerstört werden. Dieser offensichtliche Vorteil grösserer Überlebenswahrscheinlichkeit ist nicht

-2-

GEHEIM

Der Abwehrkampf auf See ist auf rechtzeitige Aufklärung angewiesen, die ein komplettes Lagebild ergibt. Flugzeuge, die sich gegen Feindkräfte durchsetzen und weite Seegebiete überwachen können, beschaffen die notwendigen Aufklärungsergebnisse. — **Aufklärung**

Moderne Führungseinrichtungen — so das Hauptquartier des Flottenkommandos — stellen den reaktionsschnellen Einsatz der See- und Seeluftstreitkräfte sicher. — **Führung**

Ein weit verzweigtes Netz von Unterstützungseinrichtungen sichert die Kampfkraft und Einsatzbereitschaft der Marine. — **Unterstützung**

Aufträge und Einsatzräume der Marine

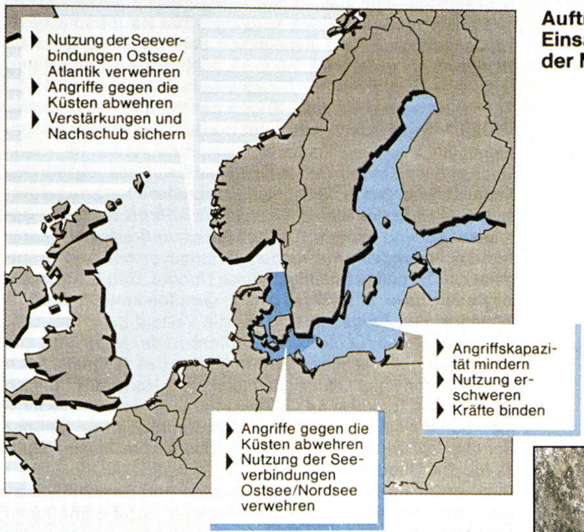

Schwimmende Unterstützungseinheiten helfen den Kampfeinheiten, längere Zeit unabhängig von den Landbasen zu operieren, die durch Luftangriffe gefährdet sind.

Der Auftrag der Marine.
Weißbuch 1975

Die Fregatte BRAUNSCHWEIG in Norwegen.
FlKdo

Schnellboot JAGUAR: Vorbereitung zum Torpedo-Versuchsschießen 1958.
KdoTrV

Flottillenadmiral Klaus-Dieter Laudien als zweiter deutscher Kommandeur der Standing Naval Force Atlantic 1989/90.

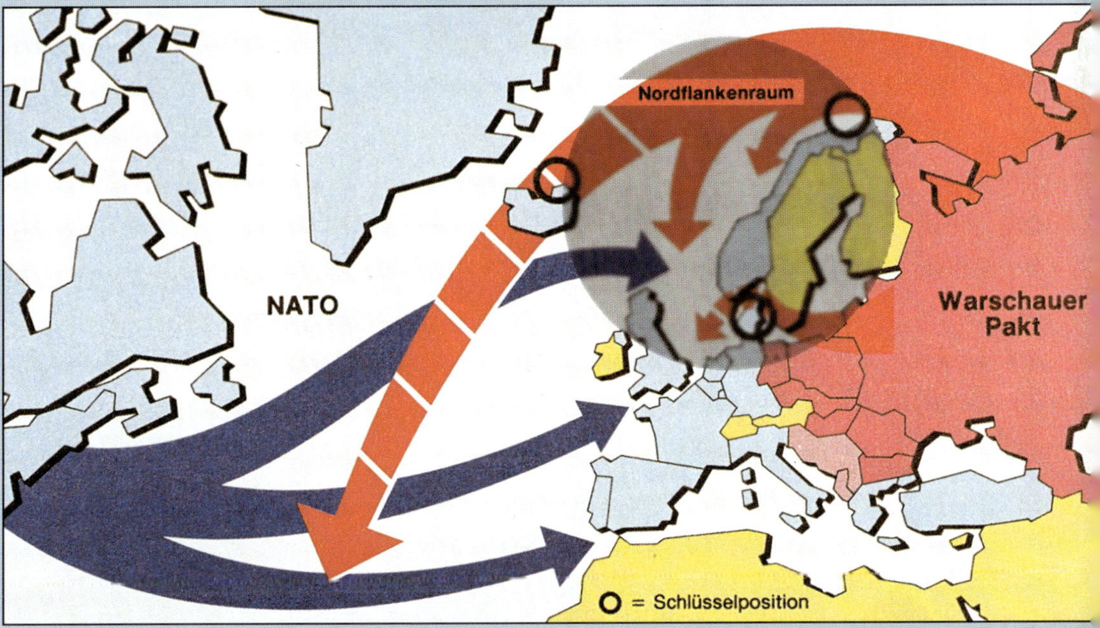

Der Nordflankenraum – Einsatzgebiet der deutschen Marine.
Weißbuch 1985

Die maritime Vorneverteidigung.
Weißbuch 1985

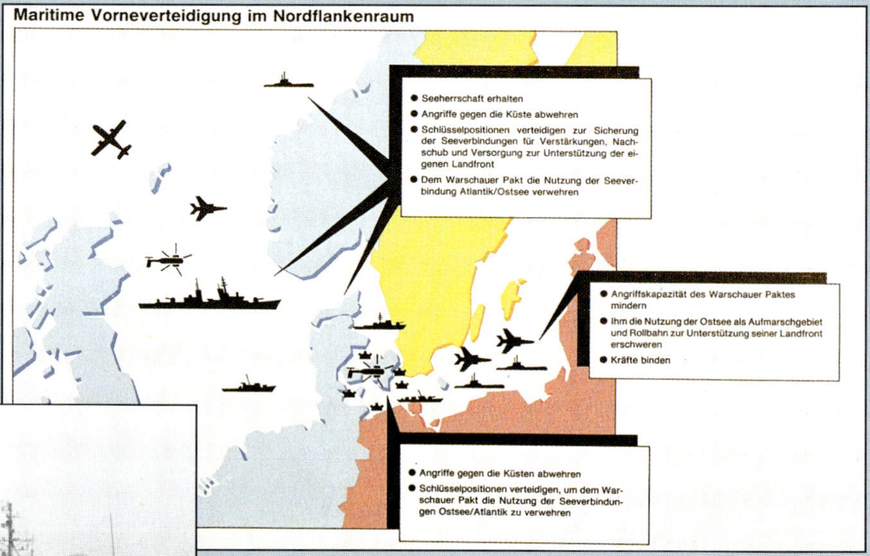

Minensuchboote und Hubschrauber im Manöver. FlKdo

Uboot der Klasse 205. FlKdo

Waffensysteme der Marine

Waffensysteme	Anzahl der Verbände
Zerstörer	
Hamburg-Klasse	1 Geschwader
Lütjens-Klasse	1 Geschwader
Fregatten	
Bremen-Klasse	1 Geschwader
Köln-Klasse	1 Geschwader
Schnellboote	
Klasse 143	1 Geschwader
Klasse 143 A	1 Geschwader
Klasse 148	2 Geschwader
Uboote Klasse 205 Klasse 206	2 Geschwader
Minenabwehrfahrzeuge	6 Geschwader
Versorgungseinheiten	2 Geschwader
UJagdboote	
Thetis-Klasse	1 Geschwader
Aufklärer F-104 G	1 Staffel
Jagdbomber F-104 G	1 Staffel
Tornado	2 Staffeln
Seefernaufklärer und UJagdflugzeuge Breguet Atlantic	2 Staffeln
Rettungshubschrauber und Verbindungsflugzeuge	2 Staffeln

Der Flugkörper-Zerstörer LÜTJENS.

Fregatte BRANDENBURG beim Flugkörper-Schießen.
FlKdo

Moderne Flugkörper-Schnellboote. FlKdo

MEINUNGEN UND HINTERGRÜNDE — Dienstag 28. August 1990 — Morgen

Mit dem Kriegsschiff in Richtung Westen

Der Fluchtversuch des NVA-Obermaats Bodo Strehlow / Lebenslange Haftstrafe für eine gewaltsame Entführung

In der Nacht des 5. August 1979 war in der 2. Grenzschutzabteilung (GSA) der DDR-Volksmarine der Teufel los. Das Minensuch- und Räumboot „Graal Müritz", Schiffsnummer G-424, normalerweise im unentwegten Einsatz zur beidseitigen Sicherung der DDR-Ostseegrenze gegen „Republikflüchtlinge" und äußere Feinde, war vom vorgeschriebenen Kurs abgewichen und hatte sich geradewegs in Richtung Westen in Bewegung gesetzt. Der Kommandant schien den Verstand verloren zu haben. Doch der konnte nichts dafür, er saß mitsamt seiner Mannschaft eingesperrt unter Deck. Auf der Brücke stand mutterseelenallein der Maschinist Obermaat Bodo Strehlow, der den aberwitzigen Entschluß gefaßt hatte, sich auf diese Weise in den Westen abzusetzen. Schiff und Mannschaft nahm er gleich mit. Die schlafende Crew hatte er in ihren Kojen eingeschlosseh, die restlichen sechs diensthabenden Besatzungsmitglieder mit vorgehaltener Maschinenpistole unter Deck gezwungen.

Der Schiffsentführer Bodo Strehlow

Gegen 2.30 Uhr – das Schiff befand sich zu jenem Zeitpunkt auf Vorpostendienst nördlich der Halbinsel Wustrow – hatte Strehlow die Schiffsführung gewaltsam an sich gebracht. Mit Fahrstufe 10 („Volle Kraft") raste er auf die BRD-Küste zu. Doch der Fluchtversuch schlug fehl. Der Kommandant und sein leitender Ingenieur sprengten ein Luk im Vorschiff auf und befreiten sich aus ihrer prekären Lage. Der Kommandant gab einen Pistolenschuß in Strehlows Richtung ab, dieser schoß mit seiner MPi zurück. Die beiden Offiziere suchten hinter dem Bordgeschütz Deckung und bewarfen den Entführer mit Handgranaten. Eine davon traf. „Durch den Einsatz von Handgranaten konnte der Täter Strehlow gegen 3.20 durch den Kommandanten ausgeschaltet werden", liest es sich nüchtern im Ermittlungsprotokoll. Der 25jährige trug dabei Splitterverletzungen am ganzen Körper davon, verlor sein linkes Auge und büßte teilweise sein Gehör ein. Kurz vor der bundesdeutschen Seegrenze konnte das Schiff gestoppt werden.

Nach Strehlows körperlicher Wiederherstellung wurde der Fall vor dem 1. Strafsenat des Militärobergerichts Neubrandenburg verhandelt. Strehlow war angeklagt des gewaltsamen Anschlags auf die Staatsgrenze, der Spionage, des Terrors und der Fahnenflucht jeweils im schweren Fall sowie mehrfach versuchten Mordes. Gegen ihn verhandelten der Richter Oberst Arlt und der Militärstaatsanwalt Kapitän zur See Gehrt. Nach Strehlows Aussage soll im Plädoyer des Staatsanwaltes die Todesstrafe in Erwägung gezogen worden sein – beantragt wurde sie allerdings nicht.

Der Tatbestand des Terrors war durch Strehlows gewaltsame Bedrohung der Besatzungsmitglieder gegeben. Der Tatbestand des mehrfach versuchten Mordes erklärte sich zum einen daraus, daß Strehlow von der Schußwaffe Gebrauch gemacht und auf die beiden Offiziere insgesamt elf Schüsse abgegeben hatte, die allesamt auf dem Vordeck und am Geschützturm einschlugen. Zum anderen wies ein nachträglich erstelltes Expertengutachten darauf hin, daß bei Strehlows wilder Fahrt mit 18 Knoten Geschwindigkeit und seinen mangelnden nautischen Kenntnissen die Gefahr einer „schweren Grundberührung" auf den Sandbänken an der BRD-Küste nördlich von Dahmeshöved bestand. Eine solche Grundberührung hätte mit großer Wahrscheinlichkeit den Tod der eingeschlossenen Besatzung bedeutet. Und der zunächst etwas absurd anmutende Tatbestand der Spionage resultierte aus dem Vorhandensein von VVS- und VS-Unterlagen an Bord.

Bodo Strehlow wurde am 21. April 1980 zu lebenslanger Haft verurteilt. In der Urteilsbegründung hieß es, die Schwere der Tat gebiete, „den Straftäter für dauernd von der sozialistischen Gesellschaft zu isolieren". Ebenfalls verurteilt wurde wenig später Strehlows Freund Andreas Möller, Pumpengast an Bord desselben Schiffes, wegen versuchter Fahnenflucht in Tateinheit mit unterlassener Anzeige. Möller hatte von Strehlows langgehegtem Plan gewußt und anfangs an der Flucht teilnehmen wollen. Davon nahm er jedoch an besagtem Tag Abstand und wurde von Strehlow gemeinsam mit den anderen eingesperrt. Trotzdem erhielt er eine Haftstrafe von sechs Jahren.

„Im Namen des Volkes!"

RECHT

Präzedenzfälle der DDR-Justiz

Im Frühjahr 1984 wandten sich Strehlows Eltern mit einem Gnadengesuch an die Militärstaatsanwaltschaft und baten um die Umwandlung der lebenslangen Haft in eine Zeitstrafe. Obgleich man ihnen Hoffnungen machte, blieb eine positive Reaktion aus. Stattdessen, behauptet Bodo Strehlow, habe man ihm bei einem Verhör durch zwei Mitarbeiter der Staatssicherheit am 26. März 1984 einen offenbar vergifteten Grapefruit-Saft zu trinken gegeben, dessen Genuß bei ihm einen Kreislaufkollaps samt nachfolgender Krankenhausbehandlung zur Folge hatte.

Nachdem Bodo Strehlow zehn Jahre im Zuchthaus Bautzen II abgesessen hatte, kam er im Dezember 1989 aufgrund eines Gnadenerlasses durch den damaligen Staatsratsvorsitzenden Gerlach frei.

Ohne Frage war Strehlows gewaltsame Schiffsentführung eine Straftat, die in jedem Land der Welt entsprechend geahndet worden wäre. Auch die spezifischen DDR-Bedingungen vermögen diesen Umstand aus nachträglicher Sicht nicht entscheidend zu verändern. Nichtsdestoweniger zeigte die DDR-Justiz im Fall Strehlow ihr kriminelles politisches Antlitz – zum einen in der unangemessen hohen Strafe (schließlich kam außer Strehlow niemand zu Schaden), zum anderen in der Verurteilung des „Mitwissers" Andreas Möller. Auch die Urteilsschrift ist typische DDR-Justiz-Dutzendware: Strehlow wird eine „ablehnende Haltung zur führenden Rolle der SED" ebenso bescheinigt wie die Anhängerschaft am „imperialistischen Freiheitsbegriff", erzeugt durch „fortwährenden Empfang von Sendungen des BRD-Fernsehens".

Nicht unerwähnt bleiben soll ferner, daß Strehlow im Vorfeld der Tat durch seine Vorgesetzten mitgeteilt wurde, man werde wegen seines „negativen politischen Auftretens" der Technischen Hochschule Magdeburg empfehlen, Strehlows Studienzulassung zurückzuziehen. Während der Verhöre sprach Strehlow später davon, er habe sich „rächen" wollen.

Insgesamt offenbart sich auch in Strehlows Fluchtversuch die zerstörerische Wirkung menschenverachtender Ghettoisierung, wie sie im Staate DDR jahrzehntelang praktiziert wurde.

Michael Klon

Minensuch- und Räumboot (MSR) der DDR-Volksmarine. Mit einem Schiff dieses Typs startete Strehlow am 5. August 1979 seinen Fluchtversuch

Fotos: privat/Archiv

Fluchtversuch mit einem Kriegsschiff der Volksmarine.

MSM

Begegnung im Kalten Krieg auf See: Westdeutsches Uboot und Aufklärungsschiff der Volksmarine.

Fernmeldestab 70

Der Kalte Krieg ist beendet: Deutsche, russische und amerikanische Kriegsschiffe gemeinsam im Hafen.
FlKdo

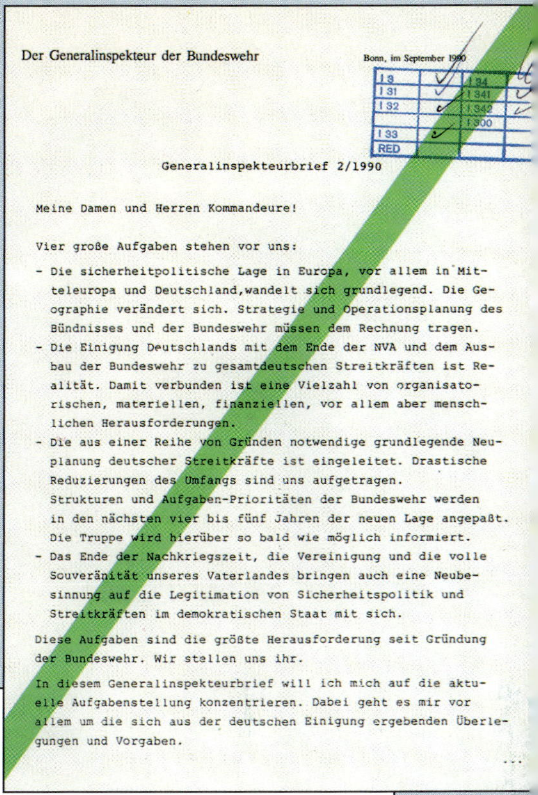

Der Generalinspekteur der Bundeswehr

Bonn, im September 1990

Generalinspekteurbrief 2/1990

Meine Damen und Herren Kommandeure!

Vier große Aufgaben stehen vor uns:

- Die sicherheitpolitische Lage in Europa, vor allem in Mitteleuropa und Deutschland,wandelt sich grundlegend. Die Geographie verändert sich. Strategie und Operationsplanung des Bündnisses und der Bundeswehr müssen dem Rechnung tragen.
- Die Einigung Deutschlands mit dem Ende der NVA und dem Ausbau der Bundeswehr zu gesamtdeutschen Streitkräften ist Realität. Damit verbunden ist eine Vielzahl von organisatorischen, materiellen, finanziellen, vor allem aber menschlichen Herausforderungen.
- Die aus einer Reihe von Gründen notwendige grundlegende Neuplanung deutscher Streitkräfte ist eingeleitet. Drastische Reduzierungen des Umfangs sind uns aufgetragen.
  Strukturen und Aufgaben-Prioritäten der Bundeswehr werden in den nächsten vier bis fünf Jahren der neuen Lage angepaßt. Die Truppe wird hierüber so bald wie möglich informiert.
- Das Ende der Nachkriegszeit, die Vereinigung und die volle Souveränität unseres Vaterlandes bringen auch eine Neubesinnung auf die Legitimation von Sicherheitspolitik und Streitkräften im demokratischen Staat mit sich.

Diese Aufgaben sind die größte Herausforderung seit Gründung der Bundeswehr. Wir stellen uns ihr.

In diesem Generalinspekteurbrief will ich mich auf die aktuelle Aufgabenstellung konzentrieren. Dabei geht es mir vor allem um die sich aus der deutschen Einigung ergebenden Überlegungen und Vorgaben.

...

Der Generalinspekteursbrief 2/90 zur deutschen Einigung.
BMVg

Zielstruktur der Marine (1998)

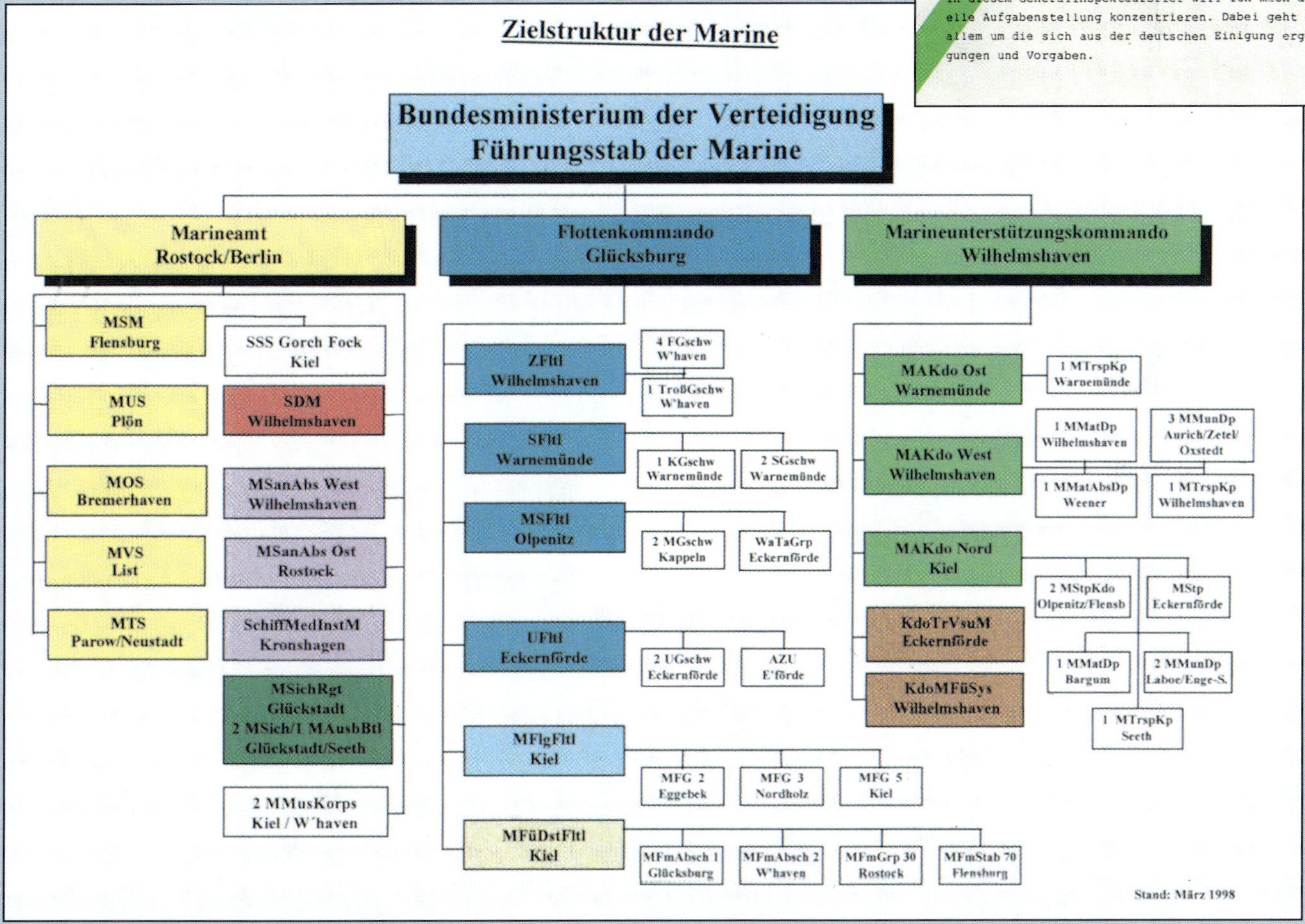

Deutsche und amerikanische Fregatten in Kiellinie.
FlKdo

Marine heute

In den Jahrzehnten des Kalten Krieges konzentrierte sich der Auftrag der Marine im wesentlichen auf Landesverteidigung innerhalb des westlichen Bündnisses und war geographisch begrenzt auf die Nordregion Europas. Heute, nach der gelungenen Integration von Teilen der ehemaligen Volksmarine der DDR, ist das Aufgabenspektrum der Deutschen Marine umfangreicher und militärisch vielfältiger und nur noch in einem teilstreitkraftübergreifenden Ansatz zu bewältigen. Zugleich fordert die Kooperation im Bündnis auch einen multinationalen Ansatz. Landes- und Bündnisverteidigung bleiben der originäre Auftrag, der zugleich die feste Einbindung der Marine in das nordatlantische Bündnis bedeutet. Im Mittelpunkt dieses Auftrages steht der Schutz der Küsten, der Hoheitsgewässer und der für den Handel wichtigen Seeverbindungen. Neben der Landesverteidigung leistet die Marine im Rahmen der Staatengemeinschaft ihren Bei-

Nach der Wiedervereinigung: Gemeinsam mit NATO-Numerierung »U 27« der Marine mit den Korvetten BERLIN und HALLE aus dem Bestand der Volksmarine.
Zerstörer ROMMEL

Die Fregatte »Köln« im März 1994 im Hafen von Mogadischu. ANBw

trag zur Krisenbewältigung und Konfliktverhinderung. Das Spektrum reicht hierbei von der Überwachung von Seegebieten über die Durchsetzung von Embargomaßnahmen bis hin zur Unterstützung von Kontingenten des Heeres oder der Luftwaffe auf fremdem Territorium. Schließlich hat die Marine einen Beitrag zur Festigung von Stabilität und Integration in Europa sowie zur internationalen Sicherheit zu leisten. Im Vordergrund steht hier die Kooperation mit den Marinen der neuen Partner, die ehemals dem Warschauer Pakt angehörten. Im Mittelpunkt steht die Zusammenarbeit mit Polen und den Baltischen Staaten sowie die Kontaktpflege zur Baltischen Flotte Rußlands. Mit diesen drei Auftragselementen haben sich auch die geographischen Schwerpunkte verändert. Die Marine muß heute in der Lage sein,

Partnership for Peace. FlKdo

NATO-Verband mit deutscher Beteiligung. FüM

überall dort eingesetzt zu werden, wo dies im Sicherheitsinteresse politisch erforderlich werden könnte. Haupteinsatzgebiete sind die Nordregion mit Nordsee- und Ostsee, der Nordatlantik und der Mittelmeerraum. Neben einer ständigen Präsenz von Fregatten oder Zerstörern im Ständigen Einsatzverband der NATO werden im Rahmen von Manövern regelmäßig auch Schnellboote, Uboote, Minenabwehr- und Unterstützungseinheiten sowie Marinefliegerkräfte in das Mittelmeer entsandt. Die Planung der Marine zielt darauf, stets einen angemessenen Teil der Flotte für Präsenz-, Schutz- und humanitäre Aufgaben einsatzbereit zu haben. Dies erfordert eine ausgewogene Flotte, die über Fähigkeiten zur Seekriegführung über Wasser, unter Wasser und aus der Luft verfügt. Im Überwassereinsatz werden die Fregatten der Marine durch Uboote, Seefernaufklärer, Hubschrauber, Marinejagdbomber und in den küstennahen Gewässern durch Schnellboote bzw. später durch Korvetten ergänzt. In der Ubootjagd werden die Fregatten durch U-Jagdflugzeuge und Hubschrauber unterstützt. Und schließlich werden mit dem Zulauf moderner Versorgungsschiffe die Fähigkeiten zur logistischen und sanitätsdienstlichen Unterstützung der Flotte verbessert – wesentliche Elemente des Kriseneinsatzes der Flotte.

Die Deutsche Marine hat in zurückliegenden Kriseneinsätzen unter Beweis stellen können, daß sie für das erweiterte Aufgabenspektrum gerüstet ist. Die jahrzehntelange Erfahrung und Routine in multinationalen Einsätzen, auch in entfernten Seegebieten, waren dabei von unschätzbarem Wert. Aus diesen Erfahrungen und Erlebnissen hat der einzelne Angehörige der Marine das Bewußtsein erfahren, als Botschafter der Bundesrepublik Deutschland in der Welt willkommen zu sein und im eigenen Lande auch von der Zustimmung der Bevölkerung getragen zu werden. Dies war nicht immer so und konnte nur in der vor 150 Jahren angestrebten »Allianz mit den atlantischen Seemächten« verwirklicht werden.

Highline-Manöver.
FlKdo

Zerstörer ROMMEL in der Karibik.
Zerstörer ROMMEL

Übung: Uboot mit Schlauchbooten.
FlKdo

Der Swimming-Pool an Bord einer Fregatte.
FlKdo

Schneemann auf Wache.
Zerstörer ROMMEL

Obermaat im Schiffstechnischen-Leitstand.
FlKdo

Schiffsschrauben des Zerstörers ROMMEL.
Zerstörer ROMMEL

Jeden Morgen frische Brötchen!
FlKdo

Die Operationszentrale (OPZ).
FlKdo

Ein Bordhubschrauber des Typs »Sea Lynx«.
FlKdo

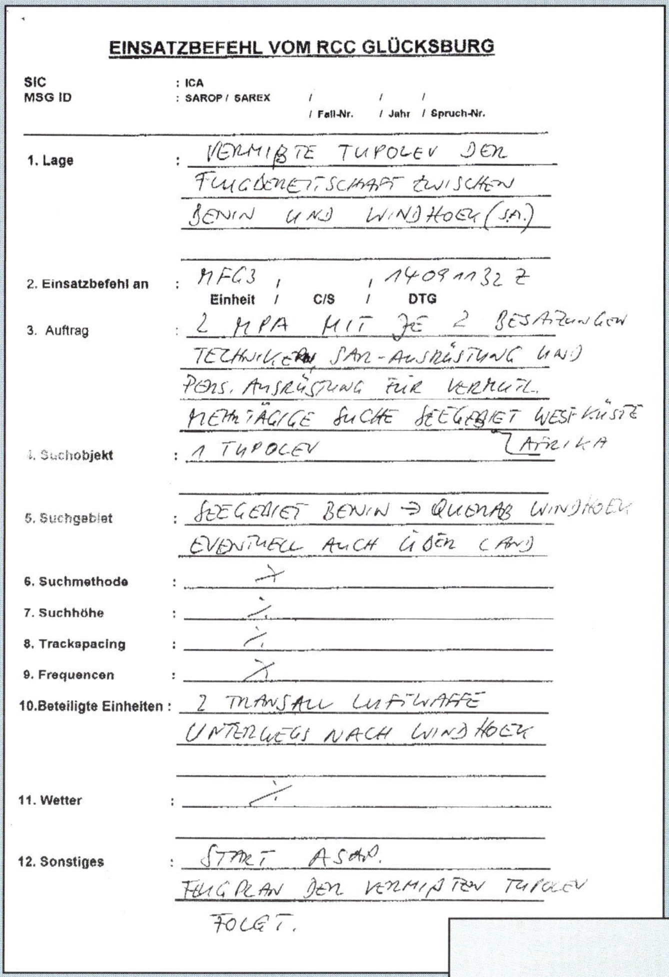

EINSATZBEFEHL VOM RCC GLÜCKSBURG

SIC : ICA
MSG ID : SAROP / SAREX / / /
/ Fall-Nr. / Jahr / Spruch-Nr.

1. Lage : VERMIßTE TUPOLEV DER FLUGBEREITSCHAFT ZWISCHEN BENIN UND WINDHOEK (SA.)

2. Einsatzbefehl an : MFG3 , , 140911 32 Z
Einheit / C/S / DTG

3. Auftrag : 2 MPA MIT JE 2 BESATZUNGEN TECHNIKERN SAR-AUSRÜSTUNG UND PERS. AUSRÜSTUNG FÜR VERMUTL. MEHRTÄGIGE SUCHE SEEGEBIET WESTKÜSTE AFRIKA

4. Suchobjekt : 1 TUPOLEV

5. Suchgebiet : SEEGEBIET BENIN ⇒ QUERAB WINDHOEK EVENTUELL AUCH ÜBER LAND

6. Suchmethode : ./.

7. Suchhöhe : ./.

8. Trackspacing : ./.

9. Frequencen : ./.

10. Beteiligte Einheiten : 2 TRANSALL LUFTWAFFE UNTERWEGS NACH WINDHOEK

11. Wetter : ./.

12. Sonstiges : START ASAP. FLUGPLAN DER VERMIßTEN TUPOLEV FOLGT.

Die erste FAX-Meldung vom 14. September 1997 über die vor Namibia vermißte »Tupolew« der Luftwaffe.
MFG 3

Seebestattung:
Die Asche des am 28. Mai 1997 verstorbenen Admirals a. D. Günter Luther (1922) wurde am 1. Juli 1997 im Seegebiet Stollergrund von der Fregatte AUGSBURG der See übergeben.*
FlKdo

Seefernaufklärer BREGUET ATLANTIC, eingesetzt bei der Suche nach der vor Namibia im September 1997 vermißten »Tupolew«.
FlKdo

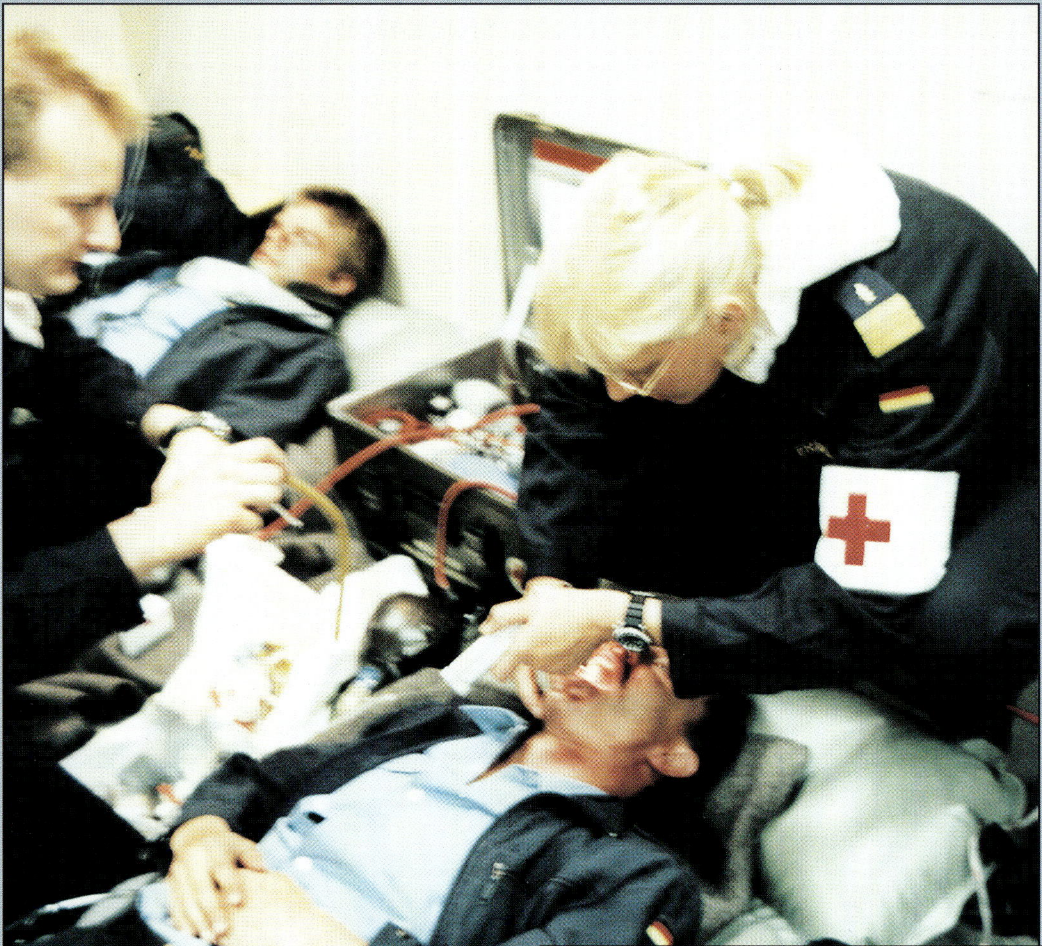

Sanitäts-Übung an Bord.
FlKdo

Ein Rettungshubschrauber (SAR) vom Typ »Seaking«.
FlKdo

Einsatz im Umweltschutz: Eine Do 28 der Marine auf der Jagd nach »Öl-Sündern« (Pollution Control).
Phoenix

Rettungsübung an Bord.
FlKdo

Auch die Marine war bei der Bekämpfung des Oder-Hochwassers 1997 eingesetzt.

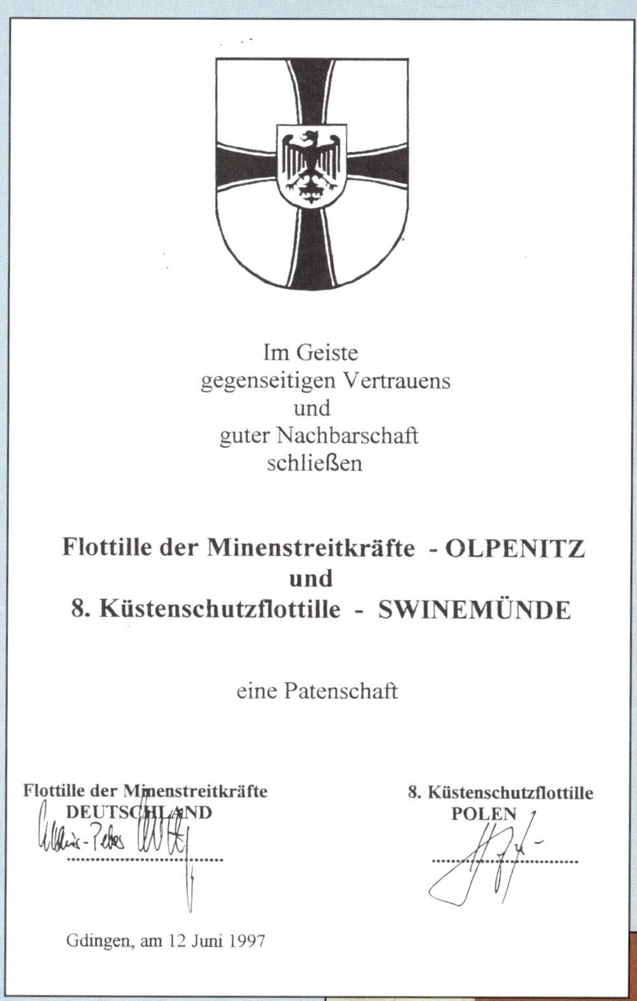

Im Geiste
gegenseitigen Vertrauens
und
guter Nachbarschaft
schließen

Flottille der Minenstreitkräfte - OLPENITZ
und
8. Küstenschutzflottille - SWINEMÜNDE

eine Patenschaft

Flottille der Minenstreitkräfte DEUTSCHLAND	8. Küstenschutzflottille POLEN

Gdingen, am 12 Juni 1997

Patenschaftsurkunde.

Gemeinsame Minenräumübung während des Manövers »Baltic Sweep«: Eine Mine wird zur Detonation gebracht.
FlKdo

Austausch der Urkunden über die Patenschaft der deutschen und polnischen Minenstreitkräfte.
MsFlot

Bundesministerium der Verteidigung
Generalinspekteur der Bundeswehr

53003 Bonn, 14. März 97.
☎ (02 28) 12- 92 00/93 00

AIG 33 15
AIG 33 09
Innenverteiler III
MsgNr. 6503 mbh

Tagesbefehl des Generalinspekteurs der Bundeswehr
anläßlich der Evakuierung von 104 Personen aus Tirana/Albanien

Unter Beteiligung von CH 53 - Hubschraubern des deutschen SFOR-Kontingents und Personal des Gepanzerten Einsatzverbandes GECONSFOR (L), TRANSALL-Flugzeugen des Lufttransportgeschwaders 61 und 63 und der Fregatte „Niedersachsen" konnten heute 104 Menschen aus 22 Nationen aus Tirana/Albanien evakuiert werden.

Damit ging die erste Evakuierungsoperation der Bundeswehr erfolgreich zu Ende - eine Operation, an der alle Teilstreitkräfte beteiligt waren. Auf diese Gemeinschaftsleistung können wir mit Recht stolz sein.

Ich bin erleichtert, daß unsere Soldaten und die zu evakuierenden Mensch wohlbehalten aus Albanien zurückgekehrt sind.

Ich spreche allen an dieser schwierigen Operation beteiligten Soldaten me Dank und meine besondere Anerkennung aus.

gez.
Bagger, General

Tagesbefehl des Generalinspekteurs der Bundeswehr zur Evakuierung von Zivilisten aus Albanien.
BMVg

FAX zum Einsatz der Marine vor Albanien.
ZFlot

FüZBw
Einsatzführung

Bearbeiter Fregattenkapitän	Bonn, den 13. März 1997
TelNr: 0228 -	FaxNr: 0228 -
BwKz: 3400 -	BwFaxNr: 3400 -

Empfänger: **Flottenkommando OP**
nachrichtlich: **FüM III 3**
Heeresführungskommando, OPZ
Luftwaffenführungskommando A3

Einstufung	Seitenzahl	Hinweise
VS - NfD	1	

Telefax mit der Bitte um

Bearbeitung	Kenntnisnahme	Prüfung	z. w. Veranlassung	Mitzeichnung
x				
Stellungnahme	Zustimmung	EmpfBestätigung	Rücksprache	Ihren Anruf

Betr.: Einsatz FF Niedersachsen bei Evakuierungsoperation Albanien
Bezug: Telcom Duty - FüZBw 13.03.97

1. Die Sicherheitslage für deutsche Staatsbürger in Albanien verschärft sich. Es befinden sich ca. 60 Deutsche im Lande, ferner nimmt Deutschland die Interessen von 30 skandinavischen und 15 ungarischen Staatsbürgern wahr.

2. Amerikanische und italienische Evakuierungsaktionen sind angelaufen.

3. Es ist Vorsorge zu treffen, daß bei Verschärfung der Lage und Problemen bei der Evakuierung für deutsche und befreundete Staatsbürger nationale Hilfsmaßnahmen durch Marine, Luftwaffe (C-160) und Heer (CH 53) kurzfristig eingeleitet werden können.
Die Fregatte Niedersachsen verfügt mit BHS über die Fähigkeit, begrenzte Evakuierungsmaßnahmen durchführen zu können.

4. Kommandant Niedersachsen ist anzuweisen, daß er die Fregatte umgehend Richtung Durres verlegt und auf mögliche Evakuierunsmaßnahmen vorbereitet. Änderung der TOA Message - Unterstellung unter nationales Kommando- durch FüZBw.

5. Fregatte verbleibt außerhalb Hoheitsgewässern, Einleitung von EvakOps erst auf Weisung.
Koordinierung der Schiffs- und Luftbewegungen vor Ort durch US-Führungsschiff.
Eine Beteiligung an multinationalen Maßnahmen geschieht erst auf Weisung. Um Lagebild erstellen zu können, ist FüZBw über Lage vor Ort umfassend und direkt zu informieren.

7. Jede Veränderung Klarstand der Hubschrauber ist zu melden.

8. Fernmeldeverbindungen FF Niedersachsen zum Nationalen Befehlshaber des deutschen Heereskontingentes sind umgehend zu überprüfen, Verbindungsaufnahme mit Luftfahrzeugen CH 53 und C-160 sind vorzubereiten

Im Auftrag

Bulletin der Bundesregierung zum Urteil des Bundesverfassungsgerichtes zum Einsatz »Out-of-Area«.

Bundespresseamt

Presse- und Informationsamt der Bundesregierung

Nr. 70/S. 657 Bonn, den 26. Juli 1994

Bulletin

Erklärung der Bundesregierung

Konsequenzen aus dem Urteil des Bundesverfassungsgerichts vom 12. Juli 1994

Abgegeben vom Bundesminister des Auswärtigen vor dem Deutschen Bundestag

Der Bundesminister des Auswärtigen, Dr. Klaus Kinkel, gab in der 240. Sitzung des Deutschen Bundestages am 22. Juli 1994 zum Thema „Konsequenzen aus dem Urteil des Bundesverfassungsgerichts vom 12. Juli 1994" folgende Erklärung der Bundesregierung ab:

Frau Präsidentin, meine Damen und Herren,

das Urteil des Bundesverfassungsgerichts vom 12. Juli hat zur Frage der Auslandseinsätze unserer Bundeswehr Klarheit geschaffen. Deutsche Soldaten können in Zukunft sicher sein: Ihr Einsatz außerhalb des NATO-Gebiets ist von unserer Verfassung gedeckt, auch der bewaffnete, wenn der Bundestag dem mit einfacher Mehrheit zustimmt. Ein zentrales außen- und sicherheitspolitisches Ziel der Bundesregierung ist damit erreicht. Nach Wiedervereinigung und Wiedererlangung unserer vollen Souveränität ist deutsche Außen- und Sicherheitspolitik voll handlungs- und bündnisfähig. Das gilt im Rahmen der UNO wie für NATO, Europäische Union und WEU.

Die Karlsruher Entscheidung ist nicht nur bei uns, sondern ebenso im Ausland mit großer Aufmerksamkeit verfolgt worden. Ihr Inhalt entspricht nicht nur dem politischen Ziel der Bundesregierung, sondern auch der Erwartung der Völkergemeinschaft sowie unserer Partner und Freunde, daß das wiedervereinte Deutschland mehr weltpolitische Verantwortung übernimmt.

Die Bundesregierung ist wegen der Einberufung dieser Sondersitzung kritisiert worden. Zu Unrecht. Wir sind ein Rechtsstaat. Rechtsstaatlichkeit, Rechtssicherheit für unsere Soldaten im Adria- und AWACS-Einsatz verlangen unmittelbare Reaktion. Es ist nicht vertretbar, unsere Soldaten auch nur einen Tag länger als unbedingt notwendig in einem Einsatz zu belassen, für den die erforderliche Zustimmung des Parlaments gemäß dem Urteil des Bundesverfassungsgerichts nicht vorliegt.

Im übrigen würde ich all denen, die das kritisiert haben, gern sagen: Es hat wahrlich in der Vergangenheit aus nichtigerem Anlaß Sondersitzungen des Deutschen Bundestages gegeben. Diese Sitzung gibt auch die Möglichkeit, die Einsatzregeln für unsere Soldaten in beiden Fällen denen unserer Partner anzugleichen. Auch das muß umgehend geschehen, und zwar nicht, weil uns irgend jemand gedrängt hat oder gedrängt hätte, sondern weil wir selbst unserer Verantwortung voll gerecht werden wollen.

Deutscher Bundestag
28. JULI 1994

Meine Damen und Herren, zur herausragenden politischen Bedeutung des Bundesverfassungsgerichtsurteils stellt die Bundesregierung folgendes fest:

Erstens: Die Entscheidungen über wesentliche Fragen der deutschen Außen- und Sicherheitspolitik werden wieder dort getroffen, wo sie in einer Demokratie hingehören – in Regierung und Parlament. Genau das wollte im übrigen die Bundesregierung. Ihr Vorschlag zu einer Verfassungsänderung, dem die Opposition nicht zugestimmt hat, enthielt das Erfordernis der parlamentarischen Zustimmung. Das wollten wir also.

Zweitens: Das Urteil des Bundesverfassungsgerichts bedeutet politisch eine klare Absage an einen deutschen Sonderweg. Das Bundesverfassungsgericht hat mit aller Deutlichkeit festgestellt, daß auch friedensschaffende Maßnahmen oder Kampfeinsätze vom Grundgesetz gedeckt sind. Das ist der politische Kern des Urteils, auch wenn die SPD das jetzt wieder hin und her und vor und zurück zu interpretieren versucht.

Die Ablehnung dieser Art von Einsätzen durch die SPD war der Grund dafür, daß diese Frage in Karlsruhe entschieden werden mußte. Mit dieser Haltung, die sie auch jetzt, nach dem Urteil, aufrechterhält, stellt sie sich ins Abseits – in den Vereinten Nationen wie in Europa. Die Koalition wollte, unabhängig von unterschiedlichen Auffassungen zur Rechtsgrundlage, von Anfang an friedenserhaltende und friedensschaffende Einsätze der Bundeswehr. Das war, ist und bleibt der Unterschied zur SPD.

Die Bundesrepublik Deutschland ist seit dem Kriege mit Erfolg im Konvoi der euroatlantischen Völkerfamilie gefahren. Bündnis- und Partnerschaftsfähigkeit waren und sind die Grundmaximen deutscher Außen- und Sicherheitspolitik. Auch in Zukunft kommen für uns nationale Alleingänge nicht in Frage.

Nach dem Ende des Ost-West-Konflikts stellen sich die gemeinsamen Friedensaufgaben für NATO, Europäische Union und WEU jedoch neu. Neben die Bündnisverteidigung ist die Mithilfe bei der regionalen Konfliktvorbeugung und Kon-

Inhalt

Fc   .1

Flottenkommando
OP 1 - Az. 03-70-15
Ktr.Nr. OP 1 - 01904/93

24956 Glücksburg, 21.09.93
Bw 141
Postfach 1163
AllgFspWNBw 7225 - 9

Marinefliegergeschwader 3
Eing.: 24. Sep. 1993
Tgb. Nr.: 5056/93
Anlg.: ... Ausfert.

Ki 29/9

FAX an: Kdoführer Elmas

R a h m e n b e f e h l

für die Verlegung des Einsatzkommandos
Marinefliegergeschwader 3 "Graf Zeppelin"
nach Elmas und Decimomannu/Sardinien

Bezug:
1. BMVg - FüM III 1 - LBE/LBM 141322 Z Jul 92 (Vorbefehl zur Verlegung[illegible]
2. BMVg - FüM III 1 - LBA 151237 Z Jul 92 (Verlegeanordnung aufgrund Beschluß Bundesregierung, nur Flottenkommando)
3. LFlKdo - P - 151445 Z Jul 92 (Unterstützungsweisung, FlottenKdo by FAX 17. 6. 93)
4. FlottenKdo LBA 151558 Z Jul 92 (Einsatzbefehl für MFG 3 "Graf Zeppelin")
5. FlottenKdo LDE 161724 Z Jul 92 (Einsatz-Info an CINCNA NOTAL)
6. FlottenKdo LBR 310935 Z Aug 92 (Situationsübersicht, NOTAL)
7. MFlgDiv - R - 041015 Z Nov 92 (Unterstützungsersuchen, für FlottenKdo)
8. FlottenKdo LBN/LBX 050840 Z Nov 92 (Unterstützungsersuchen, NOTAL)
9. BMVg - FüL III 1 - PO 84/55 - v. 12. Nov. 92 (Unterstützungsweisung[illegible] NOTAL)
10. LFlKdo - R 171630 Z Nov 92 (Unterstützungsweisung)
11. FlottenKdo LBJ 120930 Z Mar 93 (Durchführungsweisung CRS-Report, NOTAL)
12. FlottenKdo LBE/LBN 151400 Z Mar 93 (Einsatzunterstützung für verleg[illegible] Lfz des MFG 3 "Graf Zeppelin", NOTAL)
13. MFG 3 "Graf Zeppelin" - Kommodore - Az. 34-01 - TgbNr. 051/93 VS-N[illegible] v. 10. 2. 93 (Verlegebefehl BR-1150)

1. L a g e

1.1 Mit Zustimmung des Bundeskabinetts zur Unterstützung der UN-Resolutionen 713 und 757 sind auf Weisung BMVg seit 19. Juli 1992 3 MPA BR-1150 im Rahmen der WEU-Embargokontrolle gegen Rest-Jugoslawien im Einsatz (Bezug 1., 2. und 4.).

In Fortführung der Embargokontrolle nehmen die MPA seit 15. Juni 1993 [illegible] der Operation SHARP GUARD teil (UN-Resolutionen 787/820).

- 2 -

Rahmenbefehl für die Verlegung von BREGUET ATLANTICS zum Einsatz über der Adria..

MFG 3

»Mit Optimismus in die Zukunft«: Der Inspekteur der Marine, Vizeadmiral Hans-Rudolf Boehmer, spricht zu den Teilnehmern der Historisch-Taktischen Tagung im Januar 1998; neben ihm der Befehlshaber der Flotte, Vizeadmiral Dirk Horten. FlKdo

Das neue Fregattengeschwader der Marine. FlKdo

Marinejagdbomber vom Typ Tornado.
FlKdo

Die Verkleinerung der Marine macht ein neues Stationierungskonzept erforderlich.
FüM

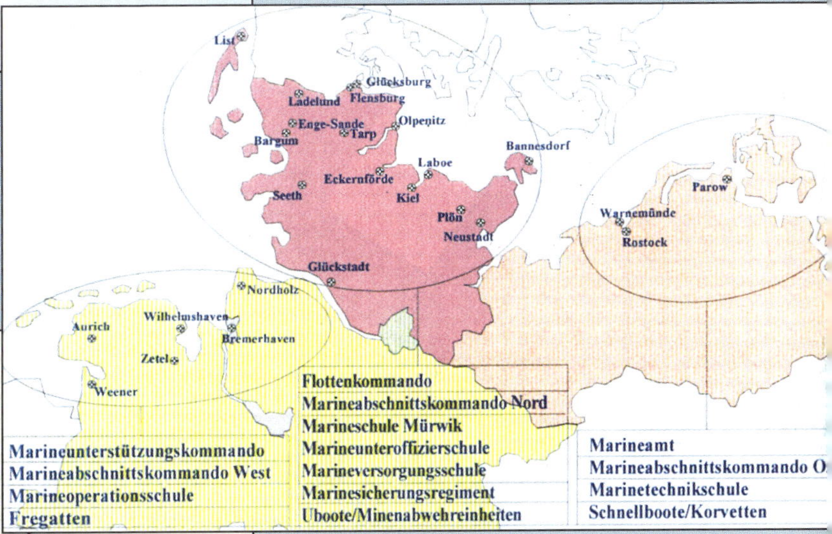

Minenjagdboot FULDA, das jüngste Fahrzeug der Flotte; Indienststellung am 16. Juni 1998.
MSFlot

Die Bootsklassen der Flottille der Minenstreitkräfte.
MSFlot

Flugkörper-Schnellboot der Klasse 143 A S75/ZOBEL.
FlKdo

Glückliche Heimkehr.
FlKdo

Abkürzungen

ANBw	Amt für Nachrichtenwesen der Bundeswehr, Köln
BA/F	Bundesarchiv, Außenstelle Frankfurt/a.M.
BA/MA	Bundesarchiv/Militärarchiv, Freiburg
BfZG	Bibliothek für Zeitgeschichte, Stuttgart
BMVg	Bundesministerium der Verteidigung, Bonn
FAZ	Frankfurter Allgemeine Zeitung
FlKdo	Flottenkommando, Glücksburg
FüM	Führungsstab der Marine, Bonn
KdoTrV	Kommando Truppenversuche, Eckernförde
MFG 3	Marinefliegergeschwader 3, Nordholz
MGFA	Militärgeschichtliches Forschungsamt, Potsdam
MOV	Marine-Offizier-Vereinigung, Bonn
MSFlot	Minensuchflottille, Olpenitz
MSM	Marineschule Mürwik
ZFlot	Zerstörerflottille, Wilhelmshaven

Dokumenten-Anhang

(Die ausgewählten Dokumente zur neueren deutschen Marinegeschichte unterliegen nicht mehr der Geheimhaltung. Sie sind inzwischen offengelegt)

Dokument 1

(Fundort: BA/MA)

Nach dem Scheitern einer Geleitzugoperation im Nordmeer im Dezember 1942 (Operation »Regenbogen«) wurde Großadmiral Raeder von Hitler entlassen und durch den Befehlshaber der Uboote (B.d.U.), Admiral Dönitz, ersetzt. Von dieser Personalmaßnahme versprach sich Hitler einen verstärkten Einsatz der Uboote im Tonnagekrieg und – unter dem Eindruck der sich abzeichnenden Niederlage bei Stalingrad – hierdurch eine erfolgreiche Unterbindung der alliierten Versorgung für die russische Front. Die Ansprache Raeders ist einerseits Analyse des bisher geführten deutschen Seekrieges und gleichzeitig Rechtfertigung für die eigene Tätigkeit als Oberbefehlshaber der Kriegsmarine.

Berlin, den 1. Februar 1943

Ansprache
des Großadmiral Raeder zur Niederlegung
des Oberkommandos am 30. Januar 1943

Meine Herren!
Sie haben den Erlaß gehört und gelesen, durch den mich der Führer auf meine Bitte von der Stellung als Oberbefehlshaber der Kriegsmarine enthoben und mich als Admiralsinspekteur der Kriegsmarine des Großdeutschen Reiches aktiv in der Marine belassen hat. Wenn ich heute das Bedürfnis habe, einige Abschiedsworte an Sie zu richten, so möchte ich Ihnen erstens darlegen, aus welchem Grunde ich jetzt, mitten im Kriege und in einer sehr schwierigen Lage des Reiches, den Entschluß fassen mußte, um meine Entlassung zu bitten; zweitens möchte ich Ihnen als den führenden Persönlichkeiten des O.K.M. einen Rückblick geben auf die Tätigkeit der Kriegsmarine in diesem Kriege, wie ich sie sehe; und drittens habe ich das Bedürfnis, Ihnen durch Sie allen meinen Mitarbeitern heute meinen Dank für die langjährige, treue Unterstützung auszusprechen.

Ich habe zuerst im Frühjahr 1939 im Alter von 63 Jahren den Führer gebeten, zum Herbst 1939 mich von der Stellung zu entheben, um einem Jüngeren Platz zu machen. Ich darf in diesem Zusammenhang erwähnen, daß Großadmiral von Köster, als er 1906 den Abschied nahm, 62 Jahre alt war und daß er damals schon seit vielen Jahren »der alte Köster« hieß. Der Großadmiral von Tirpitz, der allerdings nicht Oberbefehlshaber, sondern Staatssekretär und Minister war und der infolgedessen nicht die dauernde schwere Belastung der Leitung der Operationen im Kriege hatte, schied mit 67 Jahren aus der Marine aus.

Ich war 1939 elf Jahre im Amt und fühlte damals die Berechtigung, mein Amt einer jüngeren Kraft zu übergeben. Der Führer lehnte das aber im Hinblick auf den noch im Anfang befindlichen Aufbau der Kriegsmarine ab. Im Laufe des Sommers zeigte sich immer mehr, daß der Kriegsausbruch unvermeidlich sein würde, und da war es selbstverständlich nicht möglich wegzugehen. So habe ich noch über drei Jahre die Last der Kriegführung getragen. Im Jahre 1941/42, als sich immer deutlicher zeigte, daß der Krieg länger dauern würde, habe ich den Führer noch zweimal unter Hinweis auf die ärztliche Beurteilung gebeten, mich meines Amtes zu entheben. Der Führer lehnte es auch damals ab. Es war mir klar, daß bei der voraussichtlich längeren Dauer des Krieges noch im Kriege eines Tages der Moment kommen würde, wo der Entschluß von mir gefaßt werden müßte. Ebenso war ich mir auch darüber klar, daß im Hinblick auf die Leistungen, die die Marine im Kriege unter meiner Führung vollbracht hat, und im Hinblick auf die Beurteilung im In- und Ausland es erforderlich sei, den Wechsel völlig reibungslos zu vollziehen, damit die feindliche Propaganda daraus keinen Nutzen ziehen konnte. Dazu war es notwendig, als Termin meiner Entlassung einen Tag zu wählen, der an sich neutral erschien. D.h. für mich kamen als die beiden letzten Termine in Frage der 30. Januar 1943, als der Tag, an dem ich dem Führer zehn Jahre gedient habe, oder spätestens der 30. September 1943 als der Tag, an dem ich 15 Jahre die Kriegsmarine hier in Berlin geleitet hätte. Das Schicksal entschied zu meiner besonderen Befriedigung für den 30. Januar 1943. Bei einer Besprechung Anfang des Monats ergab sich für mich eine Lage, die es mir richtig erscheinen ließ, wenn ich den Führer um meine Enthebung zum 30. Januar bat. Der Führer hat sich meinen Ausführungen nicht verschlossen und hat auch von sich aus zum Ausdruck gebracht, daß er es für notwendig halte, daß sich der Wechsel völlig reibungslos vollzöge und daß er wünsche, daß ich auch weiterhin aktiv der Marine verbunden bleibe. Ich brauche daher auch in diesem Zusammenhang nicht die Frage der Außerdienststellung der großen Schiffe zu berühren. Ich habe über diese Frage dem Führer auf seinen Befehl eine Denkschrift eingereicht, in der ich meinen Standpunkt vertreten habe. Über diese Frage wird einst die Geschichte entscheiden. –

Ich glaube, daß ich, nachdem ich über 14 Jahre die Marine geleitet habe, die Berechtigung habe, nun zur Ruhe überzugehen. Denn die ganze Zeit in Berlin war eine Zeit dauernden härtesten Kampfes. Nur die Kampffront veränderte sich im Laufe der Zeit. Kampf im Anfang gegen die Minister wie Gröner und von Schleicher, Kampf anfänglich gegen das Heer, das damals Tendenzen zeigte, die Marine überzuschlucken; Kampf dann ein Jahrzehnt lang gegen die Luftwaffe, wie Ihnen zu Genüge bekannt ist; Kampf nach allen Seiten gegen Persönlichkeiten und Organisationen wie Todt, Speer und Kaufmann, die an sich dazu bestimmt sind, die Marine zu unterstützen, die aber niemals verfehlt haben, ihr Schwierigkeiten zu bereiten. Man muß zu ihrer Entschuldigung anführen, daß sie alle drei Wehrmachtsteile und vieles mehr fördern sollen und daß, wenn ein gewisses begrenztes Maß an Arbeitern oder Rohstoffen oder Sonstigem vorhanden ist, das zu verteilen ist, dies nicht möglich ist, ohne daß dem einen etwas genommen wird, wenn dem anderen etwas gegeben werden muß. Ich bin der Überzeugung, daß der Krieg noch längere Zeit in voller Härte geführt werden wird und daß im Kriege auch alle dies Kämpfe in voller Härte weitergeführt werden müssen. Das ist die Aufgabe der Marine, wenn sie ihr Ziel erreichen will; und daß dafür eine jüngere Kraft erforderlich ist, ist ohne weiteres klar.

Ich brauche Ihnen nicht zu versichern, daß es mir keineswegs leicht geworden ist, den Entschluß zu fassen, denn ich trenne mich nur sehr ungern von Ihnen allen, meine Kameraden. Ich bin der festen Überzeugung, daß mein Entschluß richtig war, und ich empfinde eine tiefe Befriedigung darüber, daß der Führer in so ehrenvoller Weise meine Enthebung genehmigt hat.
Von den beiden Nachfolgern, die ich dem Führer zur Wahl gestellt habe, hat der Führer Admiral D ö n i t z gewählt, indem er damit der kriegsentscheidenden Bedeutung des Ubootskrieges hat tragen wollen.
Als zweiter Teil meiner Ausführungen ein kurzer Überblick über die Tätigkeit der Kriegsmarine in diesem Kriege, wie sie sich mir darstellt. Die Marine +) [Ich habe einen Teil dieser Ausführungen bereits Mitte Januar vor den Admiralen gemacht, die damals zur Tagung hier versammelt waren] hat es von den 3 Wehrmachtteilen in diesem Kriege am schwersten gehabt. Der 2. Weltkrieg ist im Grunde ein Seekrieg; das wird sich immer klarer zeigen, je weiter er der Entscheidung entgegengeht, – im Gegensatz zu der Einstellung mancher Stellen, die geneigt sind, einer mehr oder weniger kontinentalen Auffassung zu huldigen.
Der Führer glaubte im Sommer 1939 nicht annehmen zu müssen, daß England in den Krieg eingreifen würde, wenn wir den Polenkrieg führten. Der Führer hatte ein Programm zum Aufbau der Marine genehmigt, das bis zum Jahre 1944/45 einen gewissen Abschluß des Aufbaues einer immerhin recht starken Flotte vorsah. So wie die Dinge verliefen, mußte die Marine im Jahre 1939, im Anfang ihres Aufbaues stehend, antreten gegen die größten Seemächte der Welt. Ich glaube, ich übertreibe nicht, wenn ich sage, daß der offensive Geist und die Kühnheit, mit der die Operationen der Marine von Anfang an gegen einen weit überlegenen Gegner geführt worden sind, die Bewunderung der ganzen Welt erregt haben. Der erste Höhepunkt der Seekriegführung war die Norwegenunternehmung, deren kühne Durchführung in der ganzen Welt anerkannt worden ist. Ohne die Besetzung von Norwegen wäre m.E. die Weiterführung des Gesamtkrieges nicht möglich gewesen; denn hätten die Engländer es besetzt, so hätten sie von dort aus die gesamte deutsche See- und Luftkriegführung behindern und die Ostsee beherrschen können. Im Vordergrund stand für die Marine von vornherein und dauernd der Kampf gegen die schwächste Stelle des Gegners, gegen seine Seeverbindungen, der Kampf gegen die feindliche Tonnage. Hiergegen richtete sich konsequent die gesamte Seekriegführung: Im Anfang die Minenunternehmungen der Zerstörer, die ich besonders erwähnen möchte, da sie mit größter Kühnheit bis vor die englischen Häfen vorgetragen wurden. Vor allem aber der Handelskrieg unserer Uboote, Panzerschiffe, Hilfskreuzer, großen Kreuzer und Schlachtschiffe. Auf den Ubootkrieg komme ich nachher noch zurück. Die Unternehmungen unserer Überwasserstreitkräfte auf den Ozeanen veranlaßten den Gegner, die gesamte Flotte in immer stärkerem Maße einzusetzen für den Schutz der Geleitzüge auf den Ozeanen. Damit wurde der Gegner zu starkem Verschleiß seiner Seestreitkräfte gezwungen und war nicht in der Lage, diese an irgendeiner Stelle zu einem größeren Schlage zu konzentrieren. Es fehlte uns aber in diesem Seekriege eine große Flotte, die, gestützt auf die uns vom Führer eroberten Stützpunkte an der Atlantikküste, um die Seeherrschaft mit unserem Gegner auf den Ozeanen hätte ringen können. Also umgekehrt wie im ersten Weltkrieg, in dem eine große Flotte vorhanden war, dagegen nicht die Ausgangsstützpunkte am Ozean. Die im zweiten Weltkrieg vorhandenen wenig zahlreichen Seestreitkräfte konnten einen solchen Krieg durch Raids im Atlantik nur so lange führen, als das Moment der Überraschung auf ihrer Seite war und als die Überwachung des Ozeans durch die feindliche Luftwaffe noch nicht so organisiert war, wie das später, von 1941 an, der Fall war. Es fehlte uns zweitens die Marineluftwaffe, um die wir von vornherein schwer gekämpft haben, die wir bis zu einem gewissen noch tragbaren Maße zwar im Anfang erreicht hatten, die aber dann durch die Einwirkung des Oberbefehlshabers der Luftwaffe allmählich erstickt wurde. In diesem Kampf sind wir unterlegen. Über die Frage der Notwendigkeit einer Mar[ine].Luftwaffe für eine Marine, die Operationen auf See führen will, wird einst die Geschichte entscheiden. Es war besonders ungünstig, daß infolge des erst beginnenden Aufbaues der Flotte der für uns völlig neue Typ der Flugzeugträger zu Beginn des Krieges im Bau noch nicht abgeschlossen war, so daß wir ihn noch nicht einsetzen konnten.
Richtig, weit vorausschauend und infolgedessen verdienstvoll waren die Maßnahmen, die wir zum Aufbau der Unterseebootwaffe von Anfang an getroffen haben. Wir haben schon in der Systemzeit sehr frühzeitig vermöge unseres Büros in Holland, vermöge unserer Beziehungen zur spanischen und finnischen Marine eine gewisse Grundlage schaffen können für den Aufbau einer Unterseebootwaffe unter Benutzung der Erfahrungen des ersten Weltkrieges. Diese ganzen Maßnahmen sind nur aus der Initiative der Marine entsprungen, und auch die weitere Durchführung des Aufbaues hat die Marine aus eigener Kraft und nach eigenen Gedanken durchgesetzt und erreicht. 1935 konnten die ersten Stapelläufe erfolgen in dem Augenblick, in dem der Führer das Flottenabkommen in London abschließen ließ. Die Ausbildung des Personals erfolgte anfänglich im Ausland, später dann durch die Ubootsabwehrabteilung, die nur die Tarnung einer Ubootsabteilung war.
Der Ubootkrieg ist unter Führung des B.d.U., Admiral D ö n i t z, jetzigen Oberbefehlshabers der Kriegsmarine, mit größter Energie, größtem Geschick und größtem Erfolg geführt worden. Die Mittel dazu sind ihm durch die Arbeit des Oberkommandos zugeflossen. Wir befinden uns jetzt in einem günstigen Stadium, was den monatlichen Zuwachs an Front-Ubooten betrifft. Dazu kommen neue, grundlegende Verbesserungen, die die zukünftige Lage beeinflussen werden. Wir haben gerade jetzt neue Waffen an die Front geben können, auf deren Erfolg der B.d.U. große Hoffnungen setzt. Der Kampfwert, die Sicherheit, Solidarität und der Aktionsradius unserer Uboote sind so, daß der B.d.U. wiederholt bestätigt hat, die deutsche Marine habe die besten Uboote der Welt. Ich betone in diesem Zusammenhang, daß die erfolgreiche Durchführung des Ubootkrieges auf die Dauer nur möglich ist bei hinreichender Unterstützung durch die Luftwaffe, sowohl für das Einholen und Herausbringen der U-Boote durch gefährdete Gebiete, als auch für eine genügende Aufklärung auf See. Ohne eine weit-

reichende Aufklärung wird es auf die Dauer große Erfolge nicht geben, mag die Zahl der Uboote noch so groß sein. Ich bin der Überzeugung, daß die Ubootswaffe dazu berufen ist, in erster Linie kriegsentscheidend zu wirken. Ich glaube nicht, daß es ein anderes Mittel gibt, auf die Gesamtkriegführung im gleichen Maße einzuwirken.
Wenn ich von der kriegsentscheidenden Wirkung des Ubootskrieges in diesem Zusammenhang spreche, fasse ich damit zusammen den Gesamtkampf gegen die feindliche Tonnage, also auch die Tätigkeit der Schnellboote und vor allem auch die der Luftwaffe, die meiner Meinung nach ihre Tätigkeit auf See, insbesondere um England herum, völlig zu konzentrieren hat auf den Kampf gegen feindliche Handelsschiffe in den Häfen und gegen Geleitzüge in unmittelbarer Nähe der englischen Küste, dort, wo unsere Streitkräfte nicht operieren können. Eine solche Konzentration ist dringend notwendig; es kommt auf jede versenkte Tonne an.
Wenn ich von Kriegsentscheidung spreche, möchte ich nicht vergessen die so wichtige und schwierige Tätigkeit aller Geleit- und Sicherungsverbände. Ohne die Fortführung des Handels- und Transportverkehrs in den Küstengewässern der Heimat und der besetzten Gebiete ist meiner Ansicht nach eine Weiterführung des Krieges an entscheidenden Stellen in Frage gestellt. Ich befürworte deshalb die äußerste Förderung dieser Streitkräfte nach Personal und Material.
Nur am Rande möchte ich erwähnen die Tätigkeit der großen Schiffe. Ich bin der Überzeugung, daß die Anwesenheit der Schiffe in Norwegen dazu geführt hat, den Entschluß der Engländer zu einer Landung doch stark zu beeinflussen, denn der Engländer, - man muß sich in seine Lage versetzen, - sieht in der Anwesenheit und in Operationen dieser Seestreitkräfte eine schwere Gefährdung einer evtl. Landungsunternehmung und des dafür erforderlichen Nachschubs. Infolge der Stationierung unserer Schiffe in Norwegen hat er sich veranlaßt gesehen, 4 seiner neuesten Schlachtschiffe, 2 Flugzeugträger und zahlreiche Kreuzer und Zerstörer dauernd am Ausgang des Nordatlantik zu stationieren. Werden diese Streitkräfte frei, so bedeutet das eine starke Belastung für die Kriegführung im Mittelmeer oder vor allem für unsere japanischen Bundesgenossen, deren Sieg über die Angelsachsen im Pazifischen und Indischen Ozean für uns von größter Bedeutung ist.
Zusammenfassend möchte ich sagen: So wie die Gesamtlage ist, muß für die Durchführung des Ubootskrieges jedes irgendwie mögliche Opfer an Personal und Material gebracht werden, ebenso wie für die Förderung der S-Boote und Sicherungs- und Geleitfahrzeuge, hinauf bis zu den Torpedobooten und Zerstörern. Ist es möglich, eine wesentliche Werftkapazität zu gewinnen zu Gunsten des Ubootsbaues und der Ubootsreparaturen, so scheint mir die Außerdienststellung des einen oder anderen weniger wertvollen Schiffes berechtigt zu sein.
Dringend notwendig ist, gerade im Hinblick auf die längere Dauer des Krieges, die weitere intensive Entwicklung aller Waffen und Kampfgeräte. Ich habe den Eindruck, daß die Wissenschaft und Technik der gesamten Welt, besonders aber auch der USA, es sich zur Aufgabe gestellt hat, Vorsprünge zu erreichen auf dem Gebiet der Entwicklung der Waffen- und Kampfgeräte. Ich habe das Gefühl, daß dieser Kampf von der USA mit besonderem Erfolg geführt wird, und daß sie z.B. auf dem Gebiet der Funkmeßgeräte einen wesentlichen Vorsprung haben. Ich möchte in diesem Zusammenhang daran erinnern, daß es falsch ist anzunehmen, man habe auf längerer Zeit hinaus einen wesentlichen Vorsprung auf irgendeinem Gebiet. Im allgemeinen gleichen sich die Vorsprünge auf dem Gebiet der Waffenentwicklung schnell aus, wie es sich wiederholt gezeigt hat.
Wenn ich hier sage, wir haben z.Zt. auf manchen Gebieten keinen Vorsprung, so möchte ich doch diesen Augenblick benutzen, um zum Ausdruck zu bringen, daß ich persönlich die Arbeit des OKM, insbesondere aller technischen, Schiffbau-, Maschinenbau- und Waffenstellen als eine besonders erfolgreiche ansehe. Man darf sich nicht irre machen lassen durch die Ausstellungen, die häufig aus der Front herauskommen, wo naturgemäß die Mängel neuer Einrichtungen und Waffen am stärksten empfunden werden, während das Gute als selbstverständlich hingenommen wird. Wenn wir in Betracht ziehen, was auf dem Gebiet der Waffenentwicklung in einer unglaublich kurzen Zeit bis zum Ausbruch des Krieges geleistet worden ist, so kann man hierüber nur vollste Befriedigung empfinden. Ich glaube z.B., daß der Typ unseres Schlachtschiffes BISMARCK, der im Ausland allgemein besonders anerkannt wird, eine ganz hervorragende Leistung in jeder Beziehung ist.
Ich komme jetzt noch auf einige anderen Fragen, meine Herren. Als ich hier meinen Dienst 1928 antrat, da befanden wir uns in einem Stadium, in dem wir allen Fragen der Disziplin besondere Aufmerksamkeit widmen mußten. Es war einer meiner Leitsätze, die ich damals äußerte, daß Disziplin und Kameradschaft die Grundlagen für jede Leistung seien, und ich ordnete damals an, daß jede Maßnahme, ob sie nun die Ausbildung, die Organisation, die Unterkunft oder anderes beträfe, vor ihrer Durchführung in Bezug auf ihre Wirkung auf die Disziplin zu prüfen sei. Das war damals noch sehr nötig, und die Disziplin ist dann in den folgenden Jahren eine sehr gute gewesen. Es ist aber heute, nachdem der Krieg so lange gedauert hat, in gleichem Maße diese Frage in den Vordergrund zu stellen, denn die Gefahren sind die gleichen wie im vorigen Weltkriege. Auf der anderen Seite muß die Marine siegen, und dazu ist die beste Disziplin erforderlich. Meiner Auffassung über die Disziplin entsprach es auch, wenn ich mich bemüht habe, in der ganzen Zeit die Marine, auch das Oberkommando, straff und einheitlich, ich möchte sagen, autoritär zu führen. Ich habe immer größten Wert auf die Wahrung der Einheitlichkeit der Auffassung aller Stellen des OKM nach außen hin gelegt. Denn die Einheitlichkeit der Auffassungen innerhalb der Marine gibt ihr allein die Stoßkraft, um ihre Forderungen gegenüber den vielen widerstrebenden Elementen durchzusetzen. Ich habe schon diese verschiedenen Elemente vorher angedeutet, mit denen zu kämpfen war und mit denen heute noch zu kämpfen ist. Es liegt heute so: Der Führer selbst führt das Heer. Ihm steht der Minister S p e e r in erster Linie zur Verfügung zur Durchsetzung der Forderungen, die für das Heer zu erheben sind. Befiehlt der Führer z.B. Speer 100%ige Verstärkung der Panzerwaffe, so wird auch Speer auf Kosten anderer Wehrmachtteile dies durchzusetzen versuchen. Der Reichsmarschall verfügt über alle Teile der

Wirtschaft oder hat wenigstens großen Einfluß auf diese Teile; er wird naturgemäß diesen Einfluß benutzen, um alles das für die Luftwaffe durchzusetzen, was er für ihre Zwecke für erforderlich hält. Dem allen steht die Marine gegenüber, die nur durch größte Einheitlichkeit und Geschlossenheit hinter ihrem Oberbefehlshaber erreichen kann, daß sie das erhält, was sie unbedingt notwendig hat. Ich kann an dieser Stelle heute mit besonderem Dank feststellen, daß ich noch in Bezug auf die Wahrung der Einheitlichkeit und Geschlossenheit der Marine stets treue und loyale Unterstützung erfahren habe. Ich möchte aber an Sie alle, an das ganze Oberkommando und die ganze Marine die dringende Bitte richten, sich eben so geschlossen hinter meinen Nachfolger zu stellen, der ein sehr schweres Amt übernimmt und die volle Unterstützung der Marine notwendig haben wird, um sie über alle Hindernisse hinwegzubringen.

Ich komme nun zum zweiten Teil meines Leitsatzes:

Die Kameradschaft. So sehr ich die Marine straff und fest geführt habe, so großen Wert habe ich immer auf die Kameradschaft gelegt. Ich glaube, wir können stolz darauf sein, daß das Wort von der vorbildlichen Marinekameradschaft nicht nur aus Marinekreisen gehört wird, sondern auch für weitere Kreise des deutschen Volkes ein Begriff geworden ist. Ich war tief ergriffen darüber, daß mir dies Wort aus Briefen von Hinterbliebenen unserer gefallenen Kameraden, gerade auch von Unteroffizieren und Mannschaften, wiederholt entgegenklang. Diese Kameradschaft wirkt auch werbend für die Marine. Ich glaube, ich brauche nicht besonders zu betonen, daß eine intensive Werbung der Marine, die es hierbei am schwersten hat, für die Erlangung des Nachwuchses gerade heute dringend notwendig ist. Gegenwart und Zukunft stehen unter dem Zeichen des Kampfes um den besten Führernachwuchs.

Werbend für die Marine wirkt auch das, was ich immer den Stil der Marine genannt habe, den ich persönlich zu beeinflussen gesucht habe – den Stil des selbstbewußten, doch bescheidenen, sachlich tüchtigen, zuverlässigen und anständigen Soldatentums. Ich glaube, daß das Auftreten der Marine in diesem Stil im Inland die Beliebtheit der Marine beim deutschen Volk stark mitbegründet und gefördert hat.

Ein ganz kurzes Wort zu der Frage des Nationalsozialismus.

Ich glaube, Sie werden mir darin zustimmen, daß es mir gelungen ist, im Jahre 1933 die Marine geschlossen und reibungslos dem Führer in das Dritte Reich zuzuführen. Das war dadurch zwanglos gegeben, daß die gesamte Erziehung der Marine in der Systemzeit trotz aller Einflüsse von außen her auf eine innere Haltung hinzielte, die von selbst eine wahrhaft nationalsozialistische Einstellung ergab. Aus diesem Grunde hatten wir uns nicht zu ändern, sondern konnten von vornherein aufrichtigen Herzens wahre Anhänger des Führers werden. Es hat mich mit besonderer Genugtuung erfüllt, daß der Führer mir dieses stets hoch angerechnet hat, und ich möchte Sie bitten, alle darauf hinzuwirken, daß die Marine auch in dieser Beziehung eine feste und zuverlässige Stütze des Führers bleibt.

Ich komme zum Schluß.

Ich möchte Ihnen allen und durch Sie Ihren Mitarbeitern meinen herzlichen und aufrichtigen Dank sagen für die langjährige treue und wirkungsvolle Unterstützung und Mitarbeit. Ich weiß sehr wohl, welche gewaltige Arbeit seit Jahren, auch schon vor dem Kriege seit dem Beginn des Aufbaus, hier im OKM und in der gesamten Marine von allen geleistet worden ist, geleistet vielfach unter Aufopferung der Gesundheit und stets ohne Rücksicht auf die eigene Person. Sie haben sich damit die größten Verdienste um die Marine, um unser deutsches Vaterland erworben. Verdienste, die, wie ich vorher schon sagte, ja nicht immer von allen Seiten bereitwillig anerkannt werden, die aber zweifellos trotzdem in vollem Umfange vorhanden sind und höchste Anerkennung verdienen.

Als ich meinen Dienst hier antrat, da riet mir ein alter Seeoffizier, ich solle mir in meiner schwierigen Stellung stets einen Leitspruch gegenwärtig halten, den er mir gab:

»Frisch durch das Leben wandre
Greif zu, erwäg nicht lang,
Verlaß Dich nie auf andere
Und rechne nicht auf Dank.«

Der alte Kamerad sagte mir, er empfehle mir diesen Leitspruch deshalb, weil ich bei seiner Beobachtung nie eine Enttäuschung erleben würde. Ich muß heute zu meiner größten Genugtuung feststellen, daß ich während meiner Dienstführung im OKM die dritte Zeile des Leitspruchs in meinem Falle als völlig unzutreffend erkannt habe. Ich habe in dieser Hinsicht vielmehr nur eine angenehme Enttäuschung erfahren, und ich möchte heute dankbaren Herzens aussprechen, daß das Vertrauen, das ich meinen Mitarbeitern entgegengebracht habe, niemals enttäuscht worden ist. Dafür bin ich Ihnen allen ganz besonders dankbar.

Meine Herren! Ich wende mich an dieser Stelle, da es nicht möglich ist, vor einer größeren Anzahl von Mitarbeitern zu sprechen, in erster Linie an Sie, die Sie hier versammelt sind, durch Sie aber an alle Mitarbeiter ohne jede Ausnahme mit der Bitte, meinen Dank und meine Anerkennung ihnen allen zu übermitteln und, soweit es Ihnen möglich ist, auch den Inhalt meiner Ausführungen in wesentlichen Teilen ihnen zu vermitteln. Ich richte mich darüber hinaus aber auch an die gesamte Marine, weil ich jetzt im Kriege nicht in der Lage bin, zu größeren Teilen der Marine zu sprechen. Es ist für mich eine große Genugtuung und eine Ehre gewesen, so lange Zeit an der Spitze der Marine zu marschieren und dabei die Empfindung zu haben, daß die Marine mir gern und willig folgte. Und ich empfinde es als ein besonderes Glück, daß der Führer verfügt hat, daß ich als Admiralinspekteur der Marine noch weiterhin aktiv zu ihr gehören soll. Meine besten Wünsche begleiten Sie alle, meine Herren, das ganze OKM und die gesamte Marine für Ihr persönliches Wohlergehen und für Ihre so bedeutungsvolle und kriegswichtige Arbeit. Ich bin der Überzeugung, daß die Marine ein wesentliches Teil zur siegreichen Kriegsentscheidung beitragen muß und wird, denn ohne ihren Erfolg kein Endsieg!

Diesen müssen wir erringen, das sind wir dem deutschen Volk und unserem Führer schuldig! In diesem Sinne möchte ich auch in diesem Augenblick, in dem ich den Dienst als Oberbefehlshaber der Kriegsmarine niederlege, mit Ihnen dankbaren und aufrichtigen Herzens rufen: Unser Fuhrer, der Oberste Befehlshaber der Wehrmacht: Sieg Heil!

Dokument 3
(Fundort: BA/MA)

Die von Konteradmiral a.D. Gerhard Wagner, 1956 stellvertretender Inspekteur der Marine, in Abstimmung mit den für die amerikanische Marine im Bremerhavener Naval Historical Team die deutschen Marineakten auswertenden ehemaligen Kriegsmarineoffizieren erstellte Denkschrift kann als »Magna Charta« der »Bundesmarine« gelten. Die hier angestellten Überlegungen für den im Rahmen der Europäischen Verteidigungsgemeinschaft (EVG) vorgesehenen Aufbau eines deutschen Marineanteils wurden in die Verhandlungen der westdeutschen Regierung mit den Alliierten auf dem Petersberg bei Bonn im Frühjahr 1951 eingebracht. Sie bildeten auch nach dem Scheitern der EVG die erste konzeptionelle Grundlage für die deutsche Nachkriegsmarine.

GEHEIM
März 1951

Aufbau eines deutschen Marinekontingents im Rahmen deutscher Mitwirkung an der Verteidigung Westeuropas.
[Handschriftlicher Vermerk auf dem Deckblatt: »Petersberg-Denkschrift«]

[Inhaltsverzeichnis]

I. Seestrategische Lage Westeuropas.

1. Die grossen Entscheidungen in einem Konflikt Ost-West werden auf dem Festland Europa-Asien mit Mitteln des Landkrieges ausgetragen werden. Da aber die Kraftzentren des Westens - USA und Großbritannien - außerhalb des Kontinents Eurasien liegen, ist die Aufrechterhaltung der westlichen Seeherrschaft von kriegsentscheidender Bedeutung. Ihre Aufgabe ist nicht nur, Angriffe der östlichen Seekampfmittel auf die Seeverbindungen und Küsten zu verhindern, sondern auch die Landkriegführung zu nähren und zu unterstützen, Schwerpunktverlagerungen über See zu ermöglichen und die Ernährung der Bevölkerung sicherzustellen.
2. Bedeutung der Dänischen Position.
   Im Rahmen der Kriegführung in Westeuropa spielt Dänemark eine bedeutsame Rolle. Seestrategisch ist sie darin begründet, daß der Schwerpunkt der sowjetischen Seemacht im Ostseeraum liegt und Dänemark das Tor der Ostsee bildet. Aus der Ostsee heraus bedroht der Russe mit der Masse seiner offensiven Seekriegsmittel, in erster Linie also mit U-Booten, die westlichen Seeverbindungen vor ihren Zielhäfen an der europäischen Küste von Hamburg bis Gibraltar. Auch wäre er in der Lage, durch Fernkrieg vor amerikanischen Häfen und in der Weite des Nordatlantik die Sicherheit der Nachschublinien zu gefährden und erhebliche Kräfte zu binden. Jede derartige Störung wird sich auf die militärischen Operationen auf dem europäischen Festland zum Nachteil des Westens auswirken. Solange sich Dänemark als das Tor der Ostsee in westlicher Hand befindet, - und der Weißmeerkanal als Hintertür gleichzeitig durch Luftangriffe unbenutzbar gemacht wird -, ist die sowjetische Ostseeflotte auf dieses Binnenmeer beschränkt. Dadurch wird mit einem Schlage etwa ein Drittel der Seekriegsmittel Sowjetrußlands einschließlich der U-Boote und insbesondere seine leistungsfähigste Werft- und Stützpunktbasis von jeglicher Auswirkung außerhalb des Bereichs der Ostsee ausgeschaltet.
3. Landstrategisch bildet Dänemark eine Flankenstellung gegenüber dem sowjetischen Vormarsch gegen Westeuropa. Sie kann, wenn sie von den Westmächten gehalten wird, möglicherweise den Russen von vornherein zu einer Verlangsamung seines Vorgehens in westlicher Richtung veranlassen, da er sich vermutlich gerade zu Anfang vor Rückschlägen scheuen wird. Sie wird in einem späteren Stadium, wenn die Mobilisierung aller Kräfte der westlichen Demokratien entsprechend vorgeschritten ist, den ersten Brückenkopf für eine Gegenoffensive großen Stils bilden können, sei es, daß diese unmittelbar nach Süden in den deutschen Raum hineinstoßen soll, sei es, daß sie als amphibisches Unternehmen über die Ostsee gegen irgendeinen Punkt der sowjetischen Küste gerichtet sein wird.
4. Militärpolitisch liegt der Wert der dänischen Position in der Tatsache, daß sie die Verbindung Schwedens zu den Westmächten beherrscht. Eine Besetzung Dänemarks durch die Sowjets würde die Lage Schwedens unhaltbar machen und damit gleichzeitig die norwegische Position der Atlantikpaktmächte aufs Schwerste bedrohen.
5. Es kann also kein Zweifel darüber bestehen, daß die Verteidigung Dänemarks für die Kriegführung der Westmächte von entscheidender Bedeutung ist. Da Dänemark durch russische amphibische Operationen über die Ostsee stark bedroht ist, erwachsen der Seekriegführung hier umfangreiche Aufgaben. Sie bestehen in ihrem defensiven Teil im Wesentlichen in der Sperrung der Ostsee-Eingänge, Abwehr von Landungen auf den Dänischen Inseln, Unterstützung des Heeres in seinen Küstenflanken, Sicherung des Nachschubs über See.
6. Bedeutung der Ostsee.
   Darüber hinaus kann die Verteidigung Dänemarks durch eine offensive Seekriegführung des Westens in der Ostsee wesentlich erleichtert werden. Extrem gesprochen, würde die absolute Seeherrschaft der Westmächte in der Ostsee jede Maßnahme des sowjetischen Gegners über See unmöglich machen. Je aktiver und offensiver westliche See- und Luftstreitkräfte daher in der Ostsee auftreten, um so mehr werden sie sich diesem Idealziel nähern. Die Gefahren einer ernsthaften Bedrohung schon auf dem Anmarsch wird den Russen von vornherein von der Durchführung größerer amphibischer Unternehmungen abschrecken, so daß in der ortsgebundenen Verteidigung der Dänischen Inseln und Engen Kräfte und Material gespart werden könnten, die für die Verwendung an anderer Stelle frei würden.

7. Neben der Entlastung der Verteidigung der Dänischen Küste bietet die Ostsee einer eigenen Offensivtätigkeit aber noch andere verlockende Ziele. Landstrategisch gesehen bildet die Ostsee für die sowjetische Armee, insbesondere bei einem Vormarsch nach Westeuropa, eine offene Flanke von weit über 1000 km Länge, die sich in ihrer ganzen Ausdehnung kaum wirksam schützen läßt. Ferner wird der Russe im Hinblick auf die schlechten Verkehrsverhältnisse ostwärts der Elbe und vor allem in Polen darauf angewiesen sein, einen Teil des Nachschubs für seine Angriffsarmeen im Seetransport an der Küste entlang nach Westen zu bringen. Sein umfangreiches Schiffbauprogramm in der Ostzone Deutschlands, besonders an kleinen Fahrzeugen, deutet auf Vorbereitungen in dieser Richtung hin und läßt darauf schließen, daß er diese Transporte vorwiegend auf Kleinfahrzeugen durchzuführen gedenkt. Und schließlich bietet die Ostsee dem Westen die einzige Möglichkeit, rückwärts liegende, für den Russen politisch unzuverlässige Gebiete wie die deutsche Ostzone, Polen und die Baltischen Länder unmittelbar zu erreichen und die dortigen Untergrundbewegungen mit Agenten, Material und Nachrichten zu versorgen.
8. Solange die westlichen Kräfte an Land für eine Offensive gegen Sowjetrußland nicht ausreichen, gibt die Ostsee – abgesehen vom Einsatz der Luftwaffe – die einzige Möglichkeit für die Westmächte, von vornherein offensiv zu werden und ihre Überlegenheit an Seekampfmitteln zum Tragen zu bringen. Der Angriff auf die Nachschubtransporte ist geeignet, die Operationen des russischen Heeres zu hemmen. Raidartige Landungen hinter der feindlichen Front, Überfälle auf kriegswichtige Objekte an der Küste, wie etwa Raketenabschußplätze, Radarstationen, Fabrikations- und Versuchsstätten, Nachrichtenstellen, werden neben dem militärischen Erfolg Unruhe stiften und Kräfte binden. Im gleichen Sinne wird die Unterstützung der Untergrundbewegung wirken.
Es ist auch darauf hinzuweisen, daß sich die Ostsee im weiteren Verlauf des Krieges als Schauplatz einer großangelegten Landungsoperation der Westmächte gegen den Kern des sowjetischen Reiches anbietet. Alle vorher in der Ostsee gewonnenen Seekriegserfahrungen werden einem solchen Unternehmen zugute kommen.
9. Bedeutung der Nordsee und des Skagerraks/Kattegats.
Auch die Nordsee darf bei der Betrachtung der seestrategischen Lage Westeuropas nicht vergessen werden. Sie bildet die unentbehrliche Nachschublinie für Truppen und Kriegsmaterial nach Deutschland ebenso wie für die Ernährung der deutschen Bevölkerung. Skagerrak und Kattegat spielen für Dänemark die gleiche Rolle. Solange es gelingt, die dänische Position zu halten und damit die Ostsee-Eingänge zu sperren, beschränkt sich die Bedrohung dieser Gewässer auf Flugzeuge und solche U-Boote, die möglicherweise aus den russischen Stützpunkten am Polarmeer in die Nordsee entsandt werden. Ihre Kampfmittel sind Torpedo und Mine, Bombe und Rakete.
Die Seekriegsaufgaben in diesen Seegebieten bestehen demnach in:

- Sicherung der Häfen und Seewege gegen Minen einschl. eines Minenbeobachtungs- und -warndienstes,
- Schutz der Schiffahrt gegen Torpedo- und Bordwaffenangriff von Flugzeugen und gegen U-Boote.

II. Aufgaben der atlantischen Marinen.
10. Zusammenfassend ergeben sich in den an Deutschland angrenzenden Seegebieten folgende Seekriegsaufgaben:
defensiv:
1. Sicherung der westlichen Ostsee gegen Angriffsunternehmen von Überwasserstreitkräften und U-Booten.
2. Abwehr von Landungen hinter der eigenen Front und auf den Dänischen Inseln. Da ein Teil der örtlichen Küstenverteidigung wie Torpedobatterien, Küstenminen und Kleinkampfmittel zwangsläufig zur Marine gehören, wird es im Gegensatz zur Himmeroder Denkschrift für zweckmäßig gehalten, auch die Küstenartillerie, die mit diesen Kampfmitteln gemeinsam gegen Seeziele wirken soll, der Marine zu unterstellen.
3. Verhindern des Ausbruchs von russischen U-Booten aus den Ostsee-Eingängen.
4. Minenfreihalten von eigenen Nachschubwegen und Verkehrswegen in der westlichen Ostsee, in der Nordsee und im Skagerrak/Kattegat.
5. Sichern der Schiffahrt in diesen Gewässern gegen Luftangriffe, U-Boote und Minen.
6. Sicherung und Unterstützung des eigenen an das Meer angelehnten Heeresflügels gegen Beschießungen und überflügelnde Landungen.

offensiv:
7. Bedrohung des an das Meer angelehnten Flügels des russischen Heeres durch Beschießung und Landungen, wobei die russische Flankenempfindlichkeit besonders auszunutzen ist.
8. Angriff auf den russischen Nachschubverkehr in der Ostsee, die voraussichtlich der leistungsfähigste der russischen Nachschubwege sein wird.
9. Kommandounternehmungen und Landungen weit im Rücken der russischen Front, um Kräfte zu binden und Unsicherheit zu erzeugen.
10. Unterstützung der Widerstandsbewegungen in der Sowjetzone Deutschlands, in Polen, den Baltischen Staaten und Finnland durch Absetzen von Agenten, Waffen und Propagandamaterial.
11. Fernziel: Durchführung einer Großlandung in der mittleren oder östlichen Ostsee bei Übergang des Westens zur allgemeinen Offensive.

III. Notwendigkeit deutscher Beteiligung.
11. Die deutsche Marine besitzt als einzige Marine der Welt umfassende Seekriegserfahrungen gegen Rußland. Sie ist mit den Gewässern der Ostsee und ihrer Eigenart aufs Engste vertraut. Ihre Heimatverbundenheit zu den deutschen Küsten bis Memel

hinauf ist eine weitere Stärke, die sich bei vielen Aufgaben zu einem entscheidenden Vorteil auswirken kann.

Die großen westlichen Seemächte haben vielseitige Seekriegsaufgaben auf allen Meeren zu erfüllen, die ihre Kräfte stark in Anspruch nehmen werden. Auch besitzen sie gerade einen Teil der für die Ostsee geeigneten Seekampfmittel nicht im Überfluß. Es kommt hinzu, daß eine Reihe von Aufgaben, wie Minenschutz von Häfen und Reeden, Vorpostendienst und mancherlei Sperraufgaben am zweckmäßigsten mit Kleinfahrzeugen der Handelsschiffahrt und Fischerei erfüllt werden. Daß andere Länder solche Fahrzeuge zur Verteidigung der deutschen Küsten stellen, kommt praktisch nicht in Frage. Sie müssen deutschen Beständen entnommen, mit deutschen Besatzungen bemannt und im Rahmen eines deutschen Marinekontingents eingesetzt werden.

Dänemark, das an den Seekriegsaufgaben in der westlichen Ostsee in gleichem Maße wie Deutschland interessiert ist, besitzt nicht das notwendige Kriegspotential, um diese Aufgaben allein meistern zu können, ganz abgesehen davon, daß die dänische Marine über keinerlei Kriegserfahrungen verfügt. Sie ist sich dieser Lage durchaus bewußt und hofft auf deutsche Unterstützung.

IV. Welche Seekampfmittel sind vordringlich erforderlich?

12. Im Hinblick auf die Engigkeit der Gewässer und ihre Luft- und Minengefährdung sind große Kriegsschiffe wie Schlachtschiffe, Flugzeugträger und Kreuzer in der Ostsee fehl am Platze, wie auch der Russe von den großen Einheiten seiner Ostseeflotte kaum Nutzen haben dürfte. Große Beweglichkeit und geringer Tiefgang kommen hier vor Aktionsradius und Panzerschutz, die Größe wird dadurch bestimmt, daß alle Überwassereinheiten außer Kleinkampfmittel eine sehr gute Flakbewaffnung haben müssen. Das Minensuchboot und Räumboot, das Geleitfahrzeug, das kleine U-Boot von etwa 300 t, das Schnellboot, das Landungsfahrzeug in verschiedenen Typen und alle Arten von Kleinkampfmitteln, allenfalls noch der Zerstörer, sind die geeigneten Fahrzeuge, Mine, Torpedo, Rakete und das leichte Schnellfeuergeschütz die geeigneten Waffen dieses Seekriegsschauplatzes. Er bietet die Voraussetzungen für einen vielseitigen Kleinkrieg mit großen Auswirkungsmöglichkeiten auf die Gesamtlage und den idealen Kampfplatz für kühne und erfindungsreiche Führer von Kleinverbänden.

Selbstverständlich wird auch das Flugzeug eine entscheidende Rolle im Ostseekrieg zu spielen haben, zumal die Luftüberlegenheit für alle Seekriegsmaßnahmen von größter Bedeutung ist. Die vielseitigen Seekriegsaufgaben, die dem Flugzeug auf diesem Kriegsschauplatz zufallen – Aufklärung, U-Bootsjagd, Angriff auf Seeziele, Luftmineneinsatz, Jagdschutz eigener Verbände – können nur von Marinefliegerverbänden gelöst werden, die mit allen Problemen des Seekrieges von Grund auf vertraut sind. Sollten sich im Laufe der Kriegsentwicklung in der Ostsee Aufgaben auch für größere Einheiten – vom Zerstörer an aufwärts – ergeben, so wäre es Sache der atlantischen Seekriegsführung, entsprechende Kräfte der westlichen Seemächte heranzuziehen. Insbesondere wird es von vornherein atlantischer Landstreitkräfte bedürfen, um sich gegen die sowjetische Luftwaffe durchsetzen zu können.

13. Die gleichen Voraussetzungen in Bezug auf Seekampfmittel gelten in sinngemäßer Anwendung auch für die Nordsee in der Annahme, daß dort nur die Aufgaben in den küstennahen Gewässern der deutschen Bucht von der deutschen Marine zu übernehmen sind. Sobald allerdings die dänische Position an den Russen verloren geht, treten in mancher Hinsicht neue Verhältnisse ein, die jedoch nicht näher behandelt werden sollten.

V. Stärke des deutschen Marinekontingents.

14. Die Stärke des deutschen Marinekontingents ergibt sich aus den besprochenen Aufgaben. Es wird dabei in Rechnung gestellt, daß die dänische Marine die Verteidigung der Ostsee-Eingänge zum Teil übernimmt, hierbei jedoch nicht ohne deutsche Unterstützung auskommt, daß aber andererseits besondere Schwerpunktaufgaben auch in der Ostsee von den westlichen Seemächten übernommen werden.

15. Folgende Kampfmittel und Einheiten werden für erforderlich gehalten:

- Zum Schutze des Seeverkehrs in der Ost- und Nordsee gegen Minen, U-Boote und Luftangriffe:

3 Minensuch-Flottillen – je 8 M-Boote zu ca. 600 t
3 Minenräum-Flottillen – je 12 R-Boote zu ca. 100 t und je 1 Begleitschiff
2 Geleit-Flottillen – je 6 Geleit-Boote zu ca. 800 t
3 Sicherungsflottillen – je 12 Kriegsfischkutter
2 Minenleger
1 Netzleger
2 Jagdgruppen – je 42 Jagdflugzeuge
1 Hubschraubergruppe – 30 Hubschrauber.

- Zur Ubootsjagd an den Brennpunkten russischen Ubooteinsatzes:

1 Ujagdflottille – 12 Ubootsjäger
1 Kampfgruppe – 30 Kampfflugzeuge.

- Zur Küstenverteidigung:

2 Küstenartillerieabteilungen – je 3 bewegliche, mittlere und leichte Küstenbatterien
1 Nachrichtenabteilung (Aufbau des Küstennachrichtennetzes einschließlich Radarstationen)

- Zur Sicherung der Seeflanke des Heeres und zum Angriff gegen die Seeflanke des Gegners:

2 Kleinkampfmittelflottillen – Kleinstschnellboote, Kleinstuboote, Sprengboote, Meeresschwimmer
1 Landungsflottille, bestehend aus 3 Gruppen – 12 Landungsfahrzeuge mit Raketenbatterie, 12 Infanterielandungsfahrzeuge, 12 Panzerlandungsfahrzeuge
1 Kommandoabteilung.

- Zur Abwehr von Angriffen russischer Seestreitkräfte gegen die deutschen Seeverbindungen und Küsten, zum Angriff auf russische Landungsverbände, den russischen Nachschubverkehr und die rückwärtigen russischen Küstengebiete:

2 Torpedobootsflottillen – je 6 T-Boote zu je 1200 t, gleichzeitig als schnelle Minenleger
3 Schnellbootsflottillen – je 12 Schnellboote und je 1 Begleitschiff
1 Ubootsflottille – 24 kleine Uboote zu ca. 300 t
1 Aufklärungsgruppe – 30 Aufklärungsflugzeuge.

Selbstverständlich werden sich die genannten Aufgaben vielfach überschneiden. Der Einsatz der einzelnen Verbände wird jeweils auf die Lage oder etwa erforderliche Schwerpunktbildungen abzustimmen sein.

16. Die genannten Zahlen entsprechen im allgemeinen den Forderungen der Himmeroder Denkschrift, nur die Küstenartillerieabteilungen sind aus oben erwähnten Gründen hinzugekommen. Auch war die nicht zu entbehrende Nachrichtenabteilung dort nicht erwähnt. Die Zahl der Kampfflugzeuge ist gegenüber der Denkschrift verdoppelt worden, da es nicht möglich erscheint die Aufgaben der U-Bootsbekämpfung und die übrigen zahlreichen Kampfaufgaben, die sich in Verbindung mit dem Einsatz der Seestreitkräfte und in seiner Ergänzung ergeben, mit einer einzigen Fliegergruppe zu bewältigen. Im Hinblick auf die vielseitige Verwendungsmöglichkeit von Hubschraubern im Küstenvorfeld – Minenerkundung, U-Jagd, Seenotdienst, Befehlsübermittlung – wird zusätzlich eine Gruppe dieses Flugzeugtyps für unentbehrlich gehalten.

17. Seestreitkräfte

12 Boote
12 Geleitboote
24 Minensuchboote
36 Minenräumboote
36 Kriegsfischkutter
12 Ubootsjäger
2 Minenleger
1 Netzleger
36 Schnellboote
24 Uboote
36 Landungsfahrzeuge
2 Kleinkampfmittelflottillen
6 Begleitschiffe für R- und S-Flottillen.

Marinelandverbände

1 Kommandoabteilung
2 Küstenartillerieabteilungen
1 Nachrichtenabteilung.

Marineluftstreitkräfte

30 Aufklärungsflugzeuge
60 Kampfflugzeuge
84 Jagdflugzeuge
30 Hubschrauber.

Der Bedarf an militärischem Personal für diese Streitkräfte einschließlich der erforderlichen Landorganisation wird etwa 20 000 Mann betragen.

VI. Bereitstellung der Kampfmittel.

18. Vorhanden sind:

4 M-Boote (z.T. noch in Werftüberholung) bei einer von den Amerikanern in Bremerhaven mit deutschem Personal aufgestellten Minensuchflottille,

12 R-Boote, 3 Kriegsfischkutter und 1 Begleitschiff beim Minenräumverband in Cuxhaven. Die R-Boote sind z.T. stark abgefahren und ersatzbedürftig.

Einige weitere Boote dieser Typen werden sich aus vorhandenen Beständen voraussichtlich noch bereitstellen lassen.

19. Der Bedarf an Torpedobooten, U-Bootsjägern, Landungsfahrzeugen und weiteren M-Booten dürfte zunächst durch Fahrzeuge gedeckt werden können, die in den USA aufgelegt sind.

An Schnellbooten, R-Booten und Kriegsfischkuttern sind erprobte deutsche Typen vorhanden, die für unsere Gewässer bevorzugt geeignet sind. Der Neubau sollte deutschen Holzschiffswerften übertragen werden (Luerssen, Abeking & Rasmussen, Burmeister). Auch die Motoren für diese Typen werden zweckmäßig in Deutschland gebaut. Das Gleiche gilt für die Kleinkampfmittel – 2 Mann-Uboote – falls sie nicht ohnehin in den USA in Massenproduktion genommen werden.

Die Waffen für Schiffe und Landmarineteile müssen vom Ausland geliefert werden, solange eine deutsche Waffenindustrie noch nicht wieder besteht.

Als U-Boottyp wird eine Weiterentwicklung des neusten kleinen U-Boots der deutschen Marine aus dem 2. Weltkrieg – Typ XXIII, ca. 300 t – als besonders geeignet für die Ostsee vorgeschlagen. Da auch in anderen westlichen Marinen Bedarf an Ubooten dieser Größe besteht, wäre ein Serienbau in den USA die beste Lösung.

Soweit der Schiffbau in Deutschland durchgeführt wird, erfolgt er zweckmäßig auf Privatwerften unter Bauaufsicht durch die Marine. Auch größere Reparaturen und Überholungen sind an Privatwerften zu vergeben. Die Einrichtung von Marinebauwerften ist nicht geplant.

Flugzeuge für Marineluftstreitkräfte einschl. Bewaffnung, Ausrüstung und Nachschub müssen von den Westmächten (USA oder Großbritannien) geliefert werden.

VII. Organisation.

20. Die taktische Organisation des deutschen Marinekontingents ist abhängig von der Form, in der seine Eingliederung in die westeuropäische Seeverteidigung erfolgt. In übergeordneten atlantischen Marinestäben muß die deutsche Marine auf der Basis der Gleichberechtigung vertreten sein.

21. Unabhängig davon ist die Zusammensetzung des deutschen Marinekontingents für truppendienstliche, ausbildungs- und verwaltungsmäßige Führung unter einem deutschen Oberbefehls-

haber mit deutschem Marinestab erforderlich. Unbeschadet seiner Unterstellung unter einen Verteidigungsminister oder einen Oberbefehlshaber der Wehrmacht muß der Ob.d.M. als der höchste verantwortliche Fachmann des Seekrieges das Recht erhalten, seine Auffassung in grundlegenden Fragen des Seekrieges und der Marine bei der obersten politischen Instanz nach eigenem Entschluß persönlich zu vertreten.

22. Für die fachliche und ausbildungsmäßige Führung wird die Zusammensetzung der verschiedenen Waffenzweige unter je einen Führer oder Inspekteur zweckmäßig sein:
Sperrwesen und U-Bootsjagd;
Torpedoboote, Schnellboote und Landungsboote;
U-Boote und Kleinkampfmittel;
Küstenartillerie;
Marineluftstreitkräfte;
Nachrichtenwesen.

VIII. Ausbildung.

23. Es ist damit zu rechnen, daß für den Anfang ein großer Teil des Personalbedarfs einschl. der wichtigsten Spezialisten auf allen Gebieten aus gedienten Soldaten der Marine gewonnen werden kann. Für diese wird es sich nur darum handeln, daß ihre Kenntnisse aufgefrischt und daß sie auf neue Fahrzeugtypen, Waffen und Geräte umgeschult werden. Diese Umschulung einschl. der Grundausbildung der Rekruten kann im Rahmen der Verbände an Bord oder in kurzen Lehrgängen an Land - ohne besonderen Schulen - erfolgen. Auf dem Minenräumverband Cuxhaven und der Minensuchflottille Bremerhaven könnte sie jederzeit beginnen. Stämme für mehrere weitere Flottillen und die nötigen Rekruten zu ihrer Ausbildung könnten auf diese Weise kurzfristig bereitgestellt werden.
Bei Stellung von Fahrzeugen aus dem Auslande wird es zweckmäßig sein, deutsche Besatzungsstämme zur Einweisung und Überführung zu entsenden. Bei Neubauten im In- und Auslande sind Baubelehrungskommandos zu stellen, die später als Instrukteure Verwendung finden können.
Die Ausbildung an neuartigen Waffen muß mit der Umschulung bewährter deutscher Spezialisten durch Fachleute des Lieferlandes in Deutschland oder im Ausland beginnen. Diese Spezialisten stehen dann als Instrukteure innerhalb der Verbände und später als Lehrer an den Schulen zur Verfügung.

24. Die Ausbildung des Nachwuchses an Spezialisten ist nicht innerhalb der Frontverbände durchführbar, sie muß auf eine breitere Basis gestellt werden und frühzeitig beginnen, um einer Überalterung des Spezialistenpersonals vorzubeugen. Folgende Schulen müssen demnach eingerichtet werden:
Marinekriegsschule für Offiziersnachwuchs
Technische Marineschule für technisches Personal aller Dienstgrade
Artillerieschule für Schiffs- und Küstenartillerie
Sperrschule für Minenabwehr, Mineneinsatz und U-Boots-Abwehr
Torpedoschule
U-Bootschule
Nachrichtenschule
Seefliegerschule.
Da diese Schulen z.T. zunächst nur einen geringen Umfang haben werden, wird räumliche Zusammenfassung in einzelnen Fällen möglich sein. Zu erwägen ist auch die Zusammenfassung der Spezialistenschulen innerhalb der westeuropäischen Marinen, da sie alle infolge der überwiegenden Lieferung des Kriegsmaterials aus den USA die gleichen Spezialisten benötigen. Diese Regelung würde gleichzeitig den Vorteil haben, daß die Marinen, die später gemeinsam kämpfen sollen, sich schon in der Ausbildung kennenlernen.

25. Die Ausbildung des Personals der Marinefliegerverbände muß zunächst nach den für die Heeresfliegerverbände vorgeschlagenen Methoden ausschließlich im Ausland (USA, Großbritannien) bei den jeweiligen Marinefliegerverbänden (Naval Air Force bzw. Coastal Command and Fleet Air Arm) erfolgen, da in Westdeutschland alle Voraussetzungen hierfür fehlen. Der als erstes notwendige Gedankenaustausch mit den Patenmächten hat sich, neben Unterrichtung über den neusten Stand der Technik, Produktion, Weiterentwicklung, vorhandene Ausbildungskapazität und Bodenorganisation, auf eingehende Information über die neusten taktischen Erfahrungen in der Führung von Marinefliegerverbänden, in der Zusammenarbeit mit schwimmenden Verbänden und in der U-Bootsjagd sowie über den Einsatz und die Verwendungsmöglichkeiten von Hubschraubern im Küstenvorfeld zu erstrecken.
Sobald in Westdeutschland eigene Fliegerschulen geschaffen worden sind, wird die fliegerische Grundausbildung ebenso wie die Grundausbildung an Bordwaffen und Bordnachrichtengerät auch für die Marinefliegerverbände auf den Schulen der Heeresfliegerverbände durchzuführen sein. Die Spezialausbildung der Marineluftstreitkräfte - Seeaufklärung, Torpedo- und Mineneinsatz, U-Bootsjagd und Angriff auf andere Seeziele, Jagdschutz von Schiffen, Einsatz von Hubschraubern im Küstenvorfeld, Seenotdienst - muß jedoch im Rahmen der Marine und im engsten Kontakt mit den schwimmenden Verbänden erfolgen. Für diesen Zweck ist eine Seefliegerschule zu schaffen.

26. Im Hinblick auf die Notwendigkeit enger Zusammenarbeit mit den anderen atlantischen Marinen sowohl in der Ausbildung wie im Einsatz ist der Erlernung von Fremdsprachen große Bedeutung beizumessen. Mit Rücksicht auf die dominierende Stellung der angelsächsischen Marinen ist Englisch die gegebene gemeinsame Sprache, die von allen Dienstgraden des deutschen Marinekontingents erlernt werden muß (Basic English!).

27. Späterhin werden für die Heranbildung des Nachwuchses für alle schwimmenden Verbände Schiffsstammdivisionen als Stammmarineteile erforderlich, in denen die militärische und seemännische Grundausbildung zu erfolgen hat. Sie sollten in am Wasser gelegenen Kasernen untergebracht werden.

IX. Landanlagen der Marine.

28. Die schwimmenden Verbände mit größeren Fahrzeugen, deren Besatzungen ständig an Bord wohnen können (Torpedoboote, Geleitboote, Minensuchboote, U-Bootsjäger, Minen- und Netzleger), benötigen zunächst keine Landanlagen, abgesehen von den Hafenliegeplätzen in ihren Heimathäfen. Mit der Zeit ist jedoch die Schaffung von kleinen Werkstätten in der Nähe der Liegeplätze zur Durchführung der an Bord laufend anfallenden Reparaturen notwendig. Die an sich erwünschte Einrichtung einiger Fürsorgeräume und Sportanlagen für jeden Verband kann zunächst zurückgestellt werden. Die aus kleineren Einheiten bestehenden Verbände (R-Boote, Kriegsfischkutter, Schnellboote, U-Boote, Landungsfahrzeuge und Kleinkampfmittel) erfordern von vornherein gesonderte Unterbringung der Besatzungen für die Liegezeiten in ihrem Heimathafen, entweder auf Wohnschiffen oder in Kasernen in der Nähe der Liegeplätze.

Marinewerften für Neubau und Reparatur werden nicht für notwendig gehalten, da die vorhandenen Privatwerften für diese Zwecke herangezogen werden können (s.Z.19). Für die Beschaffung und Vorratshaltung von Geräten und Verbrauchsstoffen sind jedoch Marinearsenale erforderlich, je eins an Ost- und Nordsee.

Die Marinelandverbände sind in Kasernen unterzubringen.

Für die Marineluftstreitkräfte wird je Fliegergruppe ein vollständiger Fliegerhorst mit allen dazugehörigen Anlagen benötigt.

29. Die Auswahl der Standorte und Heimathäfen kann erst nach örtlicher Prüfung der gegenwärtigen Verhältnisse erfolgen. Als Richtlinie kann dienen, daß alle Kampfverbände in der Nähe ihres künftigen Operationsgebietes beheimatet sein müssen, während die Ausbildungsstätten feindlicher Einwirkung durch Verlagerung nach Westen soweit wie möglich entzogen werden sollten. Letzterem Streben werden durch die schwierigen Küsten- und Stromverhältnisse der Nordsee Grenzen gesetzt. Die Anregung zur Zusammenfassung der Spezialistenausbildung für die westlichen Marinen in gemeinsamen Schulen (s.Z. 24) verdient auch in diesem Zusammenhang Beachtung. Die großen Handelshäfen Hamburg und Bremen sollten nicht mit Kriegsschiffverbänden belegt werden.

Für die Marineluftstreitkräfte gelten die gleichen Grundsätze. Kiel-Holtenau als östlichster Fliegerhorst sollte nur mit einer Jagdgruppe (Jagdschutz von Kiel, Holtenauer Schleusen, westliche Ostsee belegt werden, die übrigen Fliegergruppen sind auf Fliegerhorste im Hinterland bzw. an der Nordsee zu verteilen. Landfliegerhorste waren vorhanden in Holtenau, Schleswig, Westerland, Husum, Heide, Stade, Nordholz, Jever, Varel und Aurich, Seefliegerhorste in Holtenau, List, Hörnum und Borkum.

30. Für die Lagerung von Kampfmitteln und Munition der Marine werden von vornherein benötigt:

ein Artilleriedepot
ein Sperrwaffendepot
ein Torpedodepot.

Der Bedarf der Marineluftstreitkräfte kann in den gleichen Depots gelagert werden.

Schließlich sei noch auf den Bedarf an Bürogebäuden für Kommando- und Verwaltungsstellen und an Baulichkeiten für die Schulen (s.Z. 24) hingewiesen.

X. Zeitangaben und Sofortmaßnahmen.

31. Ein verbindlicher Zeitplan läßt sich für die Marine im jetzigen Stadium der Entwicklung nicht aufstellen, da er allzusehr von noch nicht übersehbaren Faktoren abhängt, insbesondere von der Verfügbarkeit geeigneter Fahrzeuge und Waffen.

Die Ausbildung von Besatzungen für mehrere Minensuch- und Räumflottillen könnte bei den in Cuxhaven und Bremerhaven vorhandenen Verbänden alsbald beginnen. Als Anhalt für alle schwimmenden Verbände und die Marinelandformationen kann dienen, daß sie ein halbes Jahr nach Übernahme der Schiffe bzw. Waffen einsatzbereit sein werden. Für die Marineluftstreitkräfte gelten die gleichen Voraussetzungen wie für die Heeresfliegerverbände.

32. Bevor jedoch der erste Soldat eingestellt werden kann, ist es erforderlich, daß alle Fragen des inneren Gefüges des deutschen Verteidigungskontingents geklärt sind. Dies erfordert ein großes Maß an gesetzgeberischer und organisatorischer Arbeit, das viele Monate in Anspruch nimmt.

Es muß daher auch an dieser Stelle mit allem Ernst darauf hingewiesen werden, daß die Schaffung eines ständigen Arbeitsstabes zur Klärung der staatsrechtlichen, ethischen, disziplinaren und organisatorischen Grundlagen der neuen deutschen Wehrmacht, bestehend aus Politikern und Soldaten, vordringlichstes Gebot ist.

33. Daneben sollten für die Marine folgende Fragen durch einen Stab von deutschen Marinefachleuten so früh wie möglich geklärt werden:

Bedarf an Liegeplätzen und Landanlagen aller Art, Prüfung ihres Zustandes und ihrer Geeignetheit durch örtliche Besichtigung (in Zusammenarbeit mit Vertretern der Bundesregierung).

Erfassung und Überarbeitung vorhandener Vorschriften.

Verfügbarkeit und Lieferfristen von Fahrzeugen, Flugzeugen und Waffen. Planung und Vorbereitung des Neubaus, soweit erforderlich. Methode der Umschulung des Personals und der Übernahme der Fahrzeuge. Unterrichtung über neueste taktische Erfahrungen. Übernahme und Übersetzung von Vorschriften (in Zusammenarbeit mit Vertretern der amerikanischen bzw. britischen Marine).

Personalaufstellung:

3 Minensuchflottillen	(Besatzung ca. 75 Mann)	1900
3 Minenräumflottillen	(Besatzung ca. 20 Mann)	900
2 Geleitflottillen	(Besatzung ca. 100 Mann)	1250
3 Sicherungsflottillen	(Besatzung ca. 20 Mann)	900
1 U-Jagdflottille	(Besatzung ca. 75 Mann)	950
2 Minenleger	(Besatzung ca. 100 Mann)	200

1 Netzleger		40
1 Nachrichtenabteilung		600
2 Kleinkampfmittelflottillen		1000
1 Landungsflottille	(Besatzung ca. 10 Mann)	400
1 Kommandoabteilung		500
2 Torpedoflottillen	(Besatzung ca. 120 Mann)	1500
3 S-Flottillen	(Besatzung ca. 20 Mann)	900
1 U-Flottille	(Besatzung ca. 20 Mann)	600
		11 640
2 Jagdgruppen		780
1 Hubschraubergruppe		300
2 Kampfgruppen		780
1 Aufklärungsgruppe		600
3 Fliegerhorste (ohne Flakschutz)		900
		3360
		15 000
2 Küstenabteilungen		1000

Anhang [...] - Ziffer 10, Abs. 2
Die Frage der Küstenartillerie und amphibischer Truppen.
Die aus der Geschichte des letzten Krieges gewonnenen Erkenntnisse über die Landungsoperation der Amerikaner, Engländer und Japaner zeigen sehr deutlich die Notwendigkeit und den Wert einer amphibischen Truppe, die für die Landungsunternehmungen besonders ausgebildet ist. Eine solche Truppe kann eine wirkliche Leistungsfähigkeit nur in engster Zusammenarbeit mir Heer u n d Marine erhalten. Sie ist natürlich auch besonders geeignet für Landungsabwehr, da sie am besten beurteilen kann, was der Gegner tut. Eine amphibische Truppe könnte daher auch die Küstenartillerie übernehmen, die so weit wie möglich beweglich sein sollte. Für deutsche Verhältnisse ist eine amphibische Truppe etwas Neues. Zusammensetzung, Unterstellung und Ausbildung müssen noch festgelegt werden. Es kann jedenfalls keinerlei Zweifel darüber bestehen, daß sie angesichts der strategischen Lage dringend gebraucht wird, daß sie vom deutschen Kontingent gestellt werden muß, das den Russen und die Ostsee am besten kennt, und daß ihre Leistungen den Ausgang des Feldzuges in NW-Europa entscheidend beeinflussen können.
Vorschlag zur Lösung: Aufstellung einer solchen amphibischen Truppe in etwa Divisionsstärke im Rahmen des Heeres. Sie soll in sich alle Kampftruppenarten - vom leichten (Schwimm-)Panzer und motorisierter Artillerie bis zum Krad-Schutzen, Pionier und Infanteristen - vereinigen. Dem Verwendungszweck entsprechend Ausbildung und Garnisonierung küstennah dort, wo enge Zusammenarbeit mit Marine und gemeinsame Übungen mit Landungsfahrzeug-Verbänden der Marine stattfinden können.
Betrifft: Britische Einwände zu den deutschen Vorschlägen für einen Marinebeitrag
Zu 1.
Es ist selbstverständlich, daß für die Entscheidungen über einen deutschen Marinebeitrag - und zwar sowohl über die Beitragsleistung überhaupt als auch über seine Größe - die Forderungen der zuständigen militärischen Befehlshaber wesentliche Bedeutung haben. Dies gilt wohl nicht nur für einen deutschen Marinebeitrag, sondern für die deutsche Mitwirkung an der Verteidigung Westeuropas überhaupt. Ebenso selbstverständlich ist aber auch, daß diese Forderungen der militärischen Befehlshaber auf der Beurteilung der strategischen Lage, d.h. also auf der Einschätzung der Art und Größe der drohenden Gefahr und auf der Bemessung und Bewertung der zu ihrer Abwehr nötigen und verfügbaren Kräfte aufbauen werden. Diese allumfassende Beurteilung ist nur unter verantwortungsbewußter Abwägung der Auffassung aller in der Verteidigung Westeuropas koordinierten Staaten, also auch der Bundesrepublik Deutschland, sobald sie einen Verteidigungsbeitrag leistet, zu gewinnen. Dem Zweck der Klärung dieser Auffassungen dienen bereits die militärischen Besprechungen auf dem Petersberg. Daß Zweifel und Meinungsunterschiede auftreten können - z.B. über die Pflicht oder das Recht der Verteidigung überhaupt oder über die Bedeutung bestimmter strategischer Zonen oder über Bemessung der Verteidigungskräfte für bestimmte Aufgaben -, liegt auf der Hand. Zur Behebung dieser Meinungsunterschiede kann ggf. eine Erörterung auf höchster politischer Ebene erforderlich werden. Auch hierbei wird als selbstverständlich vorausgesetzt, daß die deutsche Seite Gelegenheit erhält, ihre Interessen zu vertreten.
Zu 2.
Die Höhe des vorgeschlagenen deutschen Marinebeitrags ist nach den in dem Vortrag vom 20. April 1951 mündlich dargelegten Aufgaben errechnet worden, die nach deutscher Ansicht im Fall eines Krieges mit der Sowjetunion in den deutschen Küstengewässern der Ost- und Nordsee zu erfüllen sein werden. Wie groß und wie nahe die Gefahr eines solchen Krieges ist, bleibe hier unerörtert. Nach allen Überlegungen und Maßnahmen im Bereich der Westmächte scheint sie aber als recht ernst angesehen zu werden, so daß von allen Weststaaten mit äußerstem Nachdruck Vorkehrungen getroffen oder verlangt werden, dieser Gefahr zu begegnen. Wenn ein deutscher Beitrag für die Sicherung Westeuropas überhaupt für erforderlich gehalten wird - von deutscher Seite wird diese Auffassung vertreten -, dann muß das Tempo im Aufbau dieses Beitrags der Dringlichkeit Rechnung tragen und unter ähnlichem Nachdruck stehen wie die Anstrengungen der übrigen Staaten. Selbstverständlich werden personelle, Materielle und wirtschaftliche Möglichkeiten einem deutschen Beitrag ohnehin enge Grenzen ziehen.
Bei der Niederlegung des Vorschlags über den deutschen Marinebeitrag haben selbstverständlich auch Überlegungen Berücksichtigung gefunden, wie weit andere Staaten in der Lage sind, mit ihren Streitkräften die Kriegsaufgaben in Ost- und Nordsee zu erfüllen. Diese Überlegungen konnten an der Erkenntnis nicht vorbeigehen, daß der zur Erörterung stehende Kriegsfall an alle Staaten sofort höchste und vielfältige Anforderungen stellen wird, daß die Möglichkeiten und Mittel der an Ost- und Nordsee unmittelbar angrenzenden anderen Weststaaten nur beschränkt sind und schon aus personellen Gründen wohl auch bleiben werden, und daß schließ-

lich Erfahrung und Vertrautheit mit dem Gegner und den örtlichen Bedingungen des Kampfraums gerade zu Beginn eines Krieges wesentliche Voraussetzungen für eine erfolgreiche Abwehr sind.
Zu 3.
Diese Stellungnahme des britischen Vertreters enthält praktisch eine Rangordnung der Dringlichkeit der in einem Kriege anfallenden Aufgaben. Hierüber kann man selbstverständlich geteilter Auffassung sein. Der von britischer Seite vorgeschlagenen Dringlichkeitsfolge sei z.B. der keineswegs abwegige Fall entgegengehalten, daß die erste Maßnahme des angenommenen Kriegsgegners eine große Landungsunternehmung im westlichen Teil der Ostsee sein sollte, um die Ostsee-Eingänge als Ausfalltor in seine Gewalt zu bekommen. Daß in diesem Fall nicht Streitkräfte für Minensäuberung und Küstengeleitdienst, sondern Abwehrkräfte anderer Art – Streitkräfte zum Minenlegen und geeignete leichte Kampfstreitkräfte – in vorderster Dringlichkeit stehen, liegt auf der Hand. Andererseits verlangt auch schon der Minensuch- und Geleitdienst eigene Aufklärungs- und Kampfstreitkräfte-Schnellboote, Flugzeuge –, die die Durchführung dieser Aufgaben auch gegen die zu erwartende Behinderung durch den Gegner sicherstellen müssen. Deutscherseits wird der Standpunkt vertreten, daß alle die Aufgaben, für deren Erfüllung in den Darlegungen vom 20. April 1951 ein gewisses Mindestmaß an sofort verfügbaren Streitkräften in Vorschlag gebracht worden ist, in dem angenommenen Kriegsfall in den deutschen Küstengewässern sofort und gleichzeitig aktuell werden können. Vielleicht mag man in Zweifel ziehen, daß alle diese Aufgaben gleichzeitig erfüllt werden müssen. Man wird aber nicht mit ausreichender Sicherheit sagen können, welche Aufgabe zuerst, welche später Erfüllung verlangt. Es ergibt sich nach deutscher Auffassung, daß es das Ziel sein muß, sofort bei Kriegsausbruch für alle Seekriegsaufgaben in Ost- und Nordsee gewappnet zu sein, daß also die gleichzeitige und sofortige Bereitschaft der dazu erforderlichen Kampfmittel erstrebt werden muß. Eine Lücke in der Verteidigungsbereitschaft wird schwerwiegende Folgen auch für die Landkriegführung zeitigen.
Zu 4.
Dem Vorschlag, für einen deutschen Marinebeitrag auch eigene deutsche Marinestreitkräfte vorzusehen, liegen die gleichen Überlegungen zugrunde, die für den Vorschlag zur Aufstellung deutscher Luftstreitkräfte zur Unterstützung der Landkriegführung maßgebend gewesen sind. Reibungslose Zusammenarbeit von See- und Luftstreitkräften in gemeinsamen Kampfräumen für gemeinsame Zwecke erfordert gegenseitiges Verstehen, gründliches Eingespieltsein auf Grund sorgfältiger Friedensübung, engste Verbindung miteinander und Vertrauen zueinander. Auch für Luftstreitkräfte, die sich in Ost- und Nordsee im Kriege bewähren sollen, gilt, daß Vertrautheit mit den örtlichen Bedingungen des Kampfraums eine wesentliche Voraussetzung für den Erfolg ist. Die deutsche Auffassung geht dahin, daß die von Luftstreitkräften in Ost- und Nordsee in der täglichen Zusammenarbeit mit den örtlichen deutschen Seestreitkräften mit Kriegsausbruch sofort erwarteten Leistungen mit denkbar bester Gewähr nur durch deutsche Luftstreitkräfte zu erbringen sind. Schon zu Friedenszeiten müssen sie für diese Aufgaben sorgfältig geschult und mit ihren seefahrenden Kampfpartnern gründlich eingespielt werden. Wir sind nicht der Auffassung, daß dieses Ziel auch nur annähernd durch vielleicht gelegentlich in die deutschen Küstengewässer abgestellte Fliegerverbände anderer Staaten erreicht werden kann, die andererseits für alle über die Tagesaufgaben hinausgehenden Anforderungen – Bekämpfung der russischen Luftwaffe, Abwehr russischer Landungsversuche u.ä. – unentbehrlich sein dürften.

Dokument 4

(Fundort: BA/MA)

Dieses Dokument zeigt in einem Ausschnitt den Umfang des geplanten deutschen Marinekontingentes innerhalb der Europäischen Verteidigungsgemeinschaft sowie seine zukünftige Aufbau- und Einsatzplanung. Interessant ist der Vergleich mit den Planungen des deutschen Marinebeitrages, der nach dem Scheitern der EVG für die NATO vorgesehen war (vgl. Dokument 5).

Abschrift ! !

STRENG GEHEIM

ÜBERSETZUNG

5. Mai 1952

Tgb.Nr. 516/52 str. geh.
75 Ausfertigungen
57. Ausfertigung

MILITÄRISCHES SONDERABKOMMEN

Kapitel I
Plan zur Aufstellung der ersten Welle der Streitkräfte

1. Die erste Welle der Europäischen Verteidigungsstreitkräfte ist dazu bestimmt, den unmittelbaren Unzulänglichkeiten des Verteidigungssystems von Westeuropa unter Berücksichtigung der vorhandenen Möglichkeiten für die Bildung und Ausrüstung neuer Einheiten abzuhelfen.
   Die Aufstellung dieser ersten Welle entspricht der ersten Dringlichkeit und stellt keine Vorwegnahme der zu einem späteren Zeitpunkt für die Europäischen Verteidigungsstreitkräfte möglichen Form dar.
2. Die Beiträge der Mitgliedstaaten setzen sich aus Verbänden zusammen, deren Fristen für den operativen Einsatz zwischen 3 und 30 Tagen liegen und die mit ständiger Stärke und Materialausstattung dieser Frist entsprechend nach den in Tabelle A 2 zu Abschnitt A »LANDSTREITKRÄFTE« festgelegten Normen aufgestellt werden.
3. Die auf diese Weise festgelegten Verbände werden gemäß Tabelle A 1 zu Abschnitt A »LANDSTREITKRÄFTE« und Tabelle B 1 zu Abschnitt B-LUFTSTREITKRÄFTE – und A 1 bis C 5 zu Abschnitt C-SEESTREITKRÄFTE- ab 1952 über drei Jahre gestaffelt den Europäischen Verteidigungsstreitkräften zur Verfügung gestellt. Sind jedoch die Beiträge für 1952 als feste Verpflichtungen zu betrachten, so sind diejenigen für 1953 bedingte Verpflichtungen und haben diejenigen für 1954 nur noch als Vorschläge zu gelten.
   Etwaige Änderungen an diesen Beiträgen können im Rahmen der in Artikel 13 des Vertrages vorgesehenen Bedingungen eintreten.
4. Außer den in beigefügten Tabellen enthaltenen operativen Verbänden, muß die erste Welle der Streitkräfte umfassen:
   - einerseits die für ihre Aufstellung und ihren Unterhalt erforderlichen Führungs- und Verwaltungsorgane. Die Gesamtheit dieser Organe wird im Verhältnis zu den Gesamtstärkezahlen der Mitgliedstaaten aufgestellt;
   - andererseits die Einheiten für die Verteidigung des Heimatgebietes.

   Zusatzabkommen werden die Zusammensetzung der oben erwähnten Kategorie von Streitkräften sowie die Staffelung ihrer Aufstellung und den Anteil der einzelnen Mitgliedstaaten an ihrer Aufstellung festlegen.

[A. Landstreitkräfte]
[B. Luftstreitkräfte]

C. SEESTREITKRÄFTE

Die Tabellen C.1 bis C.5 geben den Umfang der Seestreitkräfte der Europäischen Verteidigungsstreitkräfte, die entsprechend den Artikeln 14 bis 17 des Vertrages aufgestellt werden, an.

(siehe nachfolgende Seite)

TABELLE C.1
Deutscher Beitrag

Zahl	Fahrzeuge	Besatzungsstärken pro Schiff aktiv	Besatzungsstärken pro Schiff Reserve	aktiv	Reserve	Insges.
34	Minensucher Typ M	65	35	1560	840	2400
36	Minensucher Typ R	30	10	1080	360	1440
85	Minensucher, Reserve	0	50	0	4250	4250
18	Geleitboote	75	40	1350	720	2070
60	Schnellboote (T. B.)	20	10	1200	600	1800
2	Minenleger, aktiv	150	60	300	120	420
10	Hafenschutzboote, aktiv	12	8	120	80	200
40	Hafenschutzboote, Res.	0	20	0	800	800
36	Landungsboote	12	7	432	252	648
24	Seeflugzeuge	25	5	600	120	720
30	Hubschrauber	20	5	600	150	750
	Landeeinheiten			3000	2000	5000
	INSGESAMT:			10 242	10 292	20 534
	Küstenartillerie-Rgt.			1200	1800	3000

a) Die Besatzungszahlen der 600-t-Boote erhöhen sich um 20 Mann pro Einheit, wenn diese Boote mit Dampfturbinen statt mit Dieselmotoren ausgestattet werden.

b) Ein Teil des Reservepersonals wird zum Zwecke seiner Ausbildung zeitweilig zusätzlich zu den aktiven Personalstärken in Dienst gehalten.

Zeitplan: Unter der Voraussetzung, daß der Vertrag vor September 1952 ratifiziert wird und daß das Schiffsbauprogramm zu den vorgesehenen Terminen durchgeführt wird, erfolgt die Aufstellung der vorstehenden Streitkräfte in folgender Form:
bis Ende 1952 . . . . .10 %
bis Ende 1953 weitere . . . . 40 %
bis Ende 1954 weitere . . . . .50 %

[Tafeln C.2 - C.5]

Dokument 5
(Fundort BA/MA)

Nach dem Scheitern der Europäischen Verteidigungsgemeinschaft im August 1954 erfolgte sehr zügig die militärische Integration der Bundesrepublik Deutschland in die NATO und der damit verfügte Aufbau einer Marine. Der Auftrag für die Marine und ihr Umfang hat sich nahtlos aus der »Petersberg-Denkschrift« von 1951, über die EVG, bis hin zur Gründung der neuen deutschen Marine entwickelt.

Abschrift

SUPREME HEADQUARTERS
ALLIED FORCES EUROPE

GRAND QUARTIER
GENERAL DES PUISSANCES
ALLIES EN EUROPE

AG 0940 CS

Paris, Frankreich
6. Juli 1955

Betr.: Die Seestreitkräfte der Bundesrepublik Deutschland

An:
General Dr. Hans Speidel
5, rue Pierre I de Serbie
Paris XVI, Frankreich

1. Wie verlautet, drückten Ihre Vertreter auf der bei SHAPE am 1. Juni 1955 abgehaltenen Konferenz der Seestreitkräfte den Wunsch aus, in einem Schreiben von SHAPE über die Ansichten und Vorschläge SACEURs im Hinblick auf Form und Umfang der Seestreitkräfte der Bundesrepublik Deutschland Aufschluß zu erhalten.
2. Es ist ein feststehender Grundsatz, daß SHAPE vor Erhalt national gebilligter Verteidigungsprogramme keine Vorschläge hinsichtlich des Umfangs und der Bedeutung nationaler Beiträge zur NATO ausarbeitet. Wenn dies so wäre, würde es darauf hinauslaufen, daß SHAPE die Höhe der militärischen Anstrengungen spezifiziert, die von den einzelnen Ländern als Beitrag zu leisten sind; SHAPE ist jedoch nicht kompetent, was die Beurteilung der vielen wichtigen nicht-militärischen Faktoren betrifft, die von dem betreffenden Land in Betracht gezogen werden müssen. Im Rahmen der Organisation der NATO werden nationale Beiträge zu unserer gemeinsamen Verteidigung dem NATO-Rat gegenüber geleistet, der das zuständige Organ darstellt, mit dem die NATO-Mitgliedstaaten ihre vorgeschlagenen Kräftebeiträge in eine endgültige Form bringen oder jegliche Veränderungen hinsichtlich dieser Beiträge besprechen sollten, die von Zeit zu Zeit erforderlich werden. Zweifellos werden Sie zu würdigen wissen, daß die vielen finanziellen, wirtschaftlichen, personellen und ähnlichen Überlegungen im Hinblick auf die nationale Entscheidung über die Verteidigungszuweisungen eine Angelegenheit der nationalen Behörden sind, nämlich diese mit Bezug auf ihre eigenen nationalen Fähigkeiten und Möglichkeiten zu prüfen, und daß diese außerhalb der Kompetenz und Zuständigkeit der obersten Befehlshaber liegen.
3. Deshalb handelt es sich bei den während unserer Gespräche mit Ihnen und Ihren Vertretern zum Ausdruck gebrachten Ansichten um Stellungnahmen, die auf Berücksichtigung der Aufgaben beruhen, die durchzuführen sind und die sich auf die ehemaligen EVG-Vorschläge, die Pariser Abkommen und unsere Kontakte mit Ihrem Stab beziehen. Die von uns zum Ausdruck gebrachten Ansichten sollen Sie bei der Ausarbeitung von Antworten für den »Annual Review Questionnaire« unterstützen, doch sollten sie in diesem Stadium nicht als Erklärung der von SACEUR unterbreiteten Vorschläge betrachtet werden. Solche endgültigen Empfehlungen lassen sich nur ausarbeiten, nachdem wir die Gelegenheit gehabt haben, Ihr Gesamtstreitkräfteprogramm nach Vorlage bei uns während der Jährlichen Überprüfung (Annual Review) zu überprüfen.
4. Die Hauptaufgaben der Seestreitkräfte der Bundesrepublik Deutschland werden wie folgt in Aussicht genommen:
   a) Unterstützung bei der Verhinderung eines Durchbruchs feindlicher Seestreitkräfte in die Nordsee durch die Ostseeausgänge und den Nord-Ostsee-Kanal;
   b) Abriegelung sowjetischer Seeverbindungswege in der Ostsee in maximalem Umfang;
   c) Beteiligung am Schutz der (nord)deutschen Ostseeküste und der dänischen Inseln durch die Alliierten;
   d) Unterstützung bei der Aufrechterhaltung alliierter Seeverbindungswege in den deutschen Küstengewässern und in den benachbarten Gewässern.

   Übereinstimmend mit diesen Aufgaben werden die vorläufige Form und der vorläufige Umfang der Seestreitkräfte der Bundesrepublik Deutschland – wie zwischen unseren Stäben abgesprochen – zweckmäßigerweise wie folgt festgelegt:
   18 kleine, schnelle Zerstörer
   10 Begleitschiffe
   6 Hochseeminensuchboote
   24 Küstenminensuchboote
   24 Binnenminensuchboote
   12 Küsten-Uboote
   40 Schnellboote
   2 Küstenminenleger
   58 im Seekrieg einzusetzende Luftfahrzeuge und Hubschrauber
   36 Landungsboote
   10 Hafenschutzboote
   1 Küstenartillerieregiment.

Hinsichtlich der im Seekrieg einzusetzenden Luftfahrzeuge werden bestimmte technische Aspekte der Kontrolle und Koordinierung von im Ostseeraum operierenden Flugzeugen zur Zeit noch geprüft.

5. Abschließend wird wiederholt, daß die oben festgelegten Kräfte vorläufige und informelle Vorschläge darstellen, die - so ist zu hoffen - in den deutschen Antworten zum »Annual Review Questionnaire« sich in dem Umfang widerspiegeln, den Ihre Regierung als möglich erachtet. Die deutschen Antworten auf den »Questionnaire«, die gemäß den Pariser Abkommen ausgearbeitet und vorgelegt werden, werden dann während des üblichen Verfahrens der Jährlichen Überprüfung vom NATO-Rat auf die gleiche Art und Weise geprüft und kommentiert wie im Falle aller anderen NATO-Länder.

6. Eine Kopie dieses Schreibens wird an den Kommandobereich Ärmelkanal geschickt.

C.V.R. SCHUYLER
Lieutenant General, US Army
Chief of Staff

GESAMTSCHIFFBAUPLAN
1. Teil: Bundeshaushaltsplan 1955, 4. Nachtrag
2. Teil: Bundeshaushaltsplan 1957.

Dokument 6
(Fundort Deutscher Bundestag)

	1. Teil Stück	2. Teil Stück	Einzelpreis Mio DM	Gesamtpreis Mio DM
Leichte Kampfschiffe				
Minenschiffe	–	2	85	170,0
Zerstörer	8	4	85	1.020,0
Schnellboote	30	9	5,5	214,5
U-Boote	–	12	16,5	198,0
Sicherungsfahrzeuge				
Geleitboote	6	–	45	270,0
Hafenschutzboote	2	8	3,75	37,5
Minensuchfahrzeuge				
Hochsee-Minensuchboote	6	–	17	102,0
Küsten-Minensuchboote	18	–	9	162,0
Schnelle Minensuchboote	30	–	4	120,0
Amphib.u.Begleitfahrzeuge				
Begleitschiffe	11	–	25	275,0
Begleitschiffe für U-Boote	2	–	36	72,0
Landungsboote	12	–	3,5	42,0
Troß-u. Spezialfahrzeuge				
Tanker (mittel)	4	–	8	32,0
Tanker	9	–	4	36,0
Bergungsschlepper	–	2	5	10,0
Schlepper	8	–	2,5	20,0
Hafenschlepper (groß)	–	4	1	4,0
Schlepper	8	–	0,5	4,0
Torpedo-Fangboote (groß)	–	6	10	60,0
Torpedofangboote	12	–	0,75	9,0
Torpedotaucher	3	–	1,5	4,5
Torpedo-Klarmach-Schiffe	–	4	4	16,0
Betriebsstoffleichter	–	6	1,5	9,0
Destillat-Transporter	–	6	1,0	6,0
Trinkwasser-Transporter	–	4	0,5	2,0
Art.-Munitions-Transporter	–	2	2,5	5,0
Torpedo-Transporter	–	4	1	4,0
Minen-Transporter	–	2	2,5	5,0
Material-Transporter	–	2	2	4,0
Netzleger-Transporter	–	1	4,75	4,75
Werkstattschiff (groß)	–	1	15	15,0
Werkstattschiffe (klein)	–	4	6	24,0
Schwimmdocks	–	2	8	16,0
Hebewerke	–	2	3	6,0
Schwimmkräne	–	2	3,5	7,0
Wohnboote	–	2	1	2,0
Schwimmkombüsen	–	2	0,5	1,0
Taucherfahrzeuge	–	2	1	2,0
Leichter, verschieden	–	16	0,25	4,0
Ausbildungsschiffe				
Ausbildungsschiff	1	–	70	70,0
Segelschulschiff	1	–	6,1	6,1
Gesamtkosten				3.071.350.000
Davon 1. Teil				1.931.100.000
Davon 2. Teil				1.140.250.000

Auszug aus den Bundeshaushaltsplänen 1955 und 1957 für die Finanzierung des Aufbaus der deutschen Marine.

Dokument 7
(Fundort: BA/MA)

Am 16. Januar 1956 wurden in Wilhelmshaven durch den Bundesminister für Verteidigung, Theodor Blank, den ersten Freiwilligen der Marine ihre Ernennungsurkunden ausgehändigt. Dieser Tag ist der Gründungstag der deutschen Nachkriegsmarine. Kapitän zur See Karl Adolf Zenker, dienstältester aktiver Marineoffizier, ging in seiner Ansprache u. a. auch auf das Schicksal der in Spandau einsitzenden Großadmirale a.D. Raeder und Dönitz ein und unterschied bei der Beurteilung ihrer Leistung zwischen den Menschen und Soldaten Raeder und Dönitz. Diese Unterscheidung und die damit angedeutete Möglichkeit einer Nutzung der »guten Seiten« der beiden Großadmirale für die Traditionsbildung der neuen Marine wurden in der hiervon ausgelösten Bundestagsdebatte von allen Parteien einvernehmlich abgelehnt: Man könne nicht zwischen den Menschen und Soldaten Raeder und Dönitz unterscheiden, sondern müsse ihre Gesamtpersönlichkeit bewerten: Damit seien beide Großadmirale nicht traditionswürdig für die neue deutsche Marine.

Ansprache [von Kapitän zur See Hans Adolf Zenker] an die Marine-Lehrkompanie in Wilhelmshaven
am 16. Januar 1956

Meine Kameraden!
Wir haben soeben nach mehr als zehnjähriger Unterbrechung hier in der alten Marinekaserne in Wilhelmshaven die erste feierliche Marineflaggenparade vollzogen, und wenn wir ihr den gleichen Sinn geben, den diese Handlung in allen Marinen der Welt hat, so bedeutet das, da die Marine-Lehrkompanie die erste Einheit ist, die neue Marine aufstellt, die offizielle Indienststellung und damit den Neubeginn der deutschen Marine. Ich glaube, daß das ein Augenblick ist, der Besinnung wert ist. Der Herr Bundesminister für Verteidigung wird die Bedeutung des heutigen Tages dadurch deutlich sichtbar machen, daß er selbst hierherkommt, um Ihnen heute nachmittag Ihre Ernennungsurkunden zu überreichen und Ihnen einiges darüber zu sagen, was unser Volk und seine Regierung von Ihnen erwartet. Aber zuvor möchte ich als der kommissarische Leiter der Marineabteilung im Verteidigungsministerium – und damit z. Zt. ihr unmittelbarer Marinevorgesetzter – Sie hier begrüßen und Ihnen sagen, was mir in dieser Stunde am Herzen liegt.
Die deutsche Marine, die heute nach über 10 Jahren Unterbrechung einen neuen Anfang macht, hat eine ehrenvolle Tradition, die allerdings nicht sehr alt ist. Wenn man die Geschichte der Bundesmarine von 1848 einrechnet, so sind es wenig mehr als 100 Jahre, in denen deutsche Marineeinheiten als Vertreter des ganzen deutschen Volkes ihre Flagge auf See gezeigt haben – und das noch mit mehrjährigen Pausen, die durch die geschichtliche Entwicklung bedingt waren. Es ist dies eine Folge der staatlichen Entwicklung unseres Vaterlandes, das durch Jahrhunderte hindurch ein zentraleuropäisches, kontinentales Reich mit einer oft schwachen Spitze und unendlich vielen inneren Auseinandersetzungen gewesen ist. In all ihren Schwierigkeiten hat in den Jahrhunderten, in denen durch den Stand der damaligen Seefahrttechnik die Entfernungen zu den anderen Kontinenten unendlich viel weiter erschienen, als das in unseren Tagen der Fall ist, und in denen Seemacht wohl eine Quelle des Wohlstandes, aber für eine Kontinentalmacht keine unbedingte Lebensnotwendigkeit bedeuten, die Reichsführung die Initiative zu überseeischen Unternehmen und ihren Schutz den Anliegern der Küste überlassen, also den zum Reiche gehörenden Fürstentümern und freien Städten. Erst als in der Mitte des vorigen Jahrhunderts das nationale Bewußtsein unseres Volkes stärker als je zuvor erwachte und als mit der Entwicklung der Seefahrtstechnik und der Nachrichtenmittel die Bedeutung der Seeverbindungen weiterhin sichtbar wurde, nahmen sich zunächst der Bund und dann das neu erstandene deutsche Reich dieser Probleme an und schufen sich in der Marine das Mittel zum Schutz ihrer überseeischen Interessen. Diese Marine ist unter grossen finanziellen Opfern des deutschen Volkes und mit großem Verantwortungsbewußtsein aller Beteiligten in harter Arbeit geschaffen und für ihre Aufgabe geschult worden. Sie hat unserem Volke und seinem Staate in langen Friedensjahren Achtung und Anerkennung in der Welt erworben – sie hat naturgemäß auch als neu erstandenes Machtinstrument viel Kritik, vor allem in unseren Nachbarstaaten, hervorgerufen. Die politische Entwicklung hat dazu geführt, daß sie in zwei Weltkriegen gegen die größten Seemächte der Erde eingesetzt werden mußte, in denen sie vom ersten Tage an einer erdrückenden Übermacht ihrer Gegner gegenüberstand. Sie hat sich dabei des Vertrauens, das unser Volk in sie gesetzt hat, würdig erwiesen und hat das ihr Mögliche zur Verteidigung der Heimat beigetragen. Der Enderfolg mußte ihr bei der gegebenen politischen Situation, die uns gegen fast die ganze Welt gestellt sah, in den beiden großen Kriegen versagt bleiben. Die Unmöglichkeit, zu sinnvollem und entscheidendem Einsatz zu kommen, hat 1918 die Kampfkraft der großen Schiffe zerbrochen, während 1945 die Einheiten der Marine durch die Kampfereignisse bis auf geringe Reste aufgerieben worden sind. Dennoch brauchen wir uns dieser Tradition nicht zu schämen, denn der Opfermut, die Einsatzbereitschaft, ritterliche Haltung auch im Kampf und der Ernst und die Entschlossenheit, mit denen die Marine auch an viele unlösbare Aufgaben heranging, wenn das notwendig war, hat die Anerkennung auch unsere Gegner sogar noch während des Krieges gefunden.
Es ist mir (daher) jetzt bei diesem neuen Beginn eine Ehrenpflicht und Herzenssache der unzähligen Kameraden zu gedenken, die vor uns in der Marine ihre Pflicht getan haben und besonders derer, die diese Pflichterfüllung mit dem Opfer ihres Lebens gekrönt haben. Bei dieser Gelegenheit muß ich daher auch des Schicksals gedenken, das die beiden letzten Oberbefehlshaber der alten Kriegsmarine erlitten haben. Die Großadmirale Raeder und Dönitz sind von einem internationalen Gericht der Siegermächte nach einem eigens zu diesem Zwecke nachträglich geschaffenen Recht – obwohl sie von allen Vorwürfen, die wegen der Seekriegführung gegen sie erhoben worden sind, ausdrücklich freigesprochen worden waren – aus politischen Gründen zu längeren Haftstrafen verurteilt worden. Grossadmiral Raeder hat in Anbetracht seines Alters und seines Gesundheitszustandes vor kurzem die Freiheit wiedererhalten, während Groß-

An Land ist in Kasernenbereichen ähnliches denkbar; nur sollte eine gewisse Systematik die Namen einprägsam machen. Selbstverständlich ist darauf zu achten, daß keine Namen gewählt werden, die verletzen oder Anlaß zu Auseinandersetzungen geben könnten.

IV. Die dem Ministerium nachgeordneten höheren Kommandeure prüfen, in welcher Weise in ihrem Bereich die Pflege der Tradition sichtbar zu verwirklichen ist. Dabei kommt es auf gegenseitige Abstimmung untereinander ebenso an wie auf Zusammenarbeit mit dem Deutschen Marinebund und den Kreisen der Seeschiffahrt. Kontakte zu den verbündeten Marinen sollten nicht außer Acht gelassen werden. Erste Vorschläge erwarte ich bis zum 1. Mai 1957.
Darüber hinaus lege ich Wert darauf, daß die grundsätzlichen Gedankengänge nach und nach Allgemeingut in der Marine, insbesondere im Offizierskorps werden. Ich erwarte, daß die in ihnen enthaltenen Richtlinien dazu führen, die Tradition innerhalb der Marine behutsam und mit Takt aufzunehmen. Mit dem Ziel, daß wir mit unserer geschichtlichen Vergangenheit fertig werden und uns ein Erbteil erwerben, daß wir selbst als Tradition weitergeben können.

gez. Ruge
F.d.R.
(v. Mutius, F.Kpt.)

Dokument 9
(Fundort: BA/MA)

Das Original der Konzeption für die Marine von 1962/63 ist verschollen. Das hier erstmals publizierte Dokument ist ein Vortrag des Inspekteurs der Marine für den Verteidigungsausschuß des Deutschen Bundestages. Nach Aussagen von Zeitzeugen entspricht der Vortrag weitestgehend der verschollenen »Konzeption«. Ob bestimmte Themen gezielt meinungsbildend für den Ausschuß aufbereitet worden sind, konnte bisher nicht bewiesen werden. Es fällt allerdings auf, daß die Notwendigkeit der Ausrüstung der Flotte mit Flugkörpern besonders betont wird.

GEHEIM

Bundesminister der Verteidigung Bonn, 16. Oktober 1963

Fü M II - Az 31-02-02
TgbNr N-1731/63 geh.

Konzeption und Aufbau der Marine

I. Vorbemerkung
An den Beginn der Ausführungen über »Konzeption und Aufbau der Marine« möchte ich einige grundsätzliche Ausführungen über den Aufbau der Streitkräfte stellen:

1. Der Bau von Kriegsschiffen erfordert wegen der Notwendigkeit, Schiffskörper, Antriebs- und Energiezentralen, Waffensysteme und Führungsmittel auf einander abzustimmen, lange Planungs- und Bauzeiten. Vom Entwurf bis zur Indienststellung eines modernen Kriegsschiffes von etwa Zerstörergröße muß man heute fünf bis sieben Jahre veranschlagen. Danach sollen die Schiffe weitere 20 Jahre ihre Aufgaben im Frieden und in einem möglichen Krieg erfüllen. Das bedeutet, daß die hier zu erörtende Aufbauplanung der Marine in ihren Auswirkungen bis in die zweite Hälfte der achtziger Jahre hineinreichen wird.
Die Konzeption der Marine, die dem Aufbau der See- und Seeluftstreitkräfte zu Grunde liegt, muß dieser Erkenntnis Rechnung tragen. Das heißt, sie darf nicht allein die gegenwärtig als möglich erkannten Erscheinungsformen eines Krieges berücksichtigen, sondern sie muß auch gewisse Unwägbarkeiten künftiger Entwicklungen nach Möglichkeit einschließen.
2. Auf Grund ihrer Beweglichkeit sind Seestreitkräfte, abgesetzt von ihren Stützpunkten, durch Kernwaffeneinwirkung weit weniger verwundbar als ortsgebundene Land- und Luftstreitkräfte; die See - ihr Kampfelement - kann durch Kernwaffen nicht zerstört werden. Dieser offensichtliche Vorteil größerer Überlebenswahrscheinlichkeit ist nicht nur U-Booten, sondern im wesentlichen auch Überwasserschiffen eigen; mit ihnen verfügt man also über ein Kriegsmittel, das auch im Atomkrieg und nach einem nuklearen Schlagabtausch Operations- und Einsatzfähigkeit behält.
3. In einer Zeit rascher Waffenentwicklungen, in der neben die herkömmlichen Waffen wesentlich leistungsfähigere, auf große Entfernungen wirkende Waffensysteme getreten sind, muß die Planung des Aufbaues von Seestreitkräften besonders eingehend und gründlich sein. In diesen Überlegungen spielt die Einführung von Fernlenkwaffen auf Schiffen eine entscheidende Rolle. Alle bedeutenderen Marinen haben inzwischen Schiffe mit diesen Waffen ausgerüstet, da Seestreitkräfte ohne Fernlenkwaffen den Erfordernissen eines künftigen Krieges nicht mehr gerecht werden.
4. Während der Aufbau des Heeres und der Luftwaffe bereits einen gewissen Abschluß erkennen läßt, befindet sich die Marine z.Z. erst am Ende ihrer ersten Aufbauphase. Auf den gegenwärtig in Dienst befindlichen Einheiten fehlen moderne Waffen - nämlich Flugkörpersysteme - über die Heer und Luftwaffe bereits verfügen. Der Verteidigungsminister sieht sich nunmehr der Notwendigkeit gegenüber, die Seestreitkräfte den Erfordernissen des modernen Seekriegs durch Ausrüstung mit neuzeitlichen Waffensystemen anzupassen, damit sie den ihr gestellten Aufgaben gerecht werden kann.
5. Die mitteleuropäische Verteidigungsfront hat an ihrem nördlichen Flankenabschnitt - den Ostsee-Eingängen - ihre schwächste Stelle. Mit den derzeitigen unzureichenden Kräften der Marine kann eine »Vorwärts-Verteidigung« in diesem Raume nicht geführt werden. Solange die Flanke nicht verstärkt wird, bleibt die Verteidigung Zentraleuropas lückenhaft.
6. Bei der rasch fortschreitenden Entwicklung der Waffentechnik gibt es heute weniger denn je einen Schiffstyp oder ein Waffensystem, mit dem alle Aufgaben des Seekrieges erfüllt werden könnten. Stehen jedoch nach Art, Eigenschaften und Zahl ausgewogene See- und Seeluftstreitkräfte zur Verfügung, wie sie im folgenden im einzelnen begründet und vorgeschlagen werden, so können diese in beweglichen, taktisch-offensiven Operationen eingesetzt werden, d.h. den Gegner bereits vorwärts des eigenen Territoriums stellen, ihn an der Inbesitznahme von NATO-Gebiet hindern und damit einen sehr wirksamen Beitrag zur Vorwärtsverteidigung leisten.

II. Einführung
Aufgabe der Marine als Teilstreitkraft der Bundeswehr ist es, deutsche See- und Seeluftstreitkräfte für den Verteidigungsbeitrag bereitzustellen und einsatzbereit zu halten, den die NATO von der Bundesrepublik Deutschland auf Grund ihres Beitritts fordert.
Der personelle, materielle und finanzielle Aufwand, der hierfür gerechtfertigt und angemessen ist, hat neben den Verteidigungsforderungen der NATO die deutschen Verteidigungsbelange zu berücksichtigen. Er muß sorgfältig abgewogen sein, da der Aufbau von Seestreitkräften mit modernen Bewaffnungen und Ausrüstungen und die Bereitstellung des zu ihrer Unterhaltung notwendigen Personals und Materials einschließlich der zugehörigen Schul- und Hilfsfahrzeuge verhältnismäßig hohe

Kosten verursacht, die mit dem Gesamtverteidigungsbeitrag der Bundeswehr in Einklang stehen müssen.

III. Aufgaben

Die Aufgaben im Verteidigungsfalle gegenüber dem Ostblock, zu deren Lösung die NATO den Beitrag der deutschen See- und Seeluftstreitkräfte fordert, sind von SACEUR in folgenden drei Punkten zusammengefasst worden:

1. Schutz (Control) der Ostsee-Eingänge;
2. Angriff auf feindliche Seeverbindungen und Seekriegsbasen;
3. Sicherung des eigenen Seeverkehrs

Die ersten beiden Aufgaben müssen vornehmlich im Ostseeraum, die letztere überwiegend in der Nordsee erfüllt werden. Neben deutschen Streitkräften stehen, zumindest in einer ersten Kriegsphase, dafür nur dänische Streitkräfte zur Verfügung. Da Dänemark in seinen Möglichkeiten begrenzt ist, erwarten die zuständigen NATO-Stellen die Mehrzahl der Streitkräfte zur Lösung der genannten Aufgaben von der Bundesrepublik Deutschland.

Die Bedeutung der gestellten Aufgaben ergibt sich aus der Bewertung der strategischen Lage der Ostsee-Eingänge:

Ihr Besitz beeinflußt die Haltung Schwedens und damit Skandinaviens schlechthin. Landstrategisch beherrscht die Position Schleswig-Holstein/Dänemark die Flanke Zentraleuropas. Seestrategisch kann hier die NATO das in der Ostsee befindliche Seekriegspotential des Sowjetblocks, d.h. die Streitkräfte und die Masse der östlichen Werft- und Reparaturkapazität, abriegeln und damit den Sowjets eine dauerhafte Seekriegsführung im Atlantik erheblich erschweren. Schließlich stellt die Ostsee den leistungsfähigen Transportweg parallel zu der kontinentalen Linie dar, auf der sich im Falle einer Auseinandersetzung die Nachschubbewegungen des Gegners für eine Offensive in Zentraleuropa entwickeln würden. Der Seeweg ist auch im Kernwaffenkrieg unzerstörbar, seine Benutzung bringt demjenigen, der ihn sich sichern kann, wesentliche Vorteile.

Die NATO beurteilt die strategische Bedeutung des Raumes Ost- und Nordsee in allen wesentlichen Punkten wie die deutsche Marine. Stärke und Dislozierung der östlichen Streitkräfte im Ostseeraum lassen im übrigen den Schluß zu, daß auch die Sowjets deren Bedeutung gleich hoch einschätzen.

IV. Situation des Ostblocks in der Ostsee

Eine Beurteilung der Situation des Ostblocks in der Ostsee ergibt:

1. Seestreitkräfte

Unter den 40 sowjetischen Zerstörern und 160 Schnellbooten sind die bereits jetzt mit Flugkörpern (FK) ausgestatteten 4 Zerstörer und ca. 40 Schnellboote die bedrohlichsten. Ihre Zahl wird laufend vermehrt. Wir haben ihnen an Seestreitkräften in absehbarer Zeit nichts Vergleichbares entgegenzusetzen. Dies ist um so bedrohlicher, als es sich nicht nur um Fernlenkwaffen zur Luftabwehr, sondern auch um solche zur Bekämpfung von Seezielen auf bisher im Seekrieg nicht gekannte Entfernungen handelt.

Die Kapazität von Speziallandungsfahrzeugen in der Ostsee ist zwar verhältnismäßig gering, sie kann aber durch improvisierte Maßnahmen und Verwendung aller Arten von Kleinfahrzeugen kurzfristig gesteigert werden. Wir müssen daher jederzeit auf eine Landung kleineren oder größeren Ausmaßes im Bereich der Ostsee-Eingänge gefaßt sein. Ihr muß man mit wirksamen Mitteln entgegentreten können.

Die hohe Zahl von 80 U-Booten kann zwar teilweise durch den Einsatz von Booten für Forschung, Erprobung und Ausbildung erklärt werden; auch dürfen atlantikfähige U-Boote die Ostsee vor Kriegsbeginn vermutlich verlassen. Trotzdem werden zahlreiche gegnerische U-Boote in der Ostsee verbleiben und zum Einsatz bereitstehen.

Die Reichweite der 60 kampffähigen Angriffsflugzeuge der Baltischen Flotte vom Typ »Badger« schließt England ein. Sie können mit ihren Luft-/Boden-Raketen aus größerer Entfernung Schiffsziele angreifen. Ihr Einsatz in Nord- und Ostsee ist jederzeit möglich. Darüber hinaus könnten auch Luftstreitkräfte der sowjetischen Luftverteidigung und der 24. und 37. Luftarmee, die in großem Umfang vorhanden und zum Teil im Einsatz über See geschult sind (Übungsangriffe dieser Flugzeuge auf Schiffe wurden beobachtet), in den Kampf auf See eingreifen. Damit gewinnt die eigene Luftabwehr mit modernen Waffen für unsere Seestreitkräfte erhöhte Bedeutung.

2. Mögliche Absichten der Sowjets

Stärke, Dislozierung und Aufmarschbasen der sowjetischen Streitkräfte lassen eine sowjetische Offensive nach Westen möglich erscheinen. Gleichzeitige Operationen gegen Jütland und die Dänischen Inseln sind denkbar. Sie werden u.a. davon abhängen, inwieweit die Sowjets einen Aufmarsch ihrer Kräfte vor Kriegsbeginn in Abwägung der Gefährdung des Überraschungsmoments durchführen.

Die sowjetische Marine könnte Landkriegsoperationen an der mitteleuropäischen Nordflanke durch Vernichtung oder Abriegelung der NATO-Seestreitkräfte in der Ostsee wirksam unterstützen. Günstige geographische Lage ihrer Basen sowie Stärke, Bewaffnung und Ausrüstung ihrer zügig in Modernisierung begriffenen schwimmenden Verbände geben Veranlassung, derartige Absichten im eigenen operativen Konzept zu berücksichtigen.

Die Schlagkraft der sowjetischen Baltischen Flotte wächst zusehends mit fortschreitender Modernisierung der schwimmenden und fliegenden Einheiten.

Der Vorsprung der sowjetischen Flotte auf dem Gebiet der Flugkörperbewaffnung vergrößert sich erwiesenermaßen rasch, so daß eine entsprechende Bewaffnung unserer Einheiten dringend erforderlich ist. Die dänische Marine hat in ihrem kleineren Rahmen die Umrüstung ihrer schwimmenden Einheiten auf Flugkörperbewaffnung in Erkenntnis dieser Entwicklung bereits eingeleitet. Die gelegentlich vertretene Annahme, die sowjetische Marine werde voraussichtlich in einem künftigen Kriege ähnlich zurückhaltend eingesetzt werden, wie es im 1. und 2. Weltkrieg vorwiegend der Fall war, kann und darf nicht als Grundlage unserer eigenen Planungen dienen; denn Aufbau, Ausbildung und Friedensverwendung der sowjetischen Marineverbände nach dem Kriege lassen den Schluß zu, daß nicht nur die sowjetische U-Bootwaffe und Marineluftwaffe offensiv eingesetzt werden, sondern daß auch die Überwsserstreitkräfte sich an einer offensiven Kriegführung der Marine beteiligen werden. Umfangreiche Manöver sowjetischer Überwasserstreitkräfte und U-Boote im Seegebiet zwischen Island und Schottland, die im August ds.J. stattfanden, haben diese Annahme erneut nachdrücklich bestätigt.

V. Das Konzept der Bundeswehr zur Lösung der Aufgaben

1. Schutz (Control) der Ostsee-Eingänge

Unsere Grundüberlegungen hinsichtlich der Aufrechterhaltung der Kontrolle über die Ostsee-Eingänge – schmale Wasserstraßen zwischen den Dänischen Inseln und Jütland – werden durch die Wechselbeziehung bestimmt, daß der Besitz einer Küste die Kontrolle des angrenzenden Seegebietes erleichtert und die Beherrschung eines Seegebietes direkt Einfluß auf das Landkampfgeschehen an den angrenzenden Küsten ausübt.

Da die Inseln und Jütland »Land« sind, ist ihre Verteidigung vorrangig Sache des Heeres; da es sich aber um Inseln handelt, und weil Land und See hier so überaus eng und vielfältig verzahnt sind, ist die Verteidigung nur »triphibisch«, d.h. in engem Zusammenwirken zwischen Heer, Luftwaffe und Marine möglich und erfolgversprechend. Der Teil, der im Rahmen dieser gemeinsamen Aufgabe im Konzept der NATO der Marine zugewiesen ist, ist daher rein defensiv: Wegen der großen Überlegenheit der sowjetischen Flotte im baltischen Raum und der geringen Kräfte, welche die NATO zur Verteidigung der Ostsee-Eingänge bisher verfügbar hat, bestand – um den Feind an der Besitznahme nach Möglichkeit zu hindern – kein anderer Ausweg als die Durchfahrten durch ausgedehnte Minensperren zu blockieren und so wenigstens die landungsgefährdeten Küsten nach Möglichkeit zu sichern. Diese Art der Verteidigung garantiert aber nicht den Erfolg, weil defensive Minensperren die Operationen eigener Seestreitkräfte behindern; und Sperren nur solange nützlich sind, wie man sie verteidigen kann; geht das angrenzende Land verloren, so können sie geräumt werden; selbst ausgedehnte Sperren mit modernen Zündmitteln können nur zögernd wirken, aber einen entschlossenen Gegner, der den hohen Aufwand zu ihrer Räumung nicht scheut, nicht an der Durchführung seiner Absichten hindern.

Ein entschlossener Gegner könnte also z.Z., sofern er die vorhandenen Kräfte voll einsetzt, an ihm geeignet erscheinenden Küstenplätzen auf den Dänischen Inseln, in Schleswig-Holstein oder Jütland landen. Überall, wo Land über See erreichbar ist, wäre »Front«. In dem vielfältig gegliederten deutsch-dänischen Raum müßten eigene Küstenverteidigungskräfte weitgehend aufgespalten werden, ohne daß die Gewißheit einer erfolgreichen Abwehr der Landung bestünde; Schwerpunktbildung wäre das nicht möglich, und selbst ein vielleicht denkbarer Aufbau einer Küstenartillerie würde trotz großen Aufwandes das Problem nicht lösen können. Das Heer stünde somit vor einer unlösbaren Aufgabe.

Mit dem allmählichen Anwachsen der NATO-Seestreitkräfte, die nach der Erfüllung der MC 26/4 eine ausgewogene Streitmacht darstellen werden, wird es möglich sein, das bisher unbefriedigende Verteidigungskonzept – zunächst schrittweise, dann endgültig – abzulösen:

Die Verteidigung der Meerengen kann dann nach den Grundsätzen der Seekriegführung in freien, beweglichen und vorgeschobenen Operationen erfolgen; Seestreitkräfte, unterstützt durch Seeluftstreitkräfte, können eine Landungsflotte nicht nur während der Landung, sondern schon während des Anmarsches bekämpfen. Ihr Vorhandensein allein wirkt bereits landungsabschreckend. Auch für die begrenzten Gewässer der Ostsee muß das Ziel der Seekriegführung sein, dem Gegner die Nutzung der Seegebiete zu verwehren und die eigene Operationsfreiheit zu erhalten. Gelingt es, die Bewegungen gegnerischer Schiffe in dem an die umkämpften Landgebiete angrenzenden Seeraum zu unterbinden, könnte der Gegner weder amphibische Landungen durchführen noch den Landkampf von See aus artilleristisch oder mit FK unterstützen noch Verstärkung und Nachschub über See heranführen.

Es wäre damit in seiner eigenen Operationsfreiheit entscheidend eingeschränkt, währen eigene Seestreitkräfte das Heer, der Entwicklung der Kriegslage entsprechend, unterstützen könnten. Mit diesem Verteidigungskonzept leistet die Marine einen Beitrag zur Vorwärtsverteidigung, wie er in so klassischer Form nur auf See möglich ist: Nur hier besteht zwischen eigenem und feindlichem Territorium und seinen Küsten ein Vorfeld in Gestalt der Hohen See, in welchem durch Maßnahmen der nach vorne verlegten Verteidigung der Gegner an der Besetzung eigenen Gebietes gehindert wird.

2. Angriff auf feindliche Seeverbindungen und Seekriegsbasen

Solange die Verlagerung der Landfronten keine Veränderung der seestrategischen Position herbeiführt, liegen die im Bereich NAVBALTAP zu bekämpfenden feindlichen Seeverbindungen in der Ostsee. Bei einer Offensive in Zentraleuropa wird der Gegner für den Nachschub aus dem Finnischen Meerbusen, der baltischen und ostpreußischen Küste in den Raum Pommern und Mecklenburg die »Rollbahn See« benutzen müssen, und zwar in steigendem Maße und Umfang dann, wenn in Durchführung des »Interdiction Plan« die Landverkehrswege (Spurwechselzone, Brücken, Knotenpunkte) gelähmt oder zerstört werden. Ein Angriff auf diese Seetransportwege mit leichten Überwasserstreitkräften und den gegenwärtig vorhandenen Seeluftstreitkräften ist nur in der westlichen und Mittleren Ostsee möglich, ostwärts Bornholm gestattet jedoch das tiefe Wasser den Einsatz von U-Booten bis in die Östliche Ostsee hinein; auch die Seeluftstreitkräfte reichen nach der Umrüstung auf F 104 dorthin.

Der Angriff auf die gegnerischen Seekriegsbasen an der Ostseeküste würde Aufgabe der Seeluftstreitkräfte sein; hierfür würden die für STRIKE-Aufgaben vorgesehenen Flugzeuge der Seeluftstreitkräfte (F 104) dienen.

3. Sicherung des Nachschubs in der Nordsee

Die strategische Wichtigkeit der Nordsee ist durch den Umfang des Güterumschlags der Großhäfen Antwerpen, Rotterdam, Amsterdam, Bremen und Hamburg gekennzeichnet. Auch im Kriege wird ein Großteil des strategischen Nachschubs für Nordwesteuropa und damit für die Bundesrepublik durch die Nordsee geführt werden; seine Sicherung ist Aufgabe der NATO-Seestreitkräfte in der Nordsee.

Je erfolgreicher der Nachschub in der Nordsee gesichert wird, um so besser würde der Krieg in der Ostsee unterstützt, je mehr feindliche Kräfte andererseits in der Ostsee gebunden werden, desto geringer würde die feindliche Aktivität in der Nordsee sein und desto leichter die Sicherung der dortigen Seewege.

Die Schiffahrt in der Nordsee wird im flacheren südlichen Teil vornehmlich durch Minen, die in der Mittleren und Nördlichen Nordsee vorwiegend durch U-Boote und in der gesamten Nordsee durch Flugzeuge gefährdet. Zur Bekämpfung dieser Gefahren werden ausreichend Minensuchstreitkräfte, genügend Geleitfahrzeuge und U-Abwehrflugzeuge (MPA) sowie wirksame Flugabwehr-Fahrzeuge (FK-Korvetten) benötigt. - Brechen sowjetische Landstreitkräfte an die Nordsee durch, so ist die in eigener Hand verbleibende Südküste und Schleswig-Holstein/Jütland, das vom übrigen Festland abgeschnitten ist, auf die Versorgung über See angewiesen. Ohne diese Versorgung wäre das Halten der dänischen Position höchstens eine Frage der Zeit; mit ausreichendem Zufluß über See ergäben sich alle Vorteile der Flankenposition gegenüber dem zentraleuropäischen Kriegsschauplatz. Zahlreiche und leistungsfähige Landungsfahrzeuge sind in dieser Lage unerläßlich, da nur wenige brauchbare Häfen verfügbar sein werden. Außerdem werden ausreichende U-Bootabwehrstreitkräfte (U-Jagdflugzeuge, Zerstörer, Geleitzerstörer) nötig sein, um die von England und Norwegen kommenden Geleite zu schützen. Schließlich können die Fla-Träger (PCG) vor allem zum Schutz der Ausschiffungsräume nicht entbehrt werden.

Ein Beitrag der Bundesrepublik zu den Geleitstreitkräften SACLANTs, um den Seeverkehr über dem Atlantik zu sichern, ist zwar in der MC 26/4 empfohlen, jedoch mit dem ausdrücklichen Hinweis, daß zunächst die Forderungen SACEURs erfüllt werden müssen. Die Bereitstellung der für diesen Zweck von der NATO vorgesehenen 8 Zerstörer ist in den Aufbauplänen der Bundeswehr mit Rücksicht auf die Kosten und die Haushaltslage unterblieben. Ob und wieweit Zerstörer dennoch im Kriegsverlauf für weiträumigere Sicherungsaufgaben eingesetzt werden können, wird davon abhängen, ob sie durch die Lageentwicklung im Ostsee- und Nordseeraum entbehrlich werden. Auf Grund ihrer vielseitigen Verwendbarkeit und guten See-Eigenschaften eignen sie sich auch für derartige Aufgaben.

VI. Verteidigungsbeitrag der deutschen Marine

1. Vorbemerkung

Die Lagebeurteilung der zuständigen operativen NATO-Stellen, die in allen wesentlichen Punkten der Beurteilung entspricht, die soeben entwickelt wurde, führte letztlich zu den bekannten Empfehlungen in dem NATO-Dokument MC 26/4, das der Aufbauplanung der deutschen Streitkräfte im Rahmen der NATO-Verbände zu Grunde liegt. Die Marine hält diese NATO-Empfehlungen auf Bereitstellung von See- und Seeluftstreitkräften zur Erfüllung der gestellten Aufgaben für militärisch gerechtfertigt. Ihrer vollen Verwirklichung sind allerdings im Rahmen der gesamten Bundeswehr vom Haushalt und Personalaufkommen her Grenzen gesetzt. Eine gründliche Untersuchung der für das Verteidigungsressort festgelegten personellen und haushaltsmäßigen Voraussetzungen, nach denen sich die Bundeswehr in den nächsten Jahren zu richten hat, führten zur »Endumfangsplanung der Marine« über den Zeitraum bis 1975, die ich in einer Tabelle habe zusammenstellen lassen.

Aus der Gegenüberstellung ist ersichtlich, daß die für die Marine geplanten Einheiten bei Zerstörern und Landungsbooten beträchtlich hinter den NATO-Empfehlungen gemäß MC 26/4 zurückbleiben. Dabei ist zu berücksichtigen, daß die Endumfangsplanung der Marine nicht 1966 - wie von NATO empfohlen - sondern erst 1975 erreicht wird.

Die gegenwärtig vorhandenen deutschen Seestreitkräfte sind schon an der Zahl den östlichen weit unterlegen. Ihre Kampfkraft ist, wie bereits ausgeführt, völlig unzureichend:

- Zum Beispiel haben die z.Z. immer noch kampfkräftigsten deutschen Einheiten, die ehemaligen US-Zerstörer der Fletcher-Klasse, Rohrwaffen, die dem Entwicklungsstand am Ende des 2. Weltkrieges entsprechen. Ihre Luftabwehrgeschütze sind veraltet und für die Abwehr moderner, strahlgetriebener Flugzeuge unbrauchbar. Sie eignen sich lediglich noch zur Abwehr von Torpedo-Schnellbooten.
- Die an sich guten deutschen Schnellbootsneubauten sind noch heute auf Torpedos angewiesen, wie sie bereits zu Beginn des 2. Weltkrieges in der Kriegsmarine eingeführt waren.
- Einsatzfähige U-Boote werden voraussichtlich in 2-3 Jahren zur Verfügung stehen.
- Die Umrüstung der ersten Staffel der Seeluftstreitkräfte von dem veralteten Muster »Sea Hawk« auf die »F 104« wird erst Ende 1964 so weit abgeschlossen sein, daß die Staffel NATO-assigniert werden kann. Drei weitere Staffeln werden voraussichtlich in Abständen von je 9 Monaten folgen können.

2. Das Fernlenkwaffenprogramm

Die dringend notwendige Modernisierung der Marine erfordert möglichst rasche Bereitstellung von schwimmenden Einheiten mit Fernlenkwaffen.

Die bisherigen Bemühungen in dieser Richtung

- Umrüstung der Schnellboote auf Flugkörper (FK) Schiff/Schiff
- Neubau von Fernlenkwaffen-Zerstörern mit FK-Bewaffnung Schiff/Schiff und Schiff/Luft

- Neubau von Fernlenkkörper-Korvetten mit FK Schiff/Luft sind bisher nur verhältnismäßig langsam vorangekommen, weil die Aufbauplanung von Heer und Luftwaffe in den ersten Aufbaujahren vorrangig behandelt werden mußten.

Die Einführung von Fernlenkwaffen in der Marine ist rationell nur in ihrer Gesamtheit, d.h. in einem »Aufbaupaket«, zu realisieren, zu dem die eben genannten drei Komponenten gehören. Eingehende Untersuchungen haben ergeben, daß das von den USA entwickelte und auf einer größeren Anzahl amerikanischer und alliierter Fernlenkwaffen-Zerstörern vorhandene und bewährte »Tartar«-System sich auch für eine Verwendung in der deutschen Marine als geeignete Bewaffnung anbietet. In der Tat ist es z.Z. das einzige eingeführte und erprobte Schiffswaffensystem dieser Art, da das ebenfalls angebotene britische Fernlenkwaffensystem für Bordverwendung »C F 299« und das entsprechende französische System sich noch im Entwicklungsstadium befinden. Im einzelnen:

a) Tartar-Schnellboote

Als erster Schritt sind praktische Versuche der Fa. »General Dynamics«, welche die Voraussetzungen zur Verwendung von Seeziel-Tartars auf Schnellbooten prüfen sollen, angelaufen. Die entsprechende Entwicklung muß von der Bundesrepublik getragen werden, da kein anderer NATO-Partner gleiche Einsatzaufgaben für S-Boote hat.

Die vorgesehene Umrüstung eines Schnellbootgeschwaders (10 Boote) auf Seeziel-Tartar-Bewaffnung und der Neubau eines Tartar-Schnellbootgeschwaders (10 Boote) werden von dem Ergebnis dieser Versuche abhängen. Die amerikanischen Experten beurteilen die Erfolgsaussichten positiv. Die Bereitstellung von 20 Schnellbooten mit Tartar-Bewaffnung, die bei günstiger Entwicklung der Versuche und Förderung des Projektes in ca. 3-4 Jahren einsatzklar sein können, würde die Kampfkraft der Marine im Ostseeraum bereits beträchtlich steigern. Etwa zu gleicher Zeit werden in der Bundesrepublik entwickelte leistungsfähige Torpedos verfügbar sein, so daß auch den nicht mit FK ausgerüsteten vorhandenen 30 Schnellbooten eine brauchbare moderne Waffe an Bord gegeben werden kann. Die Entwicklung in der Bundesrepublik ist erforderlich, da andere NATO-Staaten keinen Bedarf an modernen Überwassertorpedos haben. Die Schnellboote vom Typ »Jaguar« haben sich im ganzen als gelungener Typ bewährt und erscheinen für Umrüstung auf die vorgesehenen modernen Waffen durchaus geeignet.

b) Tartar-Zerstörer

Mit gleicher Dringlichkeit wie die FK-Schnellboote müssen die FK-Zerstörer bereitgestellt werden.

Nicht nur die NATO hat die beschleunigte Bereitstellung dieses Schiffstyps wiederholt und in den Prüfungsbemerkungen zum Beitrag der Bundesrepublik Deutschland zur NATO-Jahreserhebung 1962 erneut für erforderlich erklärt, sondern auch die deutsche Marine ist der Überzeugung, daß diese kampfkräftigen und vielseitig verwendbaren Schiffe zur Lösung der ihr gestellten Seekriegsaufgaben unentbehrlich sind.

Bei Forcierung der Ostsee-Eingänge durch den Gegner würden die FK-Zerstörer als kampfkräftigste Einheiten im Zusammenwirken mit den Seeluftstreitkräften und Schnellbooten im Sinne der Vorwärtsverteidigung dem Gegner vor den eigenen Küsten entgegentreten müssen. Da sie feindliche Seestreitkräfte auf große Entfernung bekämpfen können und sich bei taktisch richtigem Ansatz im Verbande gegenüber der Bedrohung aus der Luft behaupten können, haben sie die Voraussetzungen für diese Aufgabe.

Schon ihr Vorhandensein wirkt landungsabschreckend; gegen große amphibische Operationen von entscheidender Bedeutung ist ihr voller Einsatz im Zusammenwirken mit den übrigen See- und Seeluftstreitkräften gerechtfertigt. Hinzu kommt, daß die Marinebefehlsstellen an Land nicht in der Lage sein werden, das Kampfgeschehen in einem Seegebiet im einzelnen zu übersehen. Auch kleinere Überwasserstreitkräfte - wie z.B. Schnellboote - haben diese Möglichkeit nicht. Erst Schiffe von Zerstörergröße haben entsprechend leistungsfähige Operationszentralen, die dem taktischen Führer in See gestatten, verschiedene Typen von Überwasserstreitkräften koordiniert einzusetzen und ihre besonderen Typeigenschaften optimal der Lage entsprechend zur Wirkung zu bringen.

So geben die FK-Zerstörer bei den vielfältigen Möglichkeiten von Seekriegsoperationen nicht nur durch ihre hohe Kampfkraft kleineren Überwasserstreitkräften Rückhalt, sondern sie können gleichzeitig die vorgeschobenen Führungsstellen »auf dem Gefechtsfeld« darstellen.

Darüber hinaus sind FK-Zerstörer zur Sicherung des Nachschubs von unseren in Aufbau befindlichen Versorgungsbasen in Süd- und Westnorwegen und Schottland über die Nordsee vornehmlich gegen Luft- und U-Bootsangriffe sowie zum Rückhalt von amphibischen Unterstützungsoperationen der NATO-Seestreitkräfte an der jütischen Westküste unentbehrlich. Seestreitkräfte unter Zerstörergröße können in diesen Seegebieten wegen der vorherrschenden Wetter- und Seegangsverhältnisse normalerweise nicht oder nur beschränkt eingesetzt werden. Die NATO-Kommandobehörden legen daher auf die Bereitstellung von FK-Zerstörern besonders in diesen Seegebieten großen Wert. Für diese Aufgaben sind die FK-Zerstörer selbst dann erforderlich, wenn in einem Zeitpunkt der Zukunft diese Zerstörer in der Ostsee nicht jederzeit eingesetzt werden könnten. Im übrigen sind FK-Zerstörer wegen ihrer vielseitigen Verwendungsmöglichkeiten, d.h. ihrer Fähigkeit, Überwasserziele, Luftziele, U-Boote und Ziele an Land bekämpfen zu können, besonders flexibel und geeignet, Aufgaben zu erfüllen, die sich aus den eingangs erwähnten, gegenwärtig nicht übersehbaren künftigen Entwicklungen ergeben könnten. Hier ist u.a. auch an eine Änderung der seestrategischen Position zu denken, die sich innerhalb der langen Dienstzeit dieser Schiffe, d.h. bis zur 2. Hälfte der 80er Jahre, oder aber im Verlaufe eines Krieges ergeben kann. Unter Berücksichtigung eines homogenen Aufbaues der Bundeswehr ist in Übereinstimmung mit den bisherigen Planun-

aufgabe macht die Durchführung des Modernisierungsplanes der Marinestreitkräfte zwingend erforderlich.

VIII. Zur Realisierung

Bei allen langfristigen Programmen ist es - im vorliegenden Fall besonders im Hinblick auf die Unwägbarkeit des Kriegsschiffbaues - schwer, zu den Kosten einigermaßen zuverlässige Angaben zu machen.

Man wird unter allen Vorbehalten etwa von folgenden Kosten dieses Programms auszugehen haben:

- 6 DDG zu je 200 Mio. DM = 1,2 Mrd. DM
- für die 10 FK-Korvetten ein Mehraufwand gegenüber den bisherigen Veranschlagungen von Mrd. 650 Mio. DM
- für die Bewaffnung von Schnellbooten mit Flugkörpern dürfen je Boot 5 Mio. DM einzusetzen sein, das sind 100 Mio. DM.

Nicht schätzbar sind die Kosten, die durch den Betrieb und die Erhaltung der neuen Waffensysteme bei den fortdauernden Titeln für die künftigen Jahre entstehen. Es ist aber damit zu rechnen, daß diese Kosten höher sind als bei Schiffen mit herkömmlicher Bewaffnung.

Erste Kosten- und Haushaltsplanungen haben zum Ergebnis, daß dieses Programm im Laufe der nächsten zehn Jahre mit den Mitteln, die für die Marine planmäßig zur Verfügung stehen dürfen, im wesentlichen durchzuführen sein müßte. Die finanzielle Realisierbarkeit des Programms wird z.Z. überprüft, so gut es die einer jeden langfristigen Planung innewohnenden Unsicherheitsfaktoren zulassen. Über die Verwirklichung wird daher nur in Teilabschnitten und nur nach Maßgabe der finanziellen und sonstigen Möglichkeiten entschieden werden können.

Mit diesem Vorbehalt bitte ich den Ausschuß, von dem Modernisierungsprogramm der Marine, bestehend aus

a) dem Bau von 6 Fernlenkwaffenzerstörern als Ersatz für die veralteten US-Leihzerstörer, wovon zunächst drei in Bau gegeben werden sollen
b) dem Bau von 10 FK-Korvetten anstelle der bereits genehmigten Kanonenküstengeleitboote,
c) der Ausrüstung von 20 Schnellbooten mit Fernlenk-Seezielbewaffnung, das sich insgesamt auf einen Zeitraum von ca. 8-10 Jahren erstreckt,

zustimmend Kenntnis zu nehmen.

DEUTSCHE SEE- UND SEELUFTSTREITKRÄFTE — Anlage zu Fü M II, Az 31-02-02, TgbNr N-1731/63 geh. v. 16.10.1963

	Bemerkung		Derzeitiger Bestand	MC 26/4	Endumfang	
1	FK-Zerstörer	DDG	–	13	6	
2	Zerstörer SACEUR	DD/DE	10	6	10	
3	Zerstörer SACLANT	DD/DE	–	8	–	
4	Schnellboote	FPB	40	50	50	
5	Küsten-U-Boote	SSC	–	25	25	davon 20 SSC Typ 350/450 ts
6	U-Jagd-U-Boote	SSK	–	6	6	
7	Küstengeleitboote	PC	–	10	10	als Tartar-PC
8	Landungsboote	LSD	–	–	1	Umbau ex City of Havanna
9	Landungsboote	LST	–	36	–	Die z.Z. im Dienst befindlichen 6 LSM/LSM-R werden durch Neubauten ersetzt. Außerdem Neubau 1 LST. Die Gesamtzahl der in Dienst befindl. Landungsboote soll nicht 6 übersteigen.
10	Landungsboote	LSM	–		1	
11	Landungsboote	LSM-R	–	–	1	
12	Minenschiffe	CM	–	4	4	3 ex 5US LST, 1 Minentransporter
13	Küsten-Minensuchb.	MSC	24	54	24	MC 26/4 fordert 2 Mine-Counter-Mean-Group zu je 20 MSO/MSC/MHC/MSI dazu 4 HPM und 1 MS Tender
14	Schnell-Minensuchb.	MSF	30	–	–	
15	Mehrzweckflugzeuge	VAP	36	72	90	
16	U-Jagd-Flugzeuge	MPA	16	24	12	
17	U-Jagd-Hubschrauber	HPS	–	36	36	
18	Minensuch-Hubschr.	HPM	–	8		

Dokument 10

(Fundort: BA/MA)

Mit der Aufstellung der Marinelehrkompanie am 16. Januar 1956 in Wilhelmshaven und der damit offiziell vollzogenen Gründung der (west-)deutschen Marine bot sich für die DDR die Möglichkeit, organisatorisch und rechtlich ihre als »Volkspolizei/See« bestehenden Seestreitkräfte in den Status einer »Marine« zu überführen.

REGIERUNG
DER DEUTSCHEN DEMOKRATISCHEN REPUBLIK
MINISTERIUM FÜR NATIONALE VERTEIDIGUNG
- Der Minister -

TAGESBEFEHL
aus Anlaß der Aufstellung der Verbände und Truppenteile der Streitkräfte der Nationalen Volksarmee der Deutschen Demokratischen Republik.

Genossen Matrosen, Maate, Offiziere und Admirale!
In Ausführung des von der Volkskammer der Deutschen Demokratischen Republik am 18. Januar 1956 beschlossenen Gesetzes über die Schaffung der Nationalen Volksarmee und des Ministeriums für Nationale Verteidigung werden die Verbände und Truppenteile der Seestreitkräfte mit Wirkung vom 30. April 1956 aufgestellt. Damit verfügt unser Arbeiter- und Bauernstaat über Seestreitkräfte.
Sie haben im Zusammenwirken mit den anderen Teilen der Nationalen Volksarmee die Aufgabe, die friedliche Arbeit unserer Werktätigen, unseren sozialistischen Aufbau an der Küste und zur See zu schützen und damit die Basis für den Kampf um den Frieden und um ein einheitliches demokratischen Deutschland zu verteidigen.
Aus Anlaß der Aufstellung der Verbände und Truppenteile der Seestreitkräfte der Nationalen Volksarmee

BEFEHLE ICH:

1. Die Matrosen, Maate, Offiziere und Admirale haben alle Anstrengungen zu unternehmen, um mit einem Höchstmaß an politischer Geschlossenheit, militärischem Können, persönlicher Tatkraft und Handlungsfreudigkeit an die Erfüllung ihrer Aufgabe heranzugehen.
2. Die Kampfausbildung der Angehörigen der Seestreitkräfte ist so zu organisieren, daß sie den modernen Anforderungen entspricht.
3. Die Matrosen, Maate, Offiziere und Admirale der Seestreitkräfte haben eine breite Initiative zur Meisterung und Wartung ihrer Schiffe, Boote, Waffen und technischen Ausrüstung zu entfalten, um in Verbindung mit den zweckmäßigsten Methoden der Kampfausbildung die ständige Einsatzbereitschaft sicherzustellen.
4. Die Angehörigen der Seestreitkräfte sind in Treue und Ergebenheit zur Partei und zum Staat der Arbeiter und Bauern, im Geist der Völkerfreundschaft und Waffenbrüderschaft mit den Armeen und Flotten des sozialistischen Lagers, zu disziplinierten, mutigen und standhaften Kämpfern zu erziehen, die jede an sie gestellte Aufgabe ehrenvoll erfüllen.

Genossen Matrosen, Maate, Offiziere und Admirale!
Ich begrüße und beglückwünsche Sie als Angehörige der Seestreitkräfte der Nationalen Volksarmee der Deutschen Demokratischen Republik.
Seien Sie eingedenk der hervorragenden, opferbereiten, revolutionären Matrosen, die am Ende des 1. Weltkrieges ihr Leben einsetzten für den Sieg der deutschen Arbeiterklasse, für ein freies, fortschrittliches Deutschland.
Ich wünsche Ihnen gute Ergebnisse bei Ihren Anstrengungen um die Stärkung der Verteidigungsbereitschaft unserer Deutschen Demokratischen Republik, die auf den Bahnen des zweiten Fünfjahrplanes neuen Erfolgen im sozialistischen Aufbau und im Kampf um den Frieden und die demokratische Wiedervereinigung entgegengeht.

Setzen Sie alle Kräfte ein, daß unsere Seestreitkräfte - vom Matrosen bis zum Admiral - für unsere ganze Nationale Volksarmee ein Vorbild werden an Treue und Ergebenheit zu unserer Arbeiter- und Bauernmacht, ein Vorbild an mustergültiger Disziplin, militärischen Leistungen und ständiger Einsatzbereitschaft.

Minister für Nationale Verteidigung
- Generaloberst -
[gez.] (S t o p h)
18.4.

Danksagung

Die Ausstellung

»Germania auf dem Meere
Bilder und Dokumente zur deutschen
Marinegeschichte 1848–1998«

entstand im Auftrag der Deutschen Marine
und in Zusammenarbeit mit dem
Militärgeschichtlichen Forschungsamt, Potsdam.

Ohne das persönliche Engagement von

Christian Bürger, MGFA, Potsdam,
Juan Claret, Flottenkommando, Glücksburg,
Holger Hoffmann, Führungsstab der Marine, Bonn
Johann Jakob, Phoenix Design, Bornheim,
Inge Mellenthin, Verlagsgruppe Koehler/Mittler, Hamburg
Dr. Jürgen Rohweder, Verlagsgruppe Koehler/Mittler, Hamburg
Eberhard Schmidt, Marineschule Mürwik, Flensburg,
Dirk Sieg, Rheinische Friedrich-Wilhelms-Universität, Bonn

hätte das Projekt nicht in der vorliegenden Form
realisiert werden können.

Ihnen gilt besonderer Dank
ebenso wie der hilfreichen Unterstützung
durch folgende Personen und Institutionen

Amt für Nachrichtenwesen der Bundeswehr, Köln
Ursula Bethke, Phoenix Design, Bornheim
Bibliothek für Zeitgeschichte, Stuttgart
Bundesarchiv/Außenstelle Frankfurt a.M.
Bundesarchiv/Militärarchiv, Freiburg
Dr. Torsten Dietrich, MGFA
Sigurd Dinziol, Minensuchflottille, Olpenitz
Flottenkommando, Glücksburg
Focke-Museum, Bremen
Foto Renard, Kiel
Führungsstab der Marine, Bonn
Gedenkstätte Deutscher Widerstand, Berlin
Stephan Görlich, Flottenkommando
Arnim Jungnickel, Flottenkommando
Manfred Lange, Zerstörer ROMMEL
Marinefliegergeschwader 3, Nordholz
Marine-Offizier-Vereinigung, Bonn
Leo Mohr, Fernmeldestab 70, Flensburg
Diplom-Historikerin Mariashanett Müller, MGFA
Bernd Rusch, Kommando Truppenversuche,
Eckernförde
Klaus Schmidt, Phoenix Design
Schiffahrtsmuseum, Kiel
Stadtarchiv, Stralsund
Andreas Stubbe, Phoenix Design
Dr. Rüdiger Wenzke, MGFA
Wilhelmshavener Zeitung
Wissenschaftliches Institut für Schiffahrts- und Marinegeschichte GmbH, Hamburg
Zerstörerflottille, Wilhelmshaven
Kai Zimmermann, Minenjagdboot FULDA, Olpenitz

Literaturverzeichnis

Adalbert Prinz von Preußen: Denkschrift über die Bildung einer deutschen Kriegsflotte, Potsdam und Frankfurt/M. 1848 [Faksimile in: Duppler: Prinz Adalbert]

Anfänge westdeutscher Sicherheitspolitik 1945–1956, 4 Bde., hrsg. vom Militärgeschichtlichen Forschungsamt, München 1982–1997

Bekker, Cajus: Verdammte See. Ein Kriegstagebuch der deutschen Marine, Oldenburg und Hamburg 1974

Berghahn, Volker R.: Der Tirpitzplan. Genesis und Verfall einer innenpolitischen Krisenstrategie unter Wilhelm II., Düsseldorf 1971

Berghahn, Volker R.: Rüstung und Machtpolitik. Zur Anatomie des »Kalten Krieges« vor 1914, Düsseldorf 1973

Berghahn, Volker R., Deist, Wilhelm: Rüstung im Zeichen der wilhelminischen Weltpolitik. Grundlegende Dokumente 1890–1914, Düsseldorf 1988

Bidlingmaier, Gerhard: Seegeltung in der deutschen Geschichte, Darmstadt 1967

Bird, Keith W.: German Naval History. A Guide to Literature, New York und London 1985

Costello, John; Hughes, Terry: Atlantikschlacht. Der Krieg zur See 1939–1945, Bergisch-Gladbach 1968

Das Deutsche Reich und der Zweite Weltkrieg, 6 Bde., hrsg. vom Militärgeschichtlichen Forschungsamt, Stuttgart 1979–1990

Deist, Wilhelm: Flottenpolitik und Flottenpropaganda. Das Nachrichtenbureau des Reichsmarineamtes 1897–1914 (Beiträge zur Kriegs- und Militärgeschichte, hrsg. vom Militärgeschichtlichen Forschungsamt, Bd 17), Stuttgart 1976

Deutsche Militärgeschichte in sechs Bänden 1648–1939, Bd. 5: Deutsche Marinegeschichte der Neuzeit, hrsg. vom Militärgeschichtlichen Forschungsamt, München 1983

Die deutsche Flotte im Spannungsfeld der Politik 1848–1985. Vorträge und Diskussionen der 25. Historisch-Taktischen Tagung der Flotte 1985, hrsg. vom Deutschen Marine Institut und Militärgeschichtlichen Forschungsamt (Schriftenreihe des Deutschen Marine Instituts, Bd. 9), Herford 1985

Die deutsche Marine. Historisches Selbstverständnis und Standortbestimmung, hrsg. vom Deutschen Marine Institut und der Deutschen Marine Akademie (Schriftenreihe, Bd. 4), Herford und Bonn 1983

Dönitz, Karl: Zehn Jahre und zwanzig Tage, Bonn 10. Aufl. 1981

Dönitz, Karl: 40 Fragen an Karl Dönitz, München 1979

Dülffer, Jost: Weimar, Hitler und die Marine. Reichspolitik und Flottenbau 1920–1939, Düsseldorf 1973

Duppler, Jörg: Der Juniorpartner. England und die Entwicklung der Deutschen Marine 1848–1890 (Schriftenreihe des Deutschen Marine Instituts, Bd. 7), Herford 1985

Duppler, Jörg: Prinz Adalbert von Preußen. Gründer der deutschen Marine, Herford 1986

Ehrensberger, Konrad: Hundert Jahre Organisation der deutschen Marine 1890–1990. Kaiserliche Marine, Reichsmarine, Kriegsmarine, Bundesmarine, Bonn 1993

Der Einsatz von Seestreitkräften im Dienst der auswärtigen Politik, Vorträge auf der Historisch-Taktischen Tagung der Flotte 1981, hrsg. vom Deutschen Marine Institut (Schriftenreihe des Deutschen Marine Instituts, Bd. 3), Herford 1983

Elvert, Jürgen; Jensen, Jürgen; Salewski, Michael (Hgg.): Kiel, die Deutschen und die See (Historische Mitteilungen, Beiheft 3), Stuttgart 1992

Epkenhans, Michael: Die Wilhelminische Flottenrüstung 1908–1914. Weltmachtstreben, industrieller Fortschritt, soziale Integration (Schriftenreihe des Militärgeschichtlichen Forschungsamtes, Bd. 32), München 1991

Forstmeier, Friedrich; Volksmann, Hans-Erich: Wirtschaft und Rüstung am Vorabend des Zweiten Weltkrieges, Düsseldorf 1975

Gebauer, Jürgen; Krenz, Egon: Marine-Enzyklopädie, Berlin 1994

Giese, Fritz E.: Kleine Geschichte der deutschen Flotte, Berlin 1966

Görlitz, Walter: Karl Dönitz. Der Großadmiral, Göttingen 1972

Gröner, Erich: Die deutschen Kriegsschiffe 1815-1945, 8 Bde., fortgeführt und hrsg. von Dieter Jung und Martin Maass, München 1982-1993

Groß, Gerhard Paul: Die Seekriegführung der Kaiserlichen Marine im Jahr 1918 (Europäische Hochschulschriften, Reihe 3, Bd. 387), Frankfurt/Main 1989

Grundzüge der deutschen Militärgeschichte, Bd. 1: Historischer Überblick, Bd. 2: Arbeits- und Quellenbuch, hrsg. von Karl-Volker Neugebauer im Auftrag des Militärgeschichtlichen Forschungsamtes, Freiburg 1993

Güth, Rolf: Die Marine des Deutschen Reiches 1919–1939, Frankfurt/Main 1972

Hartwig, Dieter: Karl Dönitz. Versuch einer kritischen Würdigung, in: Deutsches Schiffahrtsarchiv, Bd. 12/1989, S. 133–152, Bremerhaven 1989

Herwig, Holger H.: Das Elitekorps des Kaisers, Hamburg 1977

Hildebrandt, Hans H.; Röhr, Albert; Steinmetz, Hans-Otto: Die deutschen Kriegsschiffe: Biographien – ein Spiegel der Marinegeschichte von 1815 bis zur Gegenwart, 7 Bde., Herford 1979–1983

Hillgruber, Andreas: Der Zweite Weltkrieg 1939–1945. Kriegsziele und Strategie der großen Mächte, Stuttgart 3. Aufl. 1983

Hoffmann, Theodor: Kommando Ostsee. Vom Matrosen zum Admiral, Hamburg 1995

Hopmann, Albert: Das Logbuch eines deutschen Seeoffiziers, Berlin 1924

Howarth, David: Die Schlachtschiffe: Time-Life-Buchreihe: Die Seefahrer, Amsterdam 1980

Hubatsch, Walther: Die erste deutsche Flotte 1848–1853, Bonn 1981

30 Jahre Bundeswehr 1955–1985. Friedenssicherung im Bündnis, hrsg. vom Militärgeschichtlichen Forschungsamt, Mainz 2. Aufl. 1985

Johannesson, Rolf: Offizier in kritischer Zeit. Hrsg. vom Deutschen Marine Institut mit Unterstützung des Militärgeschichtlichen Forschungsamtes, Herford und Bonn 1989

Kielmansegg, Peter: Deutschland und der Erste Weltkrieg, Frankfurt/Main 1980

Koop, Gerhard; Breyer, Siegfried: Die Schiffe, Fahrzeuge und Flugzeuge der deutschen Marine von 1956 bis heute, Bonn 1996

Kriegstagebuch der Seekriegsleitung 1939-1945, 66 Bde., hrsg. von Werner Rahn, Gerhard Schreiber und Hansjoseph Maierhöfer, Hamburg-Berlin-Bonn 1988ff.

Legahn, Ernst: Meuterei in der Kaiserlichen Marine 1917/1918. Ursachen und Folgen, Herford 1970

Mahan, Alfred Thayer: The Influence of Sea Power upon History, London 1890 (deutsch: Der Einfluß der Seemacht auf die Geschichte 1660–1812, überarbeitet und hrsg. von Gustav-Adolf Wolter, Herford 1967)

Mahncke, Dieter; Schwarz, Hans-Peter (Hgg.): Seemacht und Außenpolitik (Schriften des Forschungsinstituts der Deutschen Gesellschaft für Auswärtige Politik e.V., Bd. 11), Frankfurt/Main 1974

Marineschule Mürwik, hrsg. vom Deutschen Marine Institut, Herford 2. Aufl. 1985

Michalka, Wolfgang (Hrsg.): Der Erste Weltkrieg. Wirkung, Wahrnehmung, Analyse. Im Auftrag des Militärgeschichtlichen Forschungsamtes, München 1994

Michalka, Wolfgang (Hrsg.): Der Zweite Weltkrieg. Analysen, Grundzüge, Forschungsbilanz. Im Auftrag des Militärgeschichtlichen Forschungsamtes, München 1989

Neukirchen, Heinz: Seemacht im Spiegel der Geschichte, Bindlach 1984

Peillard, Leonce: Geschichte des U-Boot-Krieges 1939-1945, München 1974

Pemsel, Helmut: Seeherrschaft. Eine maritime Weltgeschichte von den Anfängen der Seefahrt bis zur Gegenwart, 2 Bde., Koblenz 1985

Potter, Elmar B.; Nimitz, Chester W.; Rohwer, Jürgen: Seemacht. Eine Seekriegsgeschichte von der Antike bis zur Gegenwart, München 1974

Raeder, Erich: Mein Leben, 2 Bde., Tübingen 1956, 1957

Rahn, Werner: Reichsmarine und Landesverteidigung 1919–1928. Konzeption und Führung der Marine in der Weimarer Republik, München 1976

Ritter, Gerhard: Staatskunst und Kriegshandwerk. Das Problem des Militarismus in Deutschland, 4 Bde., München 1954–1968

Röhr, Albert: Handbuch der deutschen Marinegeschichte, Oldenburg und Hamburg 1963

Röhr, Albert: Deutsche Marinechronik, Oldenburg und Hamburg 1974

Rohwer, Jürgen; Hümmelchen, Gerhard: Chronik des Seekrieges 1939–1945, Oldenburg 1968

Roskill, Stephen W.: The War at Sea 1939-1945, Vol. 1-3, London 1954–1960

Ruge, Friedrich: In vier Marinen. Lebenserinnerungen als Beitrag zur Zeitgeschichte, München 1979

Ruge, Friedrich: Der Seekrieg 1939–1945, Stuttgart 2. Aufl. 1962

Salewski, Michael: Die deutsche Seekriegsleitung 1935–1945, 3 Bde., Frankfurt/Main und München 1970–1975

Salewski, Michael: Tirpitz. Aufstieg, Macht, Scheitern, Göttingen 1979

Schottelius, Herbert; Deist, Wilhelm (Hgg.): Marine und Marinepolitik im kaiserlichen Deutschland 1871–1914, Düsseldorf 2. Aufl. 1981

Schüssler, Wilhelm (Hrsg.): Weltmachtstreben und Flottenbau (Glaube und Forschung, Bd. 12), Witten/Ruhr 1956

Schulze-Wegener, Guntram: Die deutsche Kriegsmarine-Rüstung 1942–1945, Hamburg-Berlin-Bonn 1997

Seemacht und Geschichte: Festschrift zum 80. Geburtstag von Friedrich Ruge, hrsg. vom Deutschen Marine Institut, Bonn 1974

Seestrategische Konzeption und operative Führung in der deutschen Marine – Abhängigkeiten und Wechselwirkungen. 28. Historisch-Taktische Tagung der Flotte am 13. und 14. Januar 1988, hrsg. vom Flottenkommando, Glücksburg 1988

Sorge, Siegfried: Vom Kaiserreich zur Bundesrepublik. Aus den Schriften eines engagierten Offiziers und Staatsbürgers. Im Auftrag des Militärgeschichtlichen Forschungsamtes hrsg. von Werner Rahn, Herford-Berlin-Bonn 1993

Stein, Hans-Peter: Symbole und Zeremoniell in deutschen Streitkräften vom 18. bis zum 20. Jahrhundert (Entwicklung deutscher militärischer Tradition, Bd. 3, hrsg. vom Militärgeschichtlichen Forschungsamt), Herford 1984

Steltzer, Hans Georg: Die deutsche Flotte. Ein historischer Überblick 1640 bis 1918, Frankfurt/Main 1989

Stumpf, Richard: Warum die Flotte zerbrach. Kriegstagebuch eines christlichen Arbeiters, abgedruckt in: Die Ursachen des deutschen Zusammenbruchs im Jahre 1918. Zweite Abteilung: Der innere Zusammenbruch, Bd. 10, 2. Halbband: Tagebuch des Matrosen Stumpf, Berlin 1928

Thoß, Bruno (Hrsg.): Volksarmee schaffen - ohne Geschrei. Studien zu den Anfängen einer »verdeckten Aufrüstung« in der SBZ/DDR 1947-1952. Im Auftrag des Militärgeschichtlichen Forschungsamtes, München 1994

Thoß, Bruno (Hrsg.): Vom Kalten Krieg zur deutschen Einheit. Analysen und Zeitzeugenberichte zur deutschen Militärgeschichte 1945 bis 1995. Im Auftrag des Militärgeschichtlichen Forschungsamtes, München 1995

Treue, Wilhelm; Möller, Eberhard; Rahn, Werner: Deutsche Marinerüstung 1919-1942. Die Gefahren der Tirpitz-Tradition, Herford und Bonn 1992

Verteidigung im Bündnis. Planung, Aufbau und Bewährung der Bundeswehr 1950-1972, hrsg. vom Militärgeschichtlichen Forschungsamtes, München 1975

Volksmann, Hans-Erich (Hrsg.): Ende des Dritten Reiches - Ende des Zweiten Weltkrieges. Eine perspektivische Rückschau. Im Auftrag des Militärgeschichtlichen Forschungsamtes, München 1995

Volksmarine - ein Ehrenname: Kurzer historischer Überblick über die Entwicklung des bewaffneten Schutzes der Deutschen Demokratischen Republik zur See, hrsg. von der Politischen Verwaltung der Volksmarine, o.O. 1985

Wagner, Gerhard (Hrsg.): Lagevorträge des Oberbefehlshabers der Kriegsmarine vor Hitler 1939-1945, hrsg. im Auftrag des Arbeitskreises für Wehrforschung, München 1972

Walle, Heinrich (Hrsg.): Aufstand des Gewissens. Militärischer Widerstand gegen Hitler und das NS-Regime 1933-1945. Katalog zur Wanderausstellung des Militärgeschichtlichen Forschungsamtes. Im Auftrag des Militärgeschichtlichen Forschungsamtes, Herford 4. Aufl. 1995

Wallte, Heinrich: Die Tragödie des Oberleutnants zur See Oskar Kusch. Im Auftrag der Ranke-Gesellschaft, Vereinigung für Geschichte im öffentlichen Leben e.V., und dem Deutschen Marine Institut hrsg. von Michael Salewski und Christian Giermann (Historische Mitteilungen, Beiheft 13), Stuttgart 1995

Witthöft, Hans Jürgen: Lexikon zur deutschen Marinegeschichte, 2 Bde., Herford 1977-1978

Zienert, Josef: Unsere Marine-Uniform. Ihre geschichtliche Entwicklung seit den ersten Anfängen und ihre zeitgemäße Weiterentwicklung von 1816 bis 1969, Hamburg 1970

Wächter der Meere

Geschichte und Zukunft des deutschen Marineschiffbaus

Hrsg. Blohm + Voss

224 Seiten, 16 x 24 cm, 323 Farb-Abb., gebunden, mit Schutzumschlag, ISBN 3-7822-0709-2

Beeindruckende Einblicke in das optische Erscheinungsbild, Konstruktion und den Einsatz von Kriegsschiffen in Vergangenheit, Gegenwart und Zukunft. Dieses Buch beinhaltet eine Chronik mit kompletter Schiffsliste.

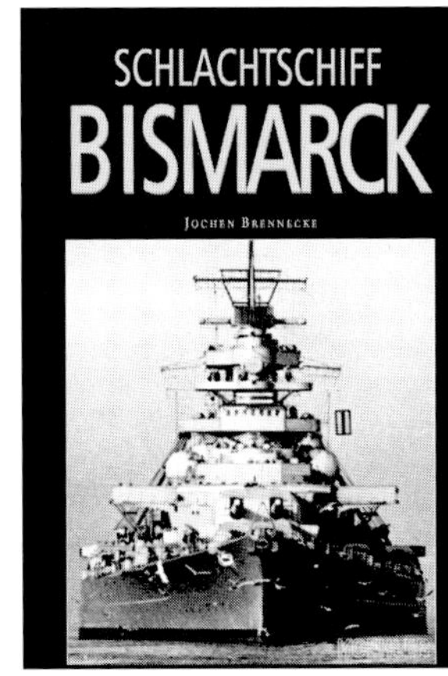

Jochen Brennecke

Schlachtschiff BISMARCK

Neuausgabe 1997

620 Seiten, 16 x 24 cm, 30 s/w- Abb., 15 Gefechtsskizzen, gebunden, mit Schutzumschlag, ISBN 3-7822-0368-2

Das dramatische Schicksal der legendären BISMARCK ist eng verbunden mit dem Wettlauf des Zweiten Weltkrieges. Die authentische und detailgenaue Darstellung macht das Werk zu einer wahren Fundgrube.

Philip Kaplan/Jack Currie

Wolfsrudel

U-Boot-Krieg 1939–1945

240 Seiten, 25 x 25 cm, 137 s/w- und 117 Farb-Abb., gebunden, mit Schutzumschlag, ISBN 3-8132-0540-1

Wolfsrudel greifen alliierte Geleitzüge an, werden selbst zu Gejagten, wenn der Gegner die Gefahr erkennt. Routine, Dramatik, Heldentum, aber auch Anspannung, Furcht und Todesangst in der engen Stahlröhre.

Jochen Brennecke

Schlachtschiff TIRPITZ

Weg und Schicksal des größten deutschen Kriegsschiffes

5. Auflage, 239 Seiten, 16 x 24 cm, 34 s/w-Abb., gebunden mit Schutzumschlag, ISBN 3-7822-0629-0

1941 bis 1942 operierte die TIRPITZ im Nordmeer, um den Nachschub der Alliierten für die Sowjetunion zu behindern. Die Briten unternahmen jedoch Angriff auf Angriff und versenkten schließlich das Schlachtschiff mit 950 Menschen. Der Autor schildert das dramatische Geschehen.